张千友

韩琼慧

魏莞月◎著

打造更高水平

"天府粮仓"：

大豆全产业链发展战略研究

西南财经大学出版社

中国·成都

图书在版编目(CIP)数据

打造更高水平"天府粮仓":大豆全产业链发展战略
研究/张千友,韩琼慧,魏莞月著.--成都:西南财经大学
出版社,2025.3.--ISBN 978-7-5504-6586-2

Ⅰ.F326.12

中国国家版本馆 CIP 数据核字第 2025H2X401 号

打造更高水平"天府粮仓":大豆全产业链发展战略研究

DAZAO GENGGAO SHUIPING"TIANFU LIANGCANG";DADOU QUANCHANYELIAN FAZHAN ZHANLÜE YANJIU

张千友　韩琼慧　魏莞月　著

策划编辑:孙　婧
责任编辑:王　利
责任校对:邓克虎
封面设计:墨创文化
责任印制:朱曼丽

出版发行	西南财经大学出版社(四川省成都市光华村街55号)
网　　址	http://cbs.swufe.edu.cn
电子邮件	bookcj@swufe.edu.cn
邮政编码	610074
电　　话	028-87353785
照　　排	四川胜翔数码印务设计有限公司
印　　刷	四川五洲彩印有限责任公司
成品尺寸	170 mm×240 mm
印　　张	16
字　　数	260 千字
版　　次	2025 年 3 月第 1 版
印　　次	2025 年 3 月第 1 次印刷
书　　号	ISBN 978-7-5504-6586-2
定　　价	88.00 元

前言

习近平总书记指出,"保障粮食安全是一个永恒的课题,任何时候都不能放松"①。"保障粮食和重要农产品稳定安全供给始终是建设农业强国的头等大事。"②"在粮食安全问题上千万不可掉以轻心。要确保谷物基本自给、口粮绝对安全,确保中国人的饭碗牢牢端在自己手中。"③"保障好初级产品供给是一个重大战略性问题,中国人的饭碗任何时候都要牢牢端在自己手中,饭碗主要装中国粮。"④ 粮食安全与社会的和谐、政治的稳定、经济的持续发展息息相关,是指完善粮食应急储备体系,确保粮食市场供应,最大限度地减少紧急状态时期粮食安全风险的能力。粮食安全一直是国家安全的重要组成部分,是稳定经济、保障民生的基石。随着经济全球一体化和贸易自由化的不断推进,世界粮食市场的波动对各国粮食安全带来了新的挑战。

---

① 新华社评论员. 夯实粮食安全之基 始终端牢中国饭碗 [EB/OL]. (2020-07-25) [2024-12-12]. https://www.xuexi.cn/lgpage/detail/index.html? id=2312681883038049864&item_id=2312681883038049864.

② 费威. 学习理论│把中国人的饭碗牢牢端在自己手中 保障粮食和重要农产品稳定安全供给 [EB/OL]. (2023-09-28) [2024-12-12]. https://www.xuexi.cn/local/normalTemplate.html? itemId=11392779709397630704.

③ "学习强国"学习平台. 粮食安全是"国之大者" [EB/OL]. (2024-01-08) [2024-12-12]. https://www.xuexi.cn/lgpage/detail/index.html? id=7776872770660909856&item_id=7776872770660909856.

④ "学习强国"学习平台. 习近平论"三农"工作和乡村振兴战略 (2021年) [EB/OL]. (2023-04-20) [2024-12-12]. https://www.xuexi.cn/lgpage/detail/index.html? id=11694881773118842134&item_id=11694881773118842134.

"打造更高水平'天府粮仓'"是2022年习近平总书记来四川视察时做出的重要指示①。2023年7月，习近平总书记在四川考察时再次强调，"要抓住种子和耕地两个要害，加强良种和良田的配套，打造新时代更高水平的'天府粮仓'"。此后，四川省委、省政府高规格印发了《建设新时代更高水平"天府粮仓"行动方案》，作为四川建设"天府粮仓"的"路线图"和"施工图"②。该方案分三个阶段提出新时代更高水平"天府粮仓"的建设目标：第一阶段，到2025年，"天府粮仓"建设取得显著成效；第二阶段，到2030年，"天府粮仓"建设目标基本实现；第三阶段，到2035年，四川基本实现农业现代化强省目标。

　　大豆，作为重要的粮食作物和油料作物，在全球农业生产中占有举足轻重的地位。中国作为全球第二大经济体和最大的大豆进口国，面临着巨大的大豆供需缺口。特别是2020年以来，中美贸易摩擦升级，使得大豆进口成本上升，进一步加剧了国内大豆供应的紧张局面。大豆作为我国粮食安全的重要组成部分，其全产业链的发展对于提升我国农业综合竞争力、保障国家粮食安全具有重要意义。

　　作为中国西南地区的重要农业大省，四川拥有得天独厚的自然条件和丰富的农业资源，其大豆产业的发展不仅关乎本省的农业生产和农民收入，更关系到全国的粮食安全。近年来，随着国家对大豆产业的重视和支持力度的不断加大，大豆产业迎来了前所未有的发展机遇。然而，与发达国家相比，我国大豆产业在种植技术、加工水平、市场流通等方面仍存在较大差距，严重制约了四川乃至全国大豆产业的进一步发展。

　　在此背景下，本书从四川大豆全产业链发展角度出发，从大豆的生

---

① 金观平. 持续做好种子和耕地文章 [EB/OL]. (2023-08-07) [2024-12-12]. https://www.xuexi.cn/lgpage/detail/index.html? id = 1734135520296210562& item _ id = 17341355202962105629.

② 徐芝文.【理论研究】补短板强弱项 让"天府粮仓"多装粮装好粮 [EB/OL]. (2023-03-13) [2024 - 12 - 12]. https://www.xuexi.cn/local/normalTemplate.html? itemId = 3812357444115558170.

产、加工、贸易、市场流通等多个环节入手，全面剖析四川大豆全产业链的发展现状和存在的问题，结合国内外大豆产业发展的先进经验和成功案例，提出具有针对性的发展策略和建议。同时，本书还重点关注四川大豆产业在科技创新、品牌建设、市场拓展等方面的潜力，探索通过技术创新和模式创新推动四川大豆产业转型升级的新路径。通过本书，我们期望能够为四川大豆产业的转型升级和高质量发展提供理论支持和实践指导，进而推动四川乃至全国大豆产业的可持续发展，为保障国家粮食安全贡献四川力量。

本书获得了一些重要的结论，具有一定的创新和突破：

第一，分析了大豆成本收益机制。虽然就产值和产量来看，大豆的亩（1亩≈666.67平方米）均产值、产量、成本均低于其他作物，使得大豆比油菜和玉米的净利润要高，然而从长期来看，我国大豆种植成本在2005年到2021年是逐年增长的。虽然近几年大豆种植面积和产量呈现整体增长趋势，但种植面积的增加并没有带来价格的下降，中国大豆产业利润偏低。

第二，对于四川大豆种植业发展，我们在SWOT分析的基础上提出建议：充分利用四川有利的土壤条件、耕地资源、基础设施以及良种等资源，相关科研部门应加强对大豆新品种的培育，相关政府部门应提高对大豆产业的补贴，形成产、学、研一体化的大豆生产体系，增强大豆的市场竞争力。同时，加强水利设施建设，增设大豆储备设施，建立大规模的大豆种植基地，改变原有的种植方式，实现现代化、一体化、机械化种植，以提高大豆的经济价值。

第三，对于四川大豆加工业的发展，我们提出采用劣势加机遇（WO）战略：尽可能降低人工成本，加快企业数字化转型，在数字化上谋求转变，实现创新发展。优化对企业员工的福利政策，提高企业员工的积极性。加强技术研发投入，确保产品的竞争力。

第四，通过对大豆价格长期变化趋势展开分析，我们发现四川大豆的价格走势如同波浪起伏，价格不稳定，但总的来说，大豆的出售价格总体在上涨，且涨幅较大。在国内方面，大豆需求有所增加，预计短期内价格仍会在高位运行。在国际方面，南美大豆产量不及预期，俄乌冲突持续，预计国际大豆价格仍会在高位运行。

本书写作分工如下：第1章由成都大学张千友、魏莞月撰写，第2章由成都大学张千友撰写，第3章由成都大学王笑妍撰写，第4章由成都大学魏莞月、王笑妍撰写，第5章由成都大学孟祥炜撰写，第6章由中共乐山市委党校韩琼慧撰写，第7章由成都大学张珈铭撰写，第8章由成都大学金雪婷撰写，第9章由成都大学谢孟霖撰写，第10章由中共乐山市委党校杨梦遥撰写，第11章由中共乐山市委党校韩琼慧撰写，第12章由成都大学张千友撰写。全书由张千友设计总体框架，提出主要观点，并承担修改和统稿等任务。陆辰奇、龙露婷、邓瑾、周子祯等参加了调查研究和数据查找工作，并提供了部分资料，在此表示衷心感谢！同时，衷心感谢中共乐山市委党校对本书出版的大力支持！

实践永无止境，认识真理永无止境，理论创新永无止境。鉴于国家"大豆振兴计划"正处于实施过程中，本课题组将进一步加强对四川大豆产业经济理论与实践的调研、思考和探索，研究出更多质量更高的新成果，推动四川大豆产业向规模化、集约化、现代化方向发展，为实现农业强、农村美、农民富的目标做出更大贡献。

仁者见仁，智者见智，本书提出的一些观点难免有疏漏和不成熟之处，敬请各位学界同仁和广大读者批评指正。

张千友

于成都大学嘤鸣湖畔

2024 年 12 月

目 录

1　绪论 / 1

　1.1　研究的意义 / 1

　1.2　概念界定 / 6

　　1.2.1　产业相关概念界定 / 6

　　1.2.2　大豆产业的概念界定 / 12

　1.3　研究的内容 / 15

　1.4　技术路线 / 16

　1.5　研究方法 / 18

　　1.5.1　文献分析法 / 18

　　1.5.2　比较分析法 / 18

　　1.5.3　定性分析法 / 18

　　1.5.4　定量分析法 / 18

　　1.5.5　实证分析法 / 18

2　文献综述与理论框架 / 19

　2.1　文献综述 / 19

　　2.1.1　研究方法与样本选取 / 19

　　2.1.2　文献时间分析 / 20

　　2.1.3　研究作者分析 / 20

　　2.1.4　发文机构分析 / 23

　　2.1.5　关键词分析 / 25

2.2 理论框架 / 34

2.2.1 产业发展的一般规律及影响因素 / 34

2.2.2 产业化经营理论 / 36

2.2.3 规模经济理论 / 38

2.2.4 比较优势理论及要素禀赋理论 / 40

2.2.5 产业内贸易理论 / 41

2.3 本章小结 / 42

3 世界大豆产业的发展 / 45

3.1 世界大豆产业发展概况 / 45

3.1.1 世界大豆的生产与种植 / 45

3.1.2 世界大豆的加工与贸易 / 49

3.2 主产国的大豆产业发展现状及国际比较 / 53

3.2.1 主产国的大豆产业发展现状 / 53

3.2.2 主产国大豆产业发展的国际比较 / 58

3.3 世界大豆产业发展的经验借鉴 / 61

3.3.1 国外大豆支持政策及其效果 / 62

3.3.2 加强大豆科研体系建设，深化种质创新利用 / 66

3.3.3 以产业结构调整为契机，优化大豆产业布局 / 67

3.3.4 推动社会服务体系建设，促进大豆规范经营 / 68

3.3.5 建设新型农业经营主体，提高大豆生产效率 / 68

3.3.6 加大产业发展支持力度，完善大豆产业体系 / 69

3.4 本章小结 / 69

4 中国大豆产业的发展 / 71

4.1 中国大豆产业的发展概况 / 71

4.1.1 中国大豆产业的生产与种植 / 71

4.1.2 中国大豆产业的加工与贸易 / 76

4.1.3 中国大豆支持政策及其效果 / 80

4.1.4 中国大豆市场的价格 / 84

4.2 主产省份的大豆产业发展现状 / 86

4.2.1 黑龙江大豆产业发展现状 / 86

4.2.2 内蒙古大豆产业发展现状 / 87

4.2.3 安徽大豆产业发展现状 / 89

4.2.4 河南大豆产业发展现状 / 90

4.2.5 主产省份大豆产业发展对比 / 91

4.3 主产省份大豆产业发展经验借鉴 / 93

4.3.1 强化土地资源运用，实现大豆产业复兴 / 93

4.3.2 扩增轮作间作范围，做到用地养地结合 / 94

4.3.3 提升育种创新动力，带动大豆产业转型 / 94

4.3.4 发挥大豆政策效能，调动豆农种植热情 / 95

4.3.5 加大机械研发力度，促进农机农艺融合 / 95

4.3.6 发展大豆精深加工，推动乡村三次产业融合 / 96

4.4 本章小结 / 97

5 四川大豆种植业发展战略分析 / 99

5.1 四川大豆产业的地位 / 99

5.1.1 四川发展大豆产业的重要意义 / 99

5.1.2 四川大豆产业发展势头强劲 / 103

5.2 四川大豆的生产优势 / 104

5.2.1 拥有强大的科研团队 / 104

5.2.2 拥有具有竞争力的大豆成果 / 106

5.2.3 耕地面积大，增长速度快 / 109

5.2.4 气候条件独特 / 110

5.2.5 大豆种植模式新，积极推广新品种 / 110

5.3　四川大豆的生产劣势 / 112

　　5.3.1　良种繁育体系不健全且病虫害严重 / 112

　　5.3.2　豆种成熟期不理想 / 113

　　5.3.3　植保机械发展落后 / 113

5.4　四川大豆发展的机遇 / 115

　　5.4.1　四川大豆被纳入国家大豆振兴计划 / 115

　　5.4.2　国产大豆市场需求巨大 / 117

　　5.4.3　大豆种植补贴提高了豆农的生产积极性 / 118

5.5　四川大豆生产面临的新挑战 / 119

　　5.5.1　受进口大豆低成本冲击 / 119

　　5.5.2　农村劳动力流失严重，出现断代危机 / 119

　　5.5.3　缺乏龙头企业且本土企业缺乏竞争力 / 120

5.6　本章小结 / 121

6　四川大豆农户生产成本收益分析 / 123

6.1　产值与产量分析 / 123

6.2　大豆生产成本分析 / 124

　　6.2.1　四川大豆总成本分析 / 125

　　6.2.2　人工成本与土地成本 / 125

　　6.2.3　物资与服务费用 / 126

6.3　大豆收益分析 / 127

　　6.3.1　每亩净利润 / 127

　　6.3.2　现金成本与现金收益 / 128

　　6.3.3　成本利润率 / 128

6.4　与其他主要作物比较 / 129

　　6.4.1　产量与产值比较 / 129

　　6.4.2　成本比较 / 130

　　6.4.3　收益比较 / 131

6.5 四川大豆与其他主产省份大豆比较 / 132

    6.5.1 四川大豆与黑龙江大豆比较 / 132

    6.5.2 四川大豆与内蒙古大豆比较 / 133

    6.5.3 四川大豆与山东大豆比较 / 134

6.6 本章小结 / 136

7 四川大豆加工产业战略分析 / 138

7.1 大豆加工技术分析 / 138

    7.1.1 油脂加工技术 / 138

    7.1.2 大豆蛋白质加工技术 / 139

    7.1.3 豆制品加工技术 / 140

7.2 四川大豆加工业的优势 / 142

    7.2.1 四川大豆科研团队综合实力较强 / 142

    7.2.2 积极培育新品种，助力四川大豆增产增效 / 143

    7.2.3 采用新技术促进四川大豆生产原料迅速增加 / 143

7.3 四川大豆加工业的劣势 / 144

    7.3.1 人工成本高 / 144

    7.3.2 豆渣处理（销售）难 / 144

    7.3.3 压榨产能严重过剩 / 144

    7.3.4 缺乏"一条龙"供应链 / 145

7.4 四川大豆加工业面临的机遇 / 145

    7.4.1 非转基因大豆开发潜力大 / 145

    7.4.2 大豆产品营养价值与现代健康消费观高度契合 / 146

7.5 四川大豆加工业面临的挑战 / 146

    7.5.1 环保压力大 / 146

    7.5.2 税收制度不完善 / 146

    7.5.3 对企业缺乏补贴 / 147

7.6 本章小结 / 147

8 四川大豆加工企业行为分析 / 149

8.1 四川大豆加工企业原料采购行为分析 / 149

8.1.1 四川大豆加工企业大豆原料采购模式 / 149

8.1.2 四川大豆加工企业大豆原料采购的影响因素 / 153

8.1.3 四川大豆加工企业大豆原料采购决策优化建议 / 156

8.2 四川大豆加工企业产品定价行为分析 / 157

8.2.1 四川大豆加工企业产品定价模式 / 157

8.2.2 四川大豆加工企业产品定价的影响因素 / 159

8.2.3 四川大豆加工企业产品定价决策优化建议 / 160

8.3 四川大豆加工企业市场营销行为分析 / 161

8.3.1 四川大豆加工企业的营销定位 / 161

8.3.2 四川大豆加工企业的市场营销策略 / 163

8.3.3 四川大豆加工企业营销决策优化建议 / 166

8.4 四川大豆加工企业产品增值行为分析 / 167

8.4.1 饲料类豆制品 / 168

8.4.2 跨区销售日常消费类豆制品 / 170

8.4.3 鲜货类豆制品 / 172

8.5 本章小结 / 173

9 四川大豆消费市场分析 / 175

9.1 大豆流通制度与渠道 / 175

9.1.1 流通与消费 / 175

9.1.2 流通制度 / 177

9.1.3 流通渠道 / 178

9.2 四川大豆流通格局 / 179

9.2.1 四川大豆流通相关政策 / 179

9.2.2 四川大豆流通格局现状 / 180

9.2.3　四川大豆运输方式与运输成本 / 181

9.2.4　四川大豆在运输中遇到的问题及其解决措施 / 182

9.3　四川大豆物流建设 / 183

9.3.1　四川大豆物流建设现状 / 184

9.3.2　四川大豆物流建设中的困难及其解决措施 / 187

9.3.3　四川大豆物流建设展望 / 189

9.4　四川大豆市场发展分析 / 189

9.4.1　四川大豆市场发展现状 / 189

9.4.2　四川大豆市场发展中遇到的问题及其解决措施 / 191

9.4.3　四川大豆发展潜力 / 193

9.5　四川大豆市场价格变化 / 196

9.5.1　四川大豆价格的历史数据分析 / 196

9.5.2　四川大豆价格的变化特征分析 / 198

9.6　本章小结 / 199

10　全产业链视角下四川大豆产业发展战略 / 200

10.1　因地制宜做足源头支撑 / 200

10.1.1　加大大豆良种"培育—繁殖—推广"力度 / 200

10.1.2　提高大豆种植收益，调动豆农生产积极性 / 202

10.1.3　加快大豆机械和种植新技术的研发与推广 / 203

10.1.4　培育新型大豆生产经营主体 / 204

10.2　提质增效做优加工支撑 / 205

10.2.1　扶强壮优，支持大豆龙头企业发展 / 206

10.2.2　加强产业链协同,实现信息共享和资源优化配置 / 207

10.2.3　加强科技有效供给，提高大豆产业质量效益
　　　　和竞争力 / 209

10.2.4　做强做优大豆精深加工业，推动产业转型升级 / 210

　　10.3　厚植优势做强市场支撑 / 211

　　　　10.3.1　实施差异化发展战略，增强独特竞争优势和整体
　　　　　　　　竞争力 / 211

　　　　10.3.2　拓展市场渠道，加强品牌建设，提升产业知名度
　　　　　　　　和美誉度 / 212

　　　　10.3.3　完善设施优化链条，提高流通效率 / 214

　　10.4　本章小结 / 216

11　四川大豆产业发展县域案例 / 218

　　11.1　大豆种植县域案例 / 218

　　　　11.1.1　中江县 2022 年扩种油料大豆案例 / 218

　　　　11.1.2　中江县 2022 年大豆+玉米带状复合种植案例 / 220

　　11.2　大豆加工县域案例：南溪区豆制品加工产业 / 223

　　　　11.2.1　南溪区豆制品产业发展情况 / 223

　　　　11.2.2　南溪区大豆加工产业存在的问题 / 224

　　　　11.2.3　政策建议 / 225

　　11.3　大豆加工典型企业案例 / 226

　　　　11.3.1　企业基本情况介绍 / 226

　　　　11.3.2　企业高管访谈纪要 / 226

　　11.4　本章小结 / 228

12　结论、建议与展望 / 230

　　12.1　研究得到的重要结论 / 230

　　12.2　政策建议 / 233

　　12.3　未来展望 / 235

参考文献 / 237

1 绪 论

1.1 研究的意义

  粮食安全是国民经济发展和社会稳定的根基，是基础的基础。党中央历来非常重视粮食安全，并要求牢牢把握粮食主动权，抓紧粮食生产。2013 年，习近平总书记在山东考察时强调："保障粮食安全是一个永恒的课题，任何时候都不能放松。"① 2017 年 10 月 18 日，习近平总书记在中国共产党第十九次全国代表大会指出，"确保国家粮食安全，把中国人的饭碗牢牢端在自己手中"②。2022 年党的二十大进一步指出，"全方位夯实粮食安全根基，牢牢守住十八亿亩耕地红线，确保中国人的饭碗牢牢端在自己手中"③。2019 年，中央一号文件提出了大豆振兴计划，农业农村部《大豆振兴计划实施方案》中确定振兴目标为"一扩两提"。"一扩"就是扩大种植面积，到 2021 年全国大豆种植面积要达到 1.5 亿亩；"两提"就是提高单位面积产量、提高大豆品质④。

---

① 刘名美. 总书记强调的"永恒课题"［EB/OL］.（2021-08-18）［2024-12-12］. http://www.qstheory.cn/zhuanqu/2021-08/18/c_1127772601.htm.

② "学习强国"学习平台. 习近平论"三农"工作和乡村振兴战略（2017 年）［EB/OL］.（2025-03-26）［2025-03-31］. https://www.xuexi.cn/lgpage/detail/index.html? id = 15418475108578163234& item_id=15418475108578163234.

③ 刘奇. "藏粮于地"是端牢饭碗的根本［EB/OL］.（2023-08-28）［2024-12-12］. https://www.xuexi.cn/lgpage/detail/index.html? id = 3755543226853775396& item _ id = 3755543226853775396.

④ 李婷，张添奥. 打造共赢模式 扶贫助农勇担当：吉林邮政携手出彩农业合力脱贫攻坚记事［EB/OL］.（2020-08-03）［2024-12-12］. https://www.xuexi.cn/local/normalTemplate.html? itemId=13768639023116492660.

目前，我国口粮产量基本满足需求，口粮自给率①达到95%，而大豆作为我国四大主粮之一，自给率仅占消费量的15%～20%，国内大豆产量无法满足国内市场需求，长期高度依赖进口，进出口增长变化趋势见图1-1。以2021年为例，我国进口大豆9 642万吨，自给率仅15%，大豆已经成为保障国家粮食安全的突出短板。党中央、国务院高度重视大豆生产，习近平总书记多次做出重要指示和批示，强调"要实打实地调整结构，扩种大豆和油料，见到可考核的成效"。2019年，农业农村部启动了"大豆振兴计划"。2021年，全国农业农村厅局长会议强调"要将提高大豆和其他油料作物产量作为2022年必须完成的重大政治任务"。2022年，国家启动实施了大豆和油料产能提升工程。农业农村部把扩种大豆和油料作为必须完成的政治任务、必须完成的大事要事，采取了工程性措施，下达了工程性任务，重点从两个方面发力：一方面，多策并施扩种大豆；另一方面，多油并举扩大油料供给②。并发布《关于落实党中央、国务院2023年全面推进乡村振兴重点工作部署的实施意见》，深入推进国家大豆和油料产能提升工程，将大豆、油料种植面积下达到各省份，并纳入粮食安全党政同责考核内容，千方百计稳定大豆种植面积，力争有所增加。在地方层面，黑龙江、河南、安徽等省份均将大豆稳产增产写入政府工作报告，并发布各自扩种大豆工作方案，明确了大豆种植面积和产量的增长目标，出台了提高大豆生产者补贴等具体措施，以激发农民种植大豆的积极性。

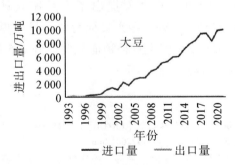

图1-1　中国大豆进出口量增长变化趋势

数据来源：中国海关总署、国家统计局统计资料。

---

① 粮食自给率＝粮食总产量/粮食总消费需求量。

② 农业农村部关于落实党中央、国务院2023年全面推进乡村振兴重点工作部署的实施意见（农发〔2023〕1号）［EB/OL］.（2023-02-03）［2024-12-12］. https://www.gov.cn/zhengce/zhengceku/2023-02/22/content_5742671.htm.

从国际经验来看，总体上人均 GDP（国内生产总值）达到 2 万美元时，肉禽蛋奶及水产品消耗的饲料粮将达到峰值，粮食消费结构保持相对稳定。2019 年我国人均 GDP 迈入 1 万美元门槛，2021 年达到 1.26 万美元，可见我国仍处于粮食消费结构转型升级进程中。随着经济的持续增长和居民生活水平的不断提升，膳食结构正逐步向更加多元化、营养化方向转变，对高蛋白质、高品质食品的需求日益增长。因此，可以合理预见，在未来相当长的一段时期内，我国大豆、玉米等作为重要饲料来源的粮食消费将持续增长，成为支撑畜牧业发展、满足居民膳食升级需求的关键因素。这一趋势不仅反映了我国粮食消费结构转型升级的必然路径，也对粮食安全保障提出了新的挑战与要求，即需要更加重视饲料粮的稳定供应与自给能力，以确保国家粮食安全的全面性和可持续性。

大豆和玉米作为我国不可或缺的大宗粮油饲农产品，其稳定供应对于保障国家粮食安全具有举足轻重的地位。我国大宗粮油饲农产品年需求量庞大，常年需求大豆约 1.1 亿吨、玉米约 3.3 亿吨，这一需求规模凸显了确保粮食自给自足的重要性。而大豆和玉米的争地矛盾常年困扰着我国的粮油安全问题，一直是制约我国粮油安全的关键因素之一。如何在保障高产出的同时实现农业的可持续发展，成为我国作物生产领域亟待解决的核心挑战。为了破解这一难题，禾本科与豆科作物的间种套作模式，作为世界公认的集约利用土地资源、促进农业可持续发展的典范，正逐步成为我国应对粮食安全挑战、推动农业绿色转型的重要路径。此模式不仅能够有效提高土地利用效率，还能通过豆科作物的固氮作用改善土壤肥力，减少化肥依赖，从而实现农业生产的生态保护与经济效益双赢。在此背景下，2022 年的中央一号文件及四川省委一号文件均将目光聚焦于扩大大豆+玉米带状复合种植，明确提出了相关政策要求。这一举措不仅是对传统农业生产方式的创新探索，更是对确保国家粮食安全、促进农业可持续发展的有力响应。通过推广大豆+玉米带状复合种植，我们有望在保障粮油产品稳定供应的同时，优化农业种植结构，提升农业生态系统服务功能，为实现农业强、农村美、农民富的乡村振兴目标奠定坚实基础。

2022 年 6 月，习近平总书记在四川考察时强调，成都平原自古有"天府之国"的美称，要严守耕地红线，保护好这片产粮宝地，把粮食生产抓紧抓牢，在新时代打造更高水平的"天府粮仓"，要"把四川农业大省这块金字招牌擦亮"。川粮油、川猪、川牛羊是四川省"10+3"①产业体系建设的三大优势产业，产值比重占41%，在保障四川乃至国家粮食安全中的核心地位不容忽视。作为四川省大宗粮油饲农产品的关键组成部分，大豆和玉米不仅是居民日常饮食的重要来源，更是畜牧业发展的基石，特别是猪、牛、羊等的饲料主要依赖于这两种作物。然而，面对国内庞大的需求量，四川省的大豆和玉米产量长期上不来，尤其是饲料用粮，大部分缺口需要依赖外部调入来弥补，这一现状对四川省的饲料用粮安全构成了严峻挑战。在全球贸易环境复杂多变，特别是中美贸易摩擦日益加剧的背景下，依赖进口来弥补大豆供需缺口的传统路径变得愈发艰难。这不仅增加了粮食供应的不确定性，还可能引发一系列经济和社会问题，直接影响四川省农业的稳定发展和农民的切身利益。面对这一困境，四川省积极探索保障粮食安全新路径、新方法，将目光投向了带状复合种植技术。这项技术是在传统玉米+大豆间种套作模式基础上的一次重大创新，旨在通过科学布局和精细化管理，实现大豆+玉米在同一地块上的高效共生。该技术不仅提高了土地利用效率，还促进了作物间的生态互补，有利于提升土壤肥力和减少化肥使用，是推进农业绿色发展、实现高产出与可持续发展并重的有效途径。在四川省，推广带状复合种植技术的潜力巨大。据估算，若将该技术应用于四川省现有玉米种植面积的80%，即约2 220万亩土地上，按照亩产100千克大豆计算，可望新增大豆产量超过220万吨。这一增产幅度将极大地缓解四川省饲料及豆制品加工行业的原料需求压力，为四川省农业的高质量发展注入强劲动力。

大豆+玉米带状复合种植技术作为源自四川的创新成果，其技术储备丰富且已成熟至可大面积推广的阶段，对于提升我国粮食自给率、增强农业抗风险能力具有重要意义。但当前技术到位率低，生产中普遍存在品种选择缺乏针对性、田间布局杂乱无章、施肥管理不科学以及病虫草害防控滞后等问题，这些问题直接制约了大豆+玉米的产量提升，使得该技术在实现大面积高产和均衡增产方面的潜力未能充分发挥。要确保大豆+玉米带状复合种植技术在保障粮食安全中发挥最大作用，必须着力解决技术推广中的瓶颈问题，构建全产业链协同发展的新模式，从而实现大豆产业的全面升级和可持续发展。在全产业链视角下，如何构建一个农民乐于种

---

① "10+3"现代农业："10"即粮、畜、烟、蔬、果、薯、桑、药、林、花特色产业。"3"即现代农业种业、现代农业装备、现代农业烘干冷链物流。

植、企业乐于加工、政府乐于扶持的良性循环体系，成为推动大豆产业全面升级、实现各环节价值增值的新课题。

近 20 年来，四川大豆种植面积和产量持续增加，2021 年产量居全国第三位，种植面积居全国第四位，但是大豆生产、加工、销售过程中仍然面临良种繁育体系不健全、植保机械发展落后、环保压力大等一系列问题，亟须站在粮食安全的高度，基于全产业链的视角，系统研究四川大豆全产业链发展战略，更好地发挥四川大豆产业在全国的比较优势。为弥补现有研究缺失，本书将四川大豆产业作为研究主体，在整理相关文献的基础上，基于产业化理论、技术进步理论等，对四川大豆产业价值链进行深入探讨。将定量研究与定性研究进行有机结合，定性比较分析研究大豆加工企业行为，定量研究采用实证方法分析大豆农户生产成本收益情况。对上述问题的研究可以为政府推动大豆产业发展提供政策建议，同时也有利于推动大豆产业链建立健全，为大豆生产和加工企业提供借鉴。

根据上述背景，本书主要涉及四川省大豆产业发展演变历程，揭示其发展演化规律，并找出四川省大豆产业发展中存在的关键问题，对一些重大关键问题进行分析，为今后相关支持性政策的出台提供决策参考。基于全产业链视角，本书将着重探究如下几个问题：

（1）在对四川大豆种植农户生产选择行为、技术采纳行为以及对于市场的认知与利用进行分析之后，探讨如何实现农户增产增收。

（2）在分析四川大豆加工技术科研现状、加工业具有的优势和存在的问题的基础之上，详细分析大豆研发机构如何助力大豆全产业链的完善。

（3）通过分析四川大豆加工企业原料采购行为、产品定价行为以及市场营销行为，深入探讨大豆加工企业如何克服生产经营过程中面临的主要问题。

（4）通过分析四川大豆流通制度与具体渠道、当前流通格局、物流建设情况等内容，讨论如何促进四川大豆消费市场未来的长远发展。

（5）分析在当前推进乡村振兴的背景下，如何实现大豆全产业链的路径升级，其路径的实施又会对乡村振兴战略产生怎样的影响。

本书从全产业链视角出发，涉及国内不同省份以及国际比较，对大豆的生产、流通、加工、消费等环节及相关的支持性政策等都进行了较为全面的分析，探讨了大豆生产、农户行为、加工企业行为等的重要影响因素，一定程度上揭示了四川省大豆产业的发展现状，并对未来四川省大豆产业发展态势做出一些判断，提出相应的发展战略建议，为大豆种植农户、大豆加工企业等利益相关者和政府决策者在健全大豆产业链方面提供一定的参考，为推动大豆产业的长远发展做出自己的贡献。

1.2 概念界定

大豆与我们的生活息息相关，但大家对大豆产业的了解相对匮乏。因此，在概述本书的主要内容之前，本节先对产业的相关概念进行界定。

1.2.1 产业相关概念界定

1.2.1.1 产业的基本概念

提到产业，人们一般都将它视为一个与经济学相关的概念。人们通常把产业的概念局限于从经济学的角度加以解释。在知识经济飞快发展的今天，经济学意义上的产业概念并不能很好地诠释产业的意义。要对产业做出相对科学并且权威的定义，就必须要深刻地把握产业的本质，而产业的本质无法从产业本身得到解释，只能从人类需求以及人与自然、人与人、人与自身关系中寻找答案。

产业的基本概念源于经济学研究中的产业理论。现代西方经济学认为"产业是指国民经济的各行各业"[①]，我国经济学界在普遍认同这个观点的基础上，将原有定义加以完善："产业是由国民经济中具有同一性质的经济社会活动单元构成的组织结构体系"[②]，即是国民经济中以某一标准划分的部分。事实上，产业的内涵很广，并有广义与狭义之分。广义的产业泛指一切从事生产物质产品和提供劳务活动的集合体，即国民经济的各行各业[③]。例如，产业是各个为国民提供商品或服务的行业，这个范围贯穿生产和流通，包括服务和文化甚至教育等。

---

① 梁小民，等. 经济学大辞典 [M]. 北京：团结出版社，1994：1334.
② 周新生. 产业分析与产业策划：方法及应用 [M]. 北京：经济管理出版社，2005：13.
③ 陈年友，周常青，吴祝平. 产教融合的内涵与实现途径 [J]. 中国高校科技，2014（8）：40-42.

我国现行标准规定的产业，是指从事国民经济中同一性质的生产或其他社会经济活动的企业、事业单位、机关团体与个体的总和[①]。

产业经济学中的产业概念有广义和狭义之分。广义的产业概念是指国民经济中的各行各业，包括农业、工业、服务业等一切领域，而每一个具体产业如农业、工业等又是由同类型企业集合而成的。狭义的产业概念专门指工业或称为制造业内部的各种工业部门或行业，如冶金、造船、汽车电子、耐用消费品、机械、纺织等部门，这些工业部门或行业也是由一些具有相同生产技术特点或产品特点的企业组合而成的。实际上，无论是广义的产业概念，还是狭义的产业概念中的产业，都是一些具有某些相同特征的企业的集合或群体，关键在于选择什么样的特征作为企业分类然后进行集合[②]。

即使对产业做这样的定义，它也仍然有如下的几个缺点：首先，产业的对象概括不全面，企业、事业单位、机关团体并不是产业对象的总和。进行产业活动，除了具有一定规模的企业、事业单位、机关团体，还有一些个体从业者，他们可能达不到这些规模标准等。其次，随之而来的产业理论与实际产生了矛盾。如果严格地将产业的定义框定在国民经济各个单位之中，那么政府机关、公益组织等这些非经济单位，即非从事生产经营且具有营利性质的单位和非企业集合就不能被称为产业。但奇怪的是，无论是按照国际标准对产业进行分类还是按照我国的产业标准分类法，这些非经济单位和非企业都被列入了产业门类中。因此，该矛盾引发的现实问题迫使人们不得不重新开始思考产业的概念界定。随即人们开始从产业的内在本质出发，去寻找产业对于人类的意义。

产业是社会分工和生产力不断发展的产物。它是随着社会分工的产生而产生，并随着社会分工的发展而发展的。产业不是一种纯粹的自然生成。产业是作为历史主体的人，借助自身的活动，直接或间接地作用于活动对象以生产各种产品或提供各种服务来满足人类多样性、多层次需要的组织的集合，它深刻地反映着人与自然、人与人（社会）、人与自身的关系，展示着人的自然本质和社会本质。

所以，综合上述分析，笔者将"产业"的广义概念总结如下：人类社

---

① 夏国栋，毕红秋，商晓帆. 千帆竞发：图书馆界名人论改革 [M]. 哈尔滨：黑龙江人民出版社，1993：138.

② 芮明杰. 产业经济学 [M]. 上海：上海财经大学出版社，2005：6.

会分工的出现是产业概念产生的标志，产业是用来满足人类多样性需求的经济社会中能够生产或提供同一性质产品或服务的各行业的集合。值得一提的是：各个行业的生产经营服务单位是产业的微观基础。

产业有四种含义：第一，它是社会分工的结果；第二，它是社会生产力持续发展的终点；第三，它是生产经营服务单位的集合，这些单位从事某种具有同类属性的经济活动；第四，它是中观经济，处于宏观经济与微观经济之间。中观经济是经济活动在某一特定地域或部门行业展开的，它们构成国民经济的重要的子系统，但它们毕竟不等于整个国民经济，不能归之于宏观经济领域；同时，区域、城市、部门和行业又是一个自成体系、相对独立的经济系统，这些经济现象也无法归于微观经济领域之中。它们必须归入介于微观经济与宏观经济领域之间的特殊经济领域即中观经济领域之中①。产业经济在中观经济中无疑是非常重要和十分基础的概念。目前，产业的概念还在不断完善中，它并不是一成不变的，随着社会生产力的不断发展，产业的内涵和外延也在不断地扩充。

概念包括了内涵和外延。内涵是该概念自身的含义，是所指对象属性的总和；而外延是概念所指对象的数量关系和空间范围。所以，概念是事物对象属性、数量和范围的集中阐述。概念的内涵与外延是相互依存的。

产业以自然物质产品为生产的内涵，以社会关系为生产的内涵，以人文精神产品为生产的内涵。总的来说，社会物质生产主要由农业、工业、交通、运输业作为主要部门，特别说明，商业一般不在其中。甚至狭义的解释有时专指工业。广义的解释则是指社会上生产物质和提供劳务的部门集合体，在上述基础上添加了邮电通信业、商业服务饮食业、文教卫生业等部门。

产业是以围绕生产出相同产品为起点展开的，以此集合了利益相关、分工不同的各行各业，它们以拥有相同经营对象和生产相同产品作为连接点展开，在整个经营大环境中与各个行业完成行业循环。

随着经济的发展和社会的进步，产业的概念也随之深入人心，并且人们对其的理解仍在不断完善中。重农学派最早在农业领域提出了"产业"这一概念，接着进入资本主义大生产时期，产业概念从农业过渡到工业，当时主要指工业发展。再来说说马克思主义政治经济学中的产业，它主要

———————————

① 杜栋. 中观经济定义与形态的再研究 [J]. 理论月刊，2009（11）：65-67.

涉及物质性产品生产行业，而且这一解释得到了人们的广泛认可。在进入20世纪中期之后，随着服务业以及各类非生产性产业的发展，产业的内涵有了较大的变化，其内涵也不再专门指代物质产品的生产，开始指代提供同类产品或服务的企业群之间的一种关系总和[①]。简新华等将产业的内涵解释为："在国民经济领域，基于社会分工，提供同类产品或服务的企业的集合。"[②] 为了便于分析和研究管理产业活动，人们对产业进行了分类，如"农业""林业""牧业""渔业"等。

产业是介于宏观经济与微观经济之间的中观经济，是一个社会生产力等方面不断发展的必然结果，是社会分工的产物，是具有某种同类属性的企业经济活动的集合。产业的含义具有多层性特点，其内涵随着社会生产力水平的不断提高而充实，外延随之不断扩展。在经济中，产业主要是指物质生产部门，一般来说，每个部门都专门生产和制造独立的产品，可以说每一个部门就是一个相对独立的产业部门。

基于以上有关产业的概念，可以看出产业的界定具有两个特征：

其一，层次性。基于产业分析对应的差异化目标，将产业的集合细分成多个层次，因此有较强的层次性是其特征之一。具体可以划分为三层：第一层是以同一商品市场划分的产业；第二层是以技术和工艺的相似性划分的产业；第三层是根据经济活动的不同阶段，把国民经济划分为多个部分而形成的产业。

其二，实用性。产业的划分主要基于现实的分析目的，更多地考虑现实经济活动中的具体问题，因此具有现实的可用性，即产业规定具有实用性。所以针对不同的产业分析有不同的分类依据，而难以说出划分的某种前后一贯的分类原则。如果要在应用经济理论的领域划分产业，按照理论基础规范的严密性，那么将难以开展。

正是由于产业界定的这两个特征，产业经济学的应用才有了更广阔的前景。为了便于分析和研究管理产业活动，人们对产业进行了分类。因为研究和分析的目的不同，产业的分类方法也不尽相同。产业的一般分类方法有关联方式分类法、三次产业分类法、生产要素分类法等。

1.2.1.2 产业层次

产业经济学在不同的领域进行产业分析时，会有不同的需要，为了满

---

① 刘光武. 黑龙江省大豆产业发展研究 [D]. 长春：吉林大学，2016.
② 简新华，魏珊. 产业经济学 [M]. 武汉：武汉大学出版社，2001：1.

足这种需要，产业在产业经济学中分为产业组织、产业结构和产业布局三种层次，这就是"产业集合"的层次性。

首先，产业组织是指按同一商品的市场划分产业。实际上，不同产业的企业关系结构各不相同。一个产业内的企业关系结构对该产业的经济表现有着非常重要的影响。当然，产业组织既可以被作为一个名词来理解，产业这样一个具有特定结构行为机制与组织形式的经济系统本身就是指产业组织形式；它也可以被作为一个动词来理解，即它是一个产业系统在内外因素的作用之下达成某种运行结果的行为过程。

其次，产业结构是以经济活动的不同阶段为基础，把国民经济划分为多个部分而形成的产业。在特定的时期内进行的社会再生产过程中，这些产业部门发生着投入和产出，这也反映了社会在生产过程中的关系和变化规律。

产业结构主要基于要素在不同部门、企业以及地区间配置的比例关系，主要涉及工业、农业以及相关联的上下游产业，是一个动态变化的过程，体现各产业部门间的要素配置和生产效率的变化[①]。

最后，产业布局是一种经济现象，特指在某一空间范围内的产业分布和组合。从静态来看，产业布局可以视为在某空间中产业的各部门、各要素、各环节的分布和组合。从动态来看，产业布局则可以视为资源、各产业等在某一空间的流动过程，从而达到各种资源、产业等能够选择最佳区域位置的目的。

1.2.1.3 产业集群

产业集群是指各个产业之间的关联性有着亲疏远近的差异，这种差异导致了在复杂多样的产业中形成不同的产业群。具体而言，关联关系比较密切的产业在经济活动中产生交集的机会就必然多一些，这就自然形成了一个一个的"集群"；反之，关联关系疏远的产业在经济活动中产生交集的概率就要小一些，当然它们也就不能合成一个一个的"集群"。

我国的许多产业从全国来看，企业数量很多，竞争很激烈。但是，经营同一种产业的企业在地理上是高度分散的，导致许多企业在当地事实上处于一种垄断地位，这种产业布局方式在空间上无疑大大减弱了竞争的强度，也容易使企业与地方政府合谋，人为造成垄断局面，导致我国"大而

---

① 杨仁发，李娜娜. 产业结构变迁与中国经济增长：基于马克思主义政治经济学视角的分析 [J]. 经济学家，2019（8）：27-38.

全""小而全"企业过多，企业之间分工程度低，造成低水平重复建设现象。基于产业集群制定的政策将有助于改变这种情况，推动区域或者国家技术创新能力[①]。

1.2.1.4 产业链

根据经济学中标准的定义，产业是指生产同类或是有密切替代关系或竞争关系的产品、服务的企业集合。而产业链既涉及不同分工形成上下游之间的投入产出关系，又伴随着知识、技术等的传递，因此并非仅指某种最终产品所在的产业，产业链应该是一个跨产业的概念，单独一个产业无所谓产业链[②]。

上下游的关系以及价值的交换在产业链中屡见不鲜，上游环节向下游环节输送产品或服务，下游环节向上游环节反馈信息。因此，产业链中各个产业部门之间基于一定的技术经济关联，并依据特定的逻辑关系和时空布局关系客观形成链条式关联关系形态。它的本质是描述一个具有某种内在联系的企业群结构，是一个相对宏观的概念。产业链是产业经济学中的概念，是每个产业部门之间技术经济的关联，并依据特定的时空布局关系和逻辑关系客观形成的链条式关联关系形态。产业链是一个包含企业链、供需链、价值链和空间链四个维度的概念。它们在相互对接的均衡过程中形成产业链，这种"对接机制"是产业链形成的内在模式，它作为客观规律，像"无形之手"调控着产业链的形成。

产业链分为狭义产业链及广义产业链。狭义产业链是指从生产原材料一直到终端产品制造的各生产部门的完整链条。广义产业链是在面向生产的狭义产业链基础上尽可能地向上下游延伸拓展。产业链可向上游延伸到基础产业环节和技术研发环节，亦可向下游拓展至市场拓展环节。产业链的实质就是不同产业的企业之间的相互关联，而此产业关联的实质则是各产业中的企业之间的需求与供给关系[③]。

产业链是同一个产业或不同产业的企业，以产品为对象，以投入与产出为纽带，以价值增值为导向，以满足用户需求为目标，依据特定的逻辑

---

① 孙伟，黄鲁成.产业群的相关概念与分类 [J].科研管理，2003（2）：116-121.

② 刘志迎，赵倩.产业链概念、分类及形成机理研究述评 [J].工业技术经济，2009，28（10）：51-55.

③ 尤薇薇.五大连池市大豆产业发展研究 [D].长春：吉林大学，2018.

联系和时空布局形成的上下关联的、动态的链式中间组织①。

从上述产业链定义可以看出,产业链包含以下几层基本含义②:①产业链是以投入与产出为纽带的。上一企业生产的产品一定是下一企业的投入,直到完成整个产品的生产为止。②产业链是以价值增值为导向的。产业链中的企业从上游到中游再到下游是一个不断增值的过程,直到用户买走产品,实现了产业链的价值为止。③产业链是以满足用户需求为目标的。产业链从原材料供应直到生产出用户需求的产品,整个过程都是按用户需求来组织生产的,如果生产出的产品,用户不需要,则产业链的价值就无法实现。④产业链起始于初始资源终于消费市场,但初始资源和消费市场具有相对性,因此,产业链的起止点是相对的,是随研究问题的内容和范围而变化的。⑤从不同角度考察,产业链有不同的表现形式。从价值创造的角度来看,产业链是指在同一产业内所有具有连续追加价值关系的活动所构成的价值链关系。从产品结构的角度来看,产业链是指以某项核心技术或工艺为基础,以市场前景较好、科技含量较高、产品关联度较强的优势企业和优势产品为链核,以产品技术为联系,以投入与产出为纽带,上下联结、向下延伸、前后向密切联系而形成的产品链。从产业间结构链的角度来看,产业链是指组成产业结构的一、二、三产业的细分部门之间的前后向产业联系。产业结构链关注的是一个产业的前向和后向关联,上游和下游产业匹配,即我们通常所讲的产业关联和配套。⑥从总体上考察,这些"价值链""产品链""结构链"是内含在产业链中的一个个子链,我们称之为产业链的"内部链"。所以,产业链是一个内部有不同子链的复合链③。

1.2.2　大豆产业的概念界定

本书的内容涉及大豆产业链诸多内容,因此需要在概念上对几个主要内容进行界定。

1.2.2.1　大豆

大豆原产于我国,自远古时代起,就已经是很重要的"五谷"之一,

---

① 刘贵富. 产业链的基本内涵研究 [J]. 工业技术经济,2007 (8):20-27.

② 刘贵富. 产业链基本理论 [M]. 长春:吉林科学技术出版社,2006:30-31.

③ 刘贵富. 产业链与供应链、产业集群的区别与联系 [J]. 学术交流,2010 (12):78-80.

原名"菽"①。大豆是我国最重要的粮食之一，既是粮食作物、油料，又是经济作物和工业原料。大豆是一年生草本豆科植物，根据其颜色和形状的不同，大豆的品种大致可分为五类：黄大豆、青大豆、黑大豆、其他大豆以及饲料豆。其中其他大豆主要是指种皮颜色为褐色、棕色、赤色等单一颜色的大豆；饲料豆一般籽粒较小，呈扁长椭圆形，两片子叶上有凹陷圆点，种皮略有光泽或无光泽。

大豆的营养价值十分高，大豆中含有 42% 的蛋白质，其能够提供人体所需蛋白质含量的 30%~40%②。此外，大豆中的碳水化合物、脂类物质、矿物质、维生素、生物活性物质含量也颇高。临床研究证实，大豆中含有的蛋白质是小麦的 3.3 倍、肉类的 2~3 倍、稻米的 5 倍、鸡蛋的 3 倍。现代研究认为，大豆蛋白质能够降低低密度脂蛋白胆固醇（LDL-C）至少 12.5%，而且大豆蛋白质可以有效预防癌症。流行病学研究表明，中国的大豆摄入量远高于欧美国家，前列腺癌、乳腺癌、结肠癌的发病率显著低于北美与西欧，大豆中的皇甘、植物固醇、异黄酮等物质防癌功效明显③。因此，大豆不仅能够加速胃肠道蠕动，排出肠道中对肌体不好的物质，促进肠道菌群平衡，还能够抑制胰酶发生作用和肌体对胆固醇的吸收，从而达到降血糖的效果以及改善高脂血症患者的血脂状态。

1.2.2.2 大豆产业

大豆既是粮食作物、油料，又是经济作物和工业原料。所谓大豆产业，是包括大豆种植、大豆生产、大豆加工、大豆贸易、大豆物流及其相关服务活动在内的国民经济的相关行业和部门。也有普遍认同的定义，即一切从事大豆及其制品的生产、消费、加工、流通、贸易及提供相关服务的单位或个体及其经济活动的集合。大豆产业是个综合体，由参与大豆贸易全过程的主体和由此引出的行为组成。以大豆为贸易对象的行业也可以引申出其他许多相关的经济形式，包含于大豆贸易的每个环节④。由此也会衍生出许多其他相关的经济形式，但都和大豆贸易息息相关。基于以上原因，大豆产业可以同时处于第一产业、第二产业和第三产业⑤。

---

① 师高民."五谷"起源考之三：大豆和玉米 [J]. 中国粮食经济，2021 (1)：76.
② 韩立德，盖钧镒，张文明. 大豆营养成分研究现状 [J]. 种子，2003 (5)：57-59.
③ 李冬冬. 大豆营养与人体健康分析 [J]. 中国卫生标准管理，2015, 6 (5)：5-6.
④ 尤薇薇. 五大连池市大豆产业发展研究 [D]. 长春：吉林大学，2018.
⑤ 孙瀚钊. 黑龙江省大豆产业发展研究 [D]. 哈尔滨：东北农业大学，2019.

同时，大豆产业也是农业产业化的一种体现。农业产业化指农工商一体化发展，具备一条完整的产业链。国际上将这一情况称为"农工一体化"①。农业产业化发展是基于市场而展开的，立足农户，依托"龙头"企业，致力于促进经济效益的提升，通过一系列服务手段，有效地促进农工商一体化的发展，并对农业生产过程中的各个环节进行有效整合的一种经营模式。就功能与性质两个维度而言，农业产业化指农业由传统生产部门向现代产业过渡的历程，这也是围绕市场农业的基本运营模式所构建的积累和调节体制，能够有效引领农户由传统的小规模生产向大规模生产迈进，将多方主体有效地衔接起来，构建一个经济利益共同体。就纵向维度而言，农业产业化是将农业生产的各个环节有效整合，组建一条成型的产业链；就本质而言，农业产业化是农业生产主体为了提供农业服务而确立的一种协议，可以有效取代市场领域的临时性交易关系，将各个环节整合于一体。就横向维度而言，农业产业化与不同的供求环节对应的分工也是有差异的，而且关系到资源、资金以及技术等多个生产要素，还关系到加工业、商业以及物流业等多个行业之间的协作，通过组建一种纵横交错的模式，促进整个一体化运营系统的发展；就本质而言，农业产业化指传统农业的变革发展，进而为农业科技的发展提供有利条件；就整体而言，农业产业化经营模式有效促进了传统农业向现代农业迈进，为农业现代化的发展提供了十分有利的条件。

本书侧重于大豆的生产、加工、贸易等来研究大豆产业的发展。在大豆加工方面，从广义上来看，中国的大豆加工业已经形成了比较完整的产业链条，从油脂压榨、饲料加工、畜禽水产养殖、营养保健延伸到化工、环保、军事、医药、纺织服装、航空、航天等领域，成为中国国民经济中的重要组成部分；从狭义上来看，大豆加工业主要包括大豆油脂压榨业、大豆蛋白质加工业和大豆食品级高附加值营养保健品加工业几个方面②。本书主要以四川农户生产大豆和加工大豆的企业为主要研究对象，分析四川大豆种植生产和加工中存在的问题。四川虽然不是大豆的主产省份，但是近年来，四川大豆种植面积增速居全国第一，大豆播种面积不断增加，总产量位于全国前三，是全国大豆种植的新兴地区。四川大豆种质资料丰

---

① 尤薇薇. 五大连池市大豆产业发展研究 [D]. 长春：吉林大学，2018.

② 姜丽丽. 我国大豆加工企业价格风险及其规避研究 [D]. 哈尔滨：东北农业大学，2012.

富，是高蛋白质非转基因大豆的优势产区，四川大豆蛋白质含量通常在45%以上，多个品种超过50%，在全球市场上具有较强竞争力。例如，"南豆12号""南夏豆25号""南黑豆20号"等品种均连续多年被农业农村部列为主导品种。国内高蛋白质的大豆市场需求十分大，四川大豆的前景十分广阔。因此本书研究的大豆贸易消费主要着重于国内，以四川省为主，同时对比国内其他省份的大豆消费来进行研究。

1.3　研究的内容

"洪范八政，食为政首"，粮食安全乃国家战略重中之重，农业基础地位不可忽视。为响应国家全力抓好粮食生产和重要农产品供给，确保国家粮食安全，本书以重要粮食作物之一的大豆为主要研究对象，从分析世界大豆产业发展入手，到中国大豆产业演进，进而深入分析四川大豆产业，并从大豆产业生产现状、农户行为、加工产品与技术、加工企业行为以及消费市场分析等多个角度，对四川大豆展开系统研究，以探索四川大豆未来全产业链发展路径。

第1章：绪论。本章介绍了研究背景、目的、意义和方法，梳理了产业和大豆产业等有关概念，统领全书，明确了本书的研究方向。

第2章：文献综述与理论框架。本章利用可视化计量分析方法对国内外已有研究文献进行梳理，并提取项目研究关键词，运用 CiteSpace 软件，生成关键词聚类图和关键词时区图，分析大豆产业研究热点，另外选取产业化经营理论、规模经济理论、比较优势理论和要素禀赋理论等为本书奠定理论基础。

第3章：世界大豆产业的发展。本章选取美国、巴西、阿根廷、印度等大豆主产国，从大豆的种植、生产、加工、贸易角度分析大豆主产国大豆产业的发展现状，并与中国大豆产业进行对比，分析各大豆主产国在大豆产业方面存在的优势和劣势，总结出可供中国大豆产业发展借鉴的经验。

第4章：中国大豆产业的发展。本章对大豆产业展开细化研究，选取我国大豆主产省份（黑龙江、内蒙古、安徽、四川和河南），从种植、生产、加工、贸易等多个角度对比分析我国大豆产业的发展现状，梳理出大豆主产省份存在的有利与不利因素，为四川大豆产业发展提供经验借鉴。

第 5 章：四川大豆种植业发展战略分析。本章结合国家粮食安全战略背景，明确了四川大豆产业在中国大豆产业中的地位和发展意义，并深入分析了四川大豆产业发展现状、机遇以及优势，同时分析了四川大豆生产种植中仍然存在的问题。

第 6 章：四川大豆农户生产成本收益分析。为分析四川农户大豆种植意愿，本章对四川省农户、家庭农场和合作社进行实地调研，并开展问卷调查。通过实地调研和问卷分析，本章找出了影响四川大豆种植的因素，进一步探讨了四川大豆种植的政策建议。

第 7 章：四川大豆加工产业战略分析。本章描述了四川大豆加工现状，梳理了四川大豆加工业的优势以及存在的问题，并选取四川大豆加工企业进行案例分析，最后对四川大豆加工企业提出建议，指出未来的发展方向。

第 8 章：四川大豆加工企业行为分析。本章从四川大豆加工企业原料采购、产品定价行为、市场营销行为和产品增值行为等方面总结大豆加工的不同模式及各自的优缺点，并提出对未来大豆加工企业的优化建议。

第 9 章：四川大豆消费市场分析。本章从消费市场的流通、物流、市场价格等角度分析四川大豆在消费市场中的问题与发展格局，研究四川大豆产业发展中消费市场环境的各个方面，进一步完善大豆产业链体系。

第 10 章：全产业链视角下四川大豆产业发展战略。本章基于前文围绕世界大豆、中国大豆以及四川大豆种植、生产、加工、贸易、消费等角度的分析，归纳总结出四川大豆产业未来发展战略。

第 11 章：四川大豆产业发展县域案例。本章进行了案例分析，分别介绍了种植、加工方面的几个典型，有一定的启示和借鉴意义。

第 12 章：结论、建议与展望。本章对全书进行了回顾，在此基础上总结了本书主要内容和得到的结论，提出了四川大豆产业发展的建议，并对四川大豆未来的发展进行了展望。

1.4　技术路线

本书研究技术路线如图 1-2 所示。

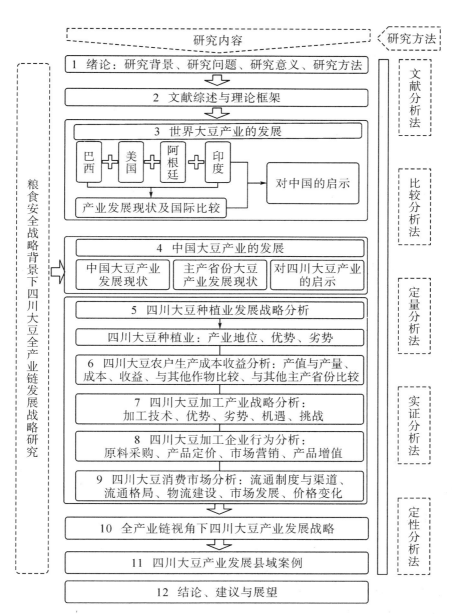

图 1-2　本书研究技术路线

1.5 研究方法

本书对于四川大豆产业发展战略的研究拟采用多种研究方法对其进行深入分析。具体来看，本书主要采用了如下几种研究方法：

1.5.1 文献分析法

本书开篇就厘清了产业、大豆产业等关键概念，整理了产业发展、产业化经验理论、技术进步理论等方面的主要研究成果，挖掘出现有研究中的不足及有待探讨的问题，为四川大豆产业发展战略研究奠定了理论基础。

1.5.2 比较分析法

比较分析法是农业经济管理研究中常用的研究方法之一。本书利用比较分析法，一是对主产国大豆产业现状进行对比，从而总结大豆产业发展经验；二是对我国主产省份大豆产业现状进行分析，从而梳理出国内主产省份大豆产业发展长期以来积累的经验。

1.5.3 定性分析法

本书将定性研究方法与定量研究方法结合，对大豆加工企业进行行为分析。本书首先选择四川大豆加工企业典型案例进行分析，并结合现有研究基础，提炼出研究涉及的主要前提条件；其次对相关大豆加工企业的原料采购行为以及产品定价行为展开研究，从而寻找到实现发展结果的路径。

1.5.4 定量分析法

本书在前面步骤分析并建构理论框架的基础上，对重要因素之间的关系进行检验。针对世界大豆产业、全国大豆产业以及四川省大豆产业等主题，本书主要进行关键变量描述性统计分析。本书对四川大豆农户生产成本收益的分析主要采取定量分析、比较分析等研究方法。

1.5.5 实证分析法

本书进行了广泛的实地调查研究，深入现场调研，发现问题和症结，进行了案例剖析研究，支撑了理论研究的结论。

2 文献综述与理论框架

2.1 文献综述

2.1.1 研究方法与样本选取

本书在研究中采用的方法是结合文献计量与文献内容，系统分析了关于大豆产业发展战略的国内文献特征，对研究现状进行梳理，明确研究热点，总结研究结论。本书在研究中使用的文献分析工具是 CiteSpace。CiteSpace 是美国雷德赛尔大学的陈超美教授开发的 Java 应用程序，是结合文献计量学理论、共引分析法、共现分析法、社会网络分析等理论开发的一种知识图谱生成软件。CiteSpace 以"共现聚类"思路为基础，从科学文献的信息单元（包含参考文献、关键词、主题词、作者、机构、国家、期刊等）出发，构建具有差异性的网络结构（例如，关键词共现、作者协作、文献共被引等）。在此基础上，以文本信息为节点，以连线为节点间的纽带（共现），通过对节点、连线、网络结构的度量、统计分析（聚类、涌现词检测等）以及可视化，挖掘出各学科或领域内的知识结构，保证可视化图表的完整与成果的时效性。

本书样本取自 CNKI 数据库。为确保用于可视化分析的文献具有代表性，选取长度为 20 年的时间区间，选取 2002—2022 年（2022 年时间截至 8 月 10 日）作为时间区间，第一次筛选时主题词为"大豆产业"或含"产业链"，选择"同义扩展"，仅检索出 361 篇文献，样本不足，不具有代表性；第二次筛选时主题词为"大豆产业"或含"发展"，为了保证筛选内容的准确性，选用"同义扩展"，剔除"会议""报纸""年鉴""政府文件"等无关文献，初步检索出 1 199 篇文献，符合 CiteSpace 图谱分析所要求的大样本，因此选取这 1 199 篇文献作为本书的基础文献。由于符合筛选时主题词为"大豆产业"或含"发展"的外文文献较少，不足以进行可视化分析，且对于四川大豆在全产业链视角下产业发展战略研究的帮助较少，因此本书不对外文文献进行可视化分析，仅选取这 1 199 篇中文文献作为本书的基础文献。

2.1.2　文献时间分析

如图 2-1 所示，本书研究发现，自 2002 年以来，年发文数量逐年增加，大致可以分为两个阶段：第一阶段是 2002—2010 年，关于大豆产业的文献数量增加很快，2010 年达到发文数量最高峰 98 篇。自 2001 年中国加入世界贸易组织（WTO），大豆作为开放最早的农产品在国际市场上备受关注，此后几年各学者对于大豆产业的研究热情也日益高涨。第二阶段是从 2011 年开始的平稳发展阶段，学者们对大豆产业的研究热度保持平稳。究其背后原因，是 2010 年以来国内大豆产量持续下降，大豆产业格局也随之发生了变化，但大豆产业的发展问题仍是研究热点。

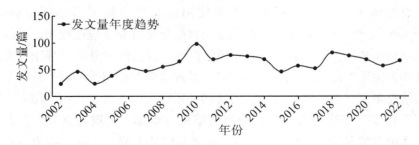

图 2-1　2002—2022 年大豆产业研究中文文献发表时间分布
资料来源：笔者根据中国知网公开数据整理。

2.1.3　研究作者分析

一个研究领域的顶尖专家和学者，是一个学科发展和成长的关键。要准确地捕获到一个研究领域中的权威专家和学者，就必须对发文主要作者进行分析，因为这些人一般都对这个领域有比较全面的认识，而且已经有了比较完善的研究系统，所以对主要作者之间的协作关系进行分析是十分必要的。我们可以通过 CiteSpace 软件分析发文作者，获得作者之间的合作情况，如图 2-2 所示。

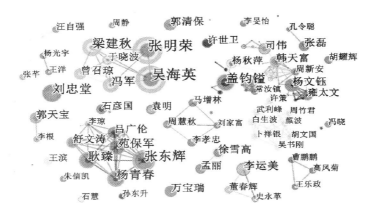

图 2-2　2002—2022 年大豆产业研究文献作者合作共现网络图谱

资料来源：笔者通过中国知网导出相关文献并用 CiteSpace 制图。

通过对作者协作网络进行研究，我们发现该网络中的结点数量可以体现出作者发表的论文数量。图 2-2 中作者姓名的字体越大，作者发表的文章越多；作者之间的连线越粗，意味着二者之间的合作越紧密。如图 2-3 所示，关键节点 1 673 个（N＝1 673），关键路径 2 473 个（E＝2 473）。从整体来看，国内大部分大豆产业研究文献作者的合作较多。结合图 2-3 中发文量前 20 位的发文作者统计，可以看出大豆产业研究文献作者与他人合作较多的是发文量前十位的张明荣、吴海英、张东辉、盖均镒、耿臻、杨青春、刘忠堂、苑保军、梁建秋和杨文钰。

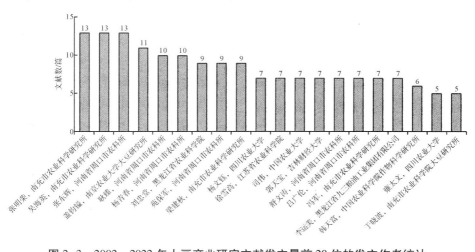

图 2-3　2002—2022 年大豆产业研究文献发文量前 20 位的发文作者统计

资料来源：笔者根据中国知网公开数据整理。

我们可以看到，合作关系最为密切的梁建秋、张明荣和吴海英均来自南充市农业科学研究所，并且与这三人合作紧密但发文量没有那么多的曾召琼和于晓波也来自南充市农业科学研究所，从而在川渝地区形成了以南充市农业科学研究所为首的大豆产业研究圈。南充市农业科学研究所主要针对川渝地区的大豆产业展开研究，并且重点放在大豆生产的套作技术和大豆的抗旱性上。梁建秋等（2010）[①]通过到四川大豆主产区武胜、西充、渠县、三台、蓬溪调查走访，发现四川缺乏适宜间种套作种植的高产优质大豆新品种，因此，选育耐阴、高产、高蛋白质、适合四川及南方间种套作种植的优良大豆新品种进行种植极为重要。

河南省周口市农科所的耿臻、杨青春、张东辉、苑保军、舒文涛、吕广伦（2018）等学者主要研究河南地区大豆产业[②]，他们采用计算机视觉系统及 MATLAB 软件开发平台代替人工大豆单株考种进行自动检测的方法，解决了大豆单株考种过程中人力计数准确率低和数粒仪等光电方法耗时长的问题，从而提高了工作效率和准确度。

以韩天富为中心的团队和以盖钧镒（1998）为中心的团队，分别来自中国农业科学院作物科学研究所和南京农业大学大豆研究所，两个研究所合作对生育期结构不同的大豆品种的光周期反应和农艺性状展开研究[③]，发现大豆品种生育前、后期长短与它们在该期的光周期反应敏感性正相关，在相同生育期条件下，花期接近的品种，其早花期与早花期促花速率、晚熟促熟速率（MHR）呈显著的正相关关系，在生育期相似的南北方春、夏大豆品种中，早花期偏长的品种具有更高的单株百粒重，而晚熟的南方夏大豆品种，其百粒重更高。

由武利峰、白生波、颜波和卜祥银等学者组成的研究团体，一部分来自国家粮食局，一部分来自黑龙江省粮食局，这两个机构长期合作研究黑龙江大豆产业。此外，纵观 2002—2022 年大豆产业研究机构合作共现网络图谱，可以发现作者的合作水平较低，大多数是 4 人左右的小合作团体。针对大豆产业发文量较多的作者大都来自专业的研究机构，且合作关系紧

---

① 梁建秋，张明荣，吴海英. 大豆抗旱性研究进展［J］. 大豆科学，2010，29（2）：341-346.
② 李琼，姚遥，杨青春，等. 基于 MATLAB 图像处理的大豆颗粒检测方法研究［J］. 中国农学通报，2018，34（30）：20-25.
③ 韩天富，盖钧镒，陈凤云，等. 生育期结构不同的大豆品种的光周期反应和农艺性状［J］. 作物学报，1998（5）：550-557.

密，其余则是农业大学的学者对大豆产业研究较多，这些研究主要以农业科技为主，农业经济视角的不多见。

2.1.4 发文机构分析

在此基础上，我们利用 CiteSpace 技术获得了大豆行业科研论文的共现网络图谱，弄清了各研究机构科研成果的分布状况。如图 2-4 所示，有 380 个关键节点（N= 380）和 136 个关键路径（E=136）。从图 2-4 中可以看出，节点最大的是东北农业大学，其可谓是大豆产业研究的主力军。

在大豆产业研究机构合作共现网络图谱中，机构发文数量越多在图中的圆圈越大；两个机构之间合作关系越紧密的连线越粗。由合作共现网络图谱可以看出，东北农业大学是发文最多的机构，发文数量高达 80 篇。东北地区尤其是黑龙江省是中国大豆的主要产地之一，在东北地区，东北农业大学和吉林省农业科学院形成了紧密的合作网络。此外，在东北地区还有许多发文机构，例如黑龙江省农业科学院、吉林财经大学、吉林农业大学、黑龙江省粮食局等。其中黑龙江省农业科学院发文数量达到 28 篇，居第四位，黑龙江省农业科学院联合黑龙江省社会科学院农村发展研究所形成了黑龙江省特有的合作网络。

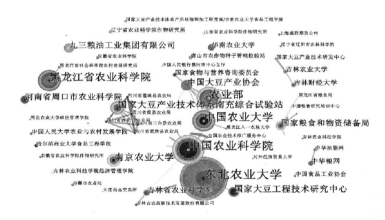

图 2-4 2002—2022 年大豆产业研究机构合作共现网络图谱
资料来源：笔者通过中国知网导出相关文献并用 CiteSpace 制图。

结合图 2-5 的 2002—2022 年大豆产业研究文献发文量前 20 位的发文机构统计可以看出，中国农业科学院的发文数量虽然不如中国农业大学、南京农业大学多，但以中国农业科学院为中心，形成了庞大的合作网络，既与高校紧密合作，又与政府机构紧密合作，实现了理论与实践的有机结合。在发表了大豆产业发展研究文献的机构中，以原农业部（现农业农村部）为首，以中国大豆产业协会为辅，形成了一个以政府机构为主的研究网络。在四川地区也有一个研究网络，它是由国家大豆产业技术体系南充综合实验站牵头，与南充市农业科学研究所、四川省渠县农业农村局、四川省西充县农业农村局、四川省三台县农业农村局和四川省武胜县农业农村局等研究机构组成的。可以看出，对于四川大豆产业，四川已有一定的研究成果，这为我们开展全产业链视角下四川大豆产业发展战略研究提供了合作支持。

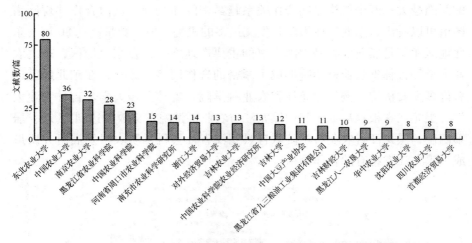

图 2-5　2002—2022 年大豆产业研究文献发文量前 20 位的发文机构统计

资料来源：笔者根据中国知网公开数据整理。

　　结合图 2-5 的 2002—2022 年大豆产业研究文献发文量前 20 位的发文机构统计，我们发现，发文量较多的张明荣等人所属的南充市农业科学研究所、河南省周口市农科所、中国农业科学院作物科学研究所都位列大豆产业研究文献发文量前 20 位的发文机构之中。大豆产业研究文献发文量靠前的机构大多是高校，但是单个作者对大豆产业领域的研究发文量较少，对于该领域的研究也较浅，高校之间的合作关系也不紧密，所以会出现发文量靠前的作者均来自研究机构的情况。未来各高校可以深度研究大豆产业，加强与研究所的合作，这一领域的研究还有很大的提升空间。

2.1.5 关键词分析

关键词是一篇论文的核心概括，对论文关键词进行分析可以快速发现文章主题，而一篇论文给出的几个关键词之间一定存在着某种关联。

2.1.5.1 关键词共现

关键词之间的这种关联可以用关键词出现的频率来表示。关键词共现法是利用文献中的专业词汇，对某一主题进行检索，找出与之相关的主题。同一文本中出现频率较高的主题词之间存在着密切的联系。通过对某一类文献中主题词在同一文章中出现的次数进行分析，可以得到一个由多个主题词相关关系构成的共现词网络。我们用关键词共现分析法来对大豆产业研究文献的关键词进行分析，通过 CiteSpace 对 2002—2022 年大豆产业研究文献进行关键词共现分析，得到图 2-6。

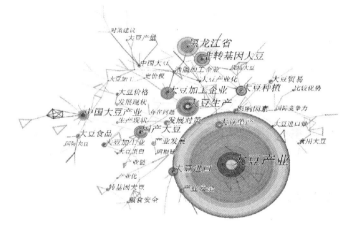

图 2-6　2002—2022 年大豆产业研究关键词共现网络图谱
资料来源：笔者通过中国知网导出相关文献并用 CiteSpace 制图。

如图 2-6 所示，在关键词共现性分析中，关键词出现频率是由节点大小反映的。这里的节点数量是图中的关键词的数量，而边数是关键词之间的连线数量。只要是在同一文献中出现的关键词，都是有联系的。图 2-6 中的圆圈尺寸表示关键词出现的频率，频率越高，圆圈就会越大，而连线则会反映出关键词出现的频率，连线越粗，关键词出现的频率也就越高。图 2-6 中关键节点 377 个（N=377），关键路径 359 个（E=359）。由关键词共现网络图谱可知，出现频率最高的是"大豆产业"，也是关键词中的核心，其次是"大豆进口""大豆单产""产业安全"。我们可以将关键词分成大豆进出口产业、大豆加工产业、黑龙江大豆产业三类，第一类关键词有"大豆进口""大豆贸易"等，第二类关键词有"大豆种植""大豆产业化"等，第三类关键词是"黑龙江大豆产业"，这些主题词出现的频率很高，是学者们关注的重点。由此可知，在大豆产业链的生产、流通、加工和贸易环节，前人的研究都已有涉及。下面就三类关键词进行文献综述。

第一类主题词为"大豆进口""大豆贸易"，主要涉及大豆产业链中的贸易和流通环节。1996 年，中国的大豆产业从净出口模式转变为净进口模式，近年来从国外进口的大豆数量日渐增多，这种局面造成了中国在世界大豆贸易市场上的弱势状态。高颖和田维明（2008）[①] 基于引力模型对中国大豆贸易的影响因素进行了实证研究，发现进口价格、贸易伙伴国（地区）的产业政策和中国的对外开放程度对中国大豆贸易模式的演变具有重要的影响。杨树果（2014）[②] 对我国大豆生产、流通、消费、加工、贸易等各个环节进行了历史对比和国际对比，对各个环节的发展情况进行了分析，发现自 2010 年以来，我国大豆产业在大豆生产环节处于明显滑坡的状态，且我国大豆进口这一局面在短时期内不会改变，大豆进口并不会影响国内大豆的生产和豆农的收益，外资的进入反而促进了我国大豆产业的发展，要充分利用国外的耕地资源建立大豆生产基地，以此打破少数国家垄断我国大豆进口的局面。崔宁波等（2019）[③] 认为目前全球大豆贸易格局正在发生变化，大豆是中国统筹利用国内国外两个市场最具代表性的资源，应对世界大豆贸易格局变化对我国带来的风险十分重要，要理清我国大豆产业链的欠缺之处，推动农业供给侧结构性改革，支持大豆主产省份发挥区域优势，提高国产大豆的产量。谭林（2010）[④] 对中国大豆行业的出口依存度进行了研究，提出应适当地减少或停止中国的油用大豆生产，就可以建立一个属于中国的完全封闭的食用非转基因大豆市场，以此使中国生产大豆的农民摆脱国际市场的制约，也有助于保证其他粮食作物的播

① 高颖，田维明. 基于引力模型的中国大豆贸易影响因素分析 [J]. 农业技术经济，2008（1）：27-33.

② 杨树果. 产业链视角下的中国大豆产业经济研究 [D]. 北京：中国农业大学，2014.

③ 崔宁波，刘望. 全球大豆贸易格局变化对我国大豆产业的影响及对策选择 [J]. 大豆科学，2019，38（4）：629-634.

④ 谭林. 国际大豆供求背景下的中国大豆贸易研究 [D]. 北京：北京林业大学，2010.

种面积以及提高中国粮食的自给率。肖丹娜（2010）[①] 运用大豆市场份额、贸易竞争力和显性比较优势指数等方法，对中国大豆贸易地位和国际竞争力进行了实证研究，结果发现，在中国的出口贸易中，大豆贸易的比重不断上升，在世界贸易中的地位却在不断下降。面对我国自加入世界贸易组织以来大豆贸易逆差越来越大的境况，郑现伟等人（2010）[②] 认为，大豆进口量的逐年增长已经对我国大豆的本地种植带来了极大的负面影响，由此引致大豆上下游有关产业也受到了相当大的冲击，从长远来看，这些影响会对我国大豆的相关产业安全带来威胁。为此，我国应从产业安全的角度出发，针对大豆产业链的各个环节制定出相应对策，以有效保护我国大豆产业健康发展。崔春晓（2006）[③] 通过建立模型实证研究发现，短期内实施转基因安全管理政策会抑制转基因大豆的进口，但是在长期中效果并不明显，并且实施转基因安全管理政策并不能有效提高我国大豆的出口竞争力。黄天柱和李颖（2014）[④] 通过分析中国大豆贸易现状，指出在中国大豆高达 80% 的进口依存度背后，存在着严重的贸易逆差问题。通过对国内外因素的分析，他们认为我国大豆产生贸易逆差的主要原因在于国内市场供不应求、国内豆业不成熟的产业结构、国外市场有目的的渗入式垄断、政府缺乏对国内豆业的扶持和对国外豆源流入的控制等。改善我国大豆贸易逆差的最终出路在于实行大豆产业的链式管理、优化大豆种植业的产业结构、加大政府介入力度以及加强对转基因大豆进口的监管力度。贾雁冰（2006）[⑤] 指出，同其他主要生产贸易大豆产品的国家相比，中国大豆目前存在明显的竞争劣势，中国大豆单位面积产量和劳动投入方面还有很大的改进空间，我国应通过相应的政策来降低大豆产业的对外贸易依存度。赵川和宋艳（2021）[⑥] 发现在新型冠状病毒感染疫情背景下，国际粮食价格剧烈波动，大豆是中国外贸依存度较高的农产品，中国应该做好大豆应急预案，实行大豆进口多元化战略，优化粮食种植结构，培育大豆龙

① 肖丹娜. 中国大豆贸易地位及国际竞争力研究 [D]. 天津：天津财经大学，2010.

② 郑现伟，席增雷，张媛. 我国大豆贸易的现状及其影响分析 [J]. 改革与战略，2010，26 (12)：153-155.

③ 崔春晓. 转基因安全管理政策对我国大豆贸易的影响分析 [D]. 南京：南京农业大学，2006.

④ 黄天柱，李颖. 改善当前中国大豆贸易逆差的对策建议 [J]. 价格月刊，2014 (5)：41-44.

⑤ 贾雁冰. 中国大豆贸易研究 [D]. 北京：对外经济贸易大学，2006.

⑥ 赵川，宋艳. 新冠肺炎疫情对中国粮食价格的冲击及应对策略：以大豆为例 [J]. 价格月刊，2021 (3)：8-14.

头企业，健全大豆产业链，使大豆价格和粮食安全得到有效的保障，以此来保障大豆市场平稳运行。张振等人（2018）[①] 发现中美贸易摩擦对国内外大豆市场将带来深远影响，全球大豆生产呈现"北缩南扩"的态势，全球大豆贸易流向将发生明显改变，国际大豆价格波动加剧，中国大豆市场在短期内面临着巨大的供应压力，但不会造成实质性的冲击。从长远来看，这对中国大豆工业的复苏是有利的，在贸易新形势下，中国大豆产业要发展，要继续深化农业市场化和国际化改革，在确保国内大豆产能不降低的前提下，积极参与全球农业战略布局，提升统筹利用好国际市场国际资源的能力。

第二类主题词为"大豆种植""大豆产业化"，主要涉及大豆产业链中的生产和加工环节。杨树果认为要想让我国大豆产业在国际市场上占据主导地位，我国未来应重点发展高蛋白质大豆以及转基因大豆，且应采用合理轮作技术体系。查霆等人（2018）[②] 整理了 1961 年以来我国大豆种植面积、产量和贸易数据，提出应制定优惠政策扶持大豆生产，以此提高农民种豆的积极性；要增加对大豆的科研投入，并提高大豆单位面积产量，改善大豆品质；不要与转基因大豆直接竞争，要大力发展高蛋白质菜用大豆，提高菜用大豆的消费水平。钟金传、吴文良和夏友富（2005）[③] 探讨了中国商业化种植转基因大豆的可行性，指出全球大豆主产国转基因大豆的发展及中国种植转基因大豆可能存在的问题，中国具有独特的消费结构，转基因大豆存在生物安全和食品安全隐患，会给中国大豆产业带来不良影响。周新安（2017）[④] 针对我国当前大豆生产中存在的问题，提出应加快大豆新品种和新技术的推广，以提升大豆单位面积产量为目标，以东北、黄淮以北为重点，以提高单位面积产量 21%～22% 为目标；以黄淮以南及南部为重点，以 45% 以上蛋白质含量为目标，开展大豆新品种保优、高产栽培技术研究，推广应用新技术。在此基础上，我们应继续推进"隔行覆膜""深松耕""精量播种""配方施肥""化学除草"等技术，继续推广"种子病虫害综合防控技术""覆膜""垄三""窄行"等技术，加强技

① 张振，徐雪高，张璟，等. 贸易新形势下国内外大豆产业发展战略取向 [J]. 农业展望，2018，14（10）：94-102.

② 查霆，钟宣伯，周启政，等. 我国大豆产业发展现状及振兴策略 [J]. 大豆科学，2018，37（3）：458-463.

③ 钟金传，吴文良，夏友富. 转基因大豆发展及中国大豆产业对策 [J]. 中国农业大学学报，2005（4）：43-50.

④ 周新安. 我国大豆产业发展的困境与出路 [J]. 中国食物与营养，2007（11）：4-8.

术培训，提高技术到位率和入户比例；通过多层次的培训，把大豆高产栽培技术推广到农户，落实到田间，继续大力创建大面积高产示范田，对各类栽培技术模式及高产技术措施进行示范，充分发挥高产典型的带动和辐射效应。张明荣和吴海英（2009）[①] 对四川间种套作大豆生产现状进行分析，认为针对四川省人多地少、耕地复种指数较高的情况，应积极创新种植模式，走耕地深度开发之路，采取增、间、套种等办法，在不与大宗粮食作物争地的情况下，努力扩大大豆种植面积。朱星陶等人（2012）[②] 对贵州 9 个县 35 位农业技术人员和 150 户农户 2011 年的大豆生产情况进行了调研，发现品种老化、增产潜力低下是贵州大豆生产中存在的主要问题，发展贵州大豆产业需要高产新品种、高产栽培技术，并着重发展品种选育、技术研究和引用、良种繁育与推广等方面技术。王家农[③]分析了我国大豆生产的成本收益情况和影响因素，并且与大豆主要生产国（地区）和主要粮食品种对比分析，土地、劳动力以及化肥、机械等物资与服务费用上涨是大豆成本上升的主要原因，尤其是市场价格的变化会对大豆价格有显著影响。

第三类主题词为"黑龙江大豆产业"。国内大约半数大豆产自东北地区，其中黑龙江省更是扛起了大豆生产的重任。黑龙江是一个农业大省，是全国最大的粮食产地，是全国最重要也最大的大豆产区，因此关于黑龙江大豆产业的研究成果也十分丰富，这也在大豆产业研究关键词共现网络图谱中有所体现。近年来，在进口大豆的冲击下，黑龙江省大豆全产业链面临着全面危机。孙丽娟（2013）[④] 根据黑龙江省大豆产业发展和价格波动的实际情况，采用价格均衡理论、蛛网理论、产业经济学理论、供应链理论，对黑龙江省大豆行业的地位、大豆生产和贸易情况进行分析，认为黑龙江省大豆行业有可能呈现两种截然相反的发展趋势：一是受政府支持不足的影响，黑龙江省大豆行业也会跟着波动，导致农户收入不稳定，黑龙江省大豆生产行业逐渐衰退，大豆产量减少，而国内大豆需求持续增长，供求失衡将进一步加剧；二是政府从供、需两个方面对影响大豆价格波动的各种影响因素进行综合考量，采取有效的政策扶持，让大豆种植户获得稳定的收入，尽量稳定供需关系，缓和大豆的供需矛盾，从而让黑龙

---

① 张明荣，吴海英. 四川间种套作大豆生产现状与发展分析 [J]. 中国种业，2009（10）：16-18.

② 朱星陶，杨春杰，陈佳琴，等. 贵州大豆生产现状及产业技术需求与对策 [J]. 贵州农业科学，2012，40（10）：208-213.

③ 王家农. 我国大豆生产成本收益分析 [D]. 北京：中国农业科学院，2012.

④ 孙丽娟. 黑龙江省大豆价格波动影响因素及对策研究 [D]. 哈尔滨：东北农业大学，2013.

江省的大豆行业平稳、有序地持续发展。潘文华和许世卫（2014）[①] 分析了黑龙江省大豆产业的困境，指出造成困境的原因不仅有进口大豆在成本、资金上的优势等外部因素，还有在研发转化、种植、加工、流通、政策、观念等环节上的内部不利因素。黑龙江省应坚持有特色的非转基因大豆发展方向，坚持压榨大豆和食用大豆共同发展的道路，坚持以市场为主、政府调控为辅的大豆差异化发展战略。刘光武（2016）[②] 运用 SWOT 分析法对黑龙江大豆产业发展机遇与挑战进行研究，发现跨国粮商正在慢慢渗透我国的大豆种植业，目前已经牢牢掌握了中国大豆的进口权。刘娜（2016）[③] 在对黑龙江大豆深加工企业战略联盟进行稳定性分析的基础上，从政治、经济、市场三个方面对其稳定性进行了分析，并对其内部环境因素进行了分析。在此基础上，通过对企业的内部环境因素进行分析，她认为与外部环境因素相比，企业内部环境因素对大豆联盟稳定性的影响更大，应通过构建联盟伙伴选择机制，明晰联盟类型，强化企业文化融合，完善内部协议，构建内部信任机制，建立高效便捷的沟通机制，以保障黑龙江省大豆加工企业联盟的健康发展。冯晓（2009）[④] 研究了在跨国企业全球布局转基因大豆冲击本土的形势下，黑龙江省大豆产业发展可以通过发挥高蛋白质和非转基因优势，重视差异化战略实施，构建国家大豆产业技术创新战略联盟等措施，重塑大豆产业竞争优势，以此来促进大豆产业可持续发展。刘家富（2013）[⑤] 认为在面临转基因大豆冲击的困境下，应突出黑龙江大豆绿色生态的产品特色，推动产业提档升级。黑龙江大豆工业应以绿色、生态、高蛋白质等优势为基础，以科研为先导，以企业为主导，以加工带种植为核心，坚定不移地走差异化、集团化、国际化之路，探索黑龙江特色大豆产业发展之路。程遥（2018）[⑥] 发现近年来黑龙江大豆产业陷入种植面积连年减少、产量大幅下降、产业逐渐萎缩的困境，为此建议应制定大豆产业振兴规划，确保黑龙江省大豆产量、质量和种植面积不下降；出台优惠政策，激发豆农种豆积极性；延长精深加工产业链

① 潘文华，许世卫. 黑龙江省大豆产业困境与差异化发展战略 [J]. 农业经济问题，2014，35（2）：26-33.
② 刘光武. 黑龙江省大豆产业发展研究 [D]. 长春：吉林大学，2016.
③ 刘娜. 黑龙江省大豆加工产业战略联盟稳定性研究 [D]. 哈尔滨：东北农业大学，2016.
④ 冯晓. 黑龙江省大豆产业发展战略思考 [J]. 大豆科技，2009（4）：8-11.
⑤ 刘家富. 转基因大豆冲击下的黑龙江大豆产业发展战略与策略 [J]. 黑龙江粮食，2013（7）：16-18.
⑥ 程遥. 供给侧改革与黑龙江大豆产业发展研究 [J]. 大豆科学，2018，37（1）：126-130.

条，提升黑龙江省大豆产业整体效益；调整贸易政策，确保黑龙江省大豆产业发展空间等。赵勤（2010）[①]在产业安全视角下分析了黑龙江省大豆产业发展，指出振兴黑龙江大豆产业，维护产业安全，需要建立非转基因保护机制，提高单位面积产量和品质，加快结构调整，完善政策扶持体系，构建产业风险管理体系。

2.1.5.2 关键词聚类

我们运用 CiteSpace 软件中的对数似然率算法将大豆产业有关研究的相关关键词生成关键词聚类图谱，如图 2-7 所示。图中网络节点数 N = 377，连线数量 E = 455，中心度 D = 0.065。在这个网络中我们需要注意两个数值，一个是 Q 值，一个是 S 值，这两个数值表征着聚类效果的好坏。Modularity 即聚类模块值（Q 值），一般认为 Q>0.3 意味着聚类结构显著，Silhouette 即聚类平均轮廓值（S 值），一般认为 S>0.5 意味着聚类是可行的，S>0.7 意味着聚类是可信的。图 2-7 的结果显示 Q 值为 0.866 2>0.3，S 值为 0.955 1>0.5，说明聚类结果是有效的。我们对其主要关键词进行聚类并标记，呈现出 9 个主要聚类，聚类标签（#）的数字越小则该聚类规模越大，按聚类规模从大到小排序，依次是大豆产业、大豆食品、大豆贸易、大豆加工企业、国产大豆、中国大豆、粮食安全、大豆种植、发展战略，每个聚类都是由多个紧密相关的词组成的，可以发现国内更多地关注大豆产业竞争力以及国产大豆的发展。

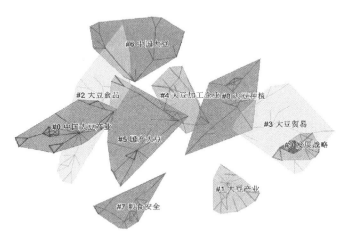

图 2-7 2002—2022 年大豆产业研究文献关键词聚类图

资料来源：笔者通过中国知网导出相关文献并用 CiteSpace 制图。

---

① 赵勤. 产业安全视角下黑龙江省大豆产业发展研究 [J]. 大豆科学，2010，29（3）：525-529.

钟金传（2005）① 运用国际贸易理论、系统学、生态学等理论和方法，构建中国大豆产业国际竞争力演化的理论框架，运用统计数据对中国大豆产业国际竞争力的演进过程、影响因素及演化机理进行系统研究，揭示中国大豆产业的生产影响力和影响力不断下滑，进口影响力不断提升，消费影响呈现"先下降后回升"的趋势，进而导致中国大豆产业国际竞争力下滑的深层次原因。张淑荣等（2007）② 分析了世界和我国大豆产业的发展现状，发现我国大豆产业国际竞争力较弱，而且有逐年下降的趋势。我国大豆进口对外贸易地理方向主要是美国、阿根廷和巴西，这就要求我国在制定大豆的国内发展政策和对外贸易政策时，应优先考虑这些国家的利益，以促进我国对外贸易的发展。喻翠玲和冯朝中（2005）③ 利用国内资源成本系数、显示性比较优势系数、品质指数等方法，对中国大豆生产成本优势、国际竞争力和品质进行了实证研究，认为土地机会成本、劳动力投入和材料成本是影响大豆比较优势的三个主要因素，其中，降低生产成本和土地机会成本是提升大豆生产比较优势的关键。在减轻农户负担的同时，还需要扩大大豆生产经营规模，降低大豆流通成本，从而降低单位大豆生产成本。刘翔峰（2009）④ 在此基础上，认为我国大豆产业安全面临着严峻的风险，但当灾难来临时，大豆将成为水稻、小麦、玉米等主要谷物的替代品，若物流通道被外资掌控，进口时机、数量和价格都被外资掌控，国内油脂压榨行业也被外资垄断，势必对国家食品安全构成威胁。卞靖（2018）⑤ 指出，我国大豆产业存在着生产规模难以扩大、进口集中度高且缺乏国际定价权等问题，针对这些突出问题，未来的大豆产业应从种植、加工消费、进口和走出去等五个关键环节多管齐下，以高质量发展为目标，全面提升国际竞争力。肖丹娜（2010）⑥ 指出，尽管目前中国在世界大豆贸易中的地位相对下降，大豆贸易在中国对外贸易中的地位，特别是在中国农产品贸易中的地位却显著提升，并且我国大豆在蛋白质含量、

① 钟金传. 中国大豆产业国际竞争力研究 [D]. 北京：中国农业大学，2005.

② 张淑荣，李广，刘稳. 我国大豆产业的国际竞争力实证研究与影响因素分析 [J]. 国际贸易问题，2007（5）：10-15.

③ 喻翠玲，冯中朝. 我国大豆比较优势及国际竞争力的实证分析 [J]. 农业现代化研究，2005（1）：26-30.

④ 刘翔峰. 中国大豆国际竞争力及产业安全分析 [J]. 调研世界，2009（2）：19-21.

⑤ 卞靖. 提升我国大豆产业国际竞争力的对策研究 [J]. 中国物价，2018（9）：62-65.

⑥ 肖丹娜. 中国大豆贸易地位及国际竞争力研究 [D]. 天津：天津财经大学，2010.

非转基因方面拥有很大的优势，所以提升我国大豆产业竞争力应限制跨国粮商对内资企业的收购，并增强中国大豆期货市场的影响力。要进一步发展和完善大豆期货市场，要加大期货知识的普及和推广力度，鼓励和引导大豆生产、贸易、加工企业参与期货市场的套期保值。

2.1.5.3 关键词时区

为了更为直观地看出不同年份的大豆领域研究热点以及研究趋势，我们用 CiteSpace 做出了 2002—2022 年大豆产业关键词时区图（因本书无法清晰显示，此处图省略）。其中节点数字表示关键词在 2002—2022 年研究中出现的频率。圆圈代表着关键词，线条代表着关键词之间的联系。圆圈越大，说明关键词频率越高，反之则越低；节点间的连线越粗，关键词间的共现关系越强。

我们可以看出，2002 年、2003 年涌现出了许多关于大豆的主题，其代表性关键词有 "WTO" "中国大豆产业" "大豆产业化" "大豆进口" "黑龙江省" 等。2002—2010 年的第一阶段是初步高速发展阶段，中国刚加入 WTO，国内学者对于大豆产业的研究热情高涨，且在这一领域有很大发展空间，关于大豆产业研究的关键词和文献数量增长很快。第二阶段是从 2011 年开始的平稳发展阶段，学者们对大豆产业的研究热度保持平衡，该阶段的主题词较第一阶段来说没有那么丰富。

关于大豆产业化和产业链，赵菁（2005）[1] 通过对大豆进口与大豆产业发展的分析，认为国内大豆产业发展缓慢，难以满足国内需求，而国际、国内大豆价格不断攀升，如果我国继续扩大进口，将会导致相关行业的成本升高，因此，应当积极扶持非转基因大豆的生产，提升大豆产业的相对收入，促进大豆的深加工，延伸大豆产业的产业链，提升大豆加工的附加值，并进一步健全期货市场，保障大豆种植者和加工者的利益。赵晓慧（2008）[2] 探讨了我国大豆在国内国际贸易中的优势，将理论分析与实证研究相结合，阐述分析了中国大豆产业的发展现状，结合对世界主要大豆生产国和中国其他主要粮食作物的生产贸易状况进行比较分析，发现我国大豆的优势是高蛋白质和非转基因，但是，要想在世界范围内竞争，还需要从技术、品种、政策等方面进行调整。游侠（2009）[3] 针对我国大豆

---

① 赵菁.大豆进口与大豆产业发展研究 [D].长沙：湖南大学，2005.
② 赵晓慧.中国大豆产业发展研究 [D].长春：长春理工大学，2008.
③ 游侠.营养健康目标下的大豆产业发展研究 [D].北京：中国农业科学院，2009.

生产与消费、大豆消费与营养提高不相适应的现状，构建了以营养为导向，以消费带动生产的大豆生产模式，对实现大豆生产资源的优化配置，改变大豆供需不平衡格局，保障大豆安全总体目标，具有十分重要的现实意义。赵菁（2005）[①] 在此基础上，构建了一个国际大豆估价模型，通过实证研究，发现随着大豆价格的不断攀升，相关行业的投资也在不断增长。在此基础上，我国大豆产业发展应以自身特色为基础，对非转基因大豆进行扶持；为改善大豆行业相对效益，政府应给予合理扶持；要大力发展大豆深加工，延伸产业链，提升其附加值；同时，要进一步健全期货市场，维护广大种豆农民和加工企业的利益。

2.2 理论框架

2.2.1 产业发展的一般规律及影响因素

大豆产业不仅仅指生产大豆这一过程，而是包含了种植、生产、加工、贸易和售后整个流程，是涵盖了这几项相关行业和部门的产业链的总和。我国是人口大国，对于大豆的消费也数量巨大，但目前还不能实现自给，严重依赖进口。根据 FAO（联合国粮食及农业组织）的资料，中国已成为世界第一大大豆进口国，占世界大豆贸易总量的 65% 左右。四川是我国的粮食主产省份之一，是农业大省。在四川农业中占重要分量的是大豆产业，四川大豆种植历史悠久，在山区、丘陵、平坝都有种植，种植区域十分广泛。影响大豆产业可持续发展的原因有许多，下面从自然因素、社会因素、政治因素、经济因素以及科技因素五个方面进行分析。

从自然因素来看，大豆是双子叶作物，出苗时两片子叶要拱出土面，因而对于土壤的耕作条件要求比较严格。一般大豆产地所处的位置都比较低洼，土质比较黏重，并且整地要达到细碎，没有大的土块。从种植效益的角度来看，我国大部分的大豆种植地都是农田质量差或者光热缺乏的区域，好的茬口和合适的时节都种植了玉米、水稻等高产粮食作物和经济作物。在四川，与其他主要作物相比，大豆作为一个小种，存在着土壤养分亏缺、土壤板结、耕层浅、耕层上移、蓄水能力差、肥力下降、水土流失

---

① 赵菁.大豆进口与大豆产业发展研究 [D].长沙：湖南大学，2005.

严重等问题，严重制约了大豆的生产。

从社会因素来看，我国人民生活水平持续提高，食用植物油和动物性产品消费量不断扩大，并且在未来相当长的一段时间内还将继续扩大。大豆是食用植物油的主要成分，因此，对大豆的需求在未来相当长的一段时间内也将继续扩大。在国产大豆供给有限的情况下，还会进一步扩大进口来满足国内需求。高产作物与大豆争夺耕地资源是制约国内大豆生产的主要因素，在大豆主产区的东北三省，水稻、玉米甚至局部地区的土豆等作物效益均高于大豆，从而使得大豆生产面临进退两难的局面。此外，进口大豆必然会在压低国内市场的大豆价格上发挥一些作用，从而影响豆农的收益。进口大豆的这种压价作用在 2010 年前体现得更明显，但 2010 年后进口大豆的压价并没有发挥多大的实际作用，因为大豆价格是由逐年增高的临时收储价格主控的，真正导致大豆价格滑坡的是大豆与竞争作物水稻和玉米相比的低效益。

从政治因素来看，政策环境对中国大豆产业的发展有很大的影响，而食品安全、补贴、价格、贸易等政策都会对其产生直接的影响。虽然中国已将大豆归入"粮种"范畴，但考虑到未来粮食供给与需求的双重压力，粮食被列为农业政策重点扶持对象，而大豆则相对弱势。自 2003 年起，中国农业补贴一直处于不断强化阶段，而当前中国农产品补贴已经超过了世界贸易组织设定的"黄箱"补贴限额，这使得今后的农产品补贴增长必须更加依赖于"绿箱"政策。物价政策作为过去扶持农业的重要手段，被认为是"利多弊少""利大于弊"的一种政策手段。然而，当前中国农产品价格普遍偏高，价格政策的有效性日益降低，弊端也日益突出，特别是中国农产品的国内外价格差距已成为制约我国农产品出口的主要因素，同时也增加了政府的财政负担。总之，今后的物价政策应更加尊重市场规则。中国今后整体贸易政策将更加开放，农产品贸易政策也将继续向这一方向发展，特别是中国强化生态环境保护的政策导向，将农业、水、盐、农药使用、生态休闲等生态要素纳入更加开放的贸易环境中，中国大豆行业将面临更加激烈的市场竞争。

从经济因素来看，现在的大豆生产者价格和每亩纯收入等都比国外的竞争对手要高得多，可以说，在单位面积产量上，我们的大豆比国外的竞争对手要高得多，但在市场上，我们的大豆还不能和国外的大豆相比，这是因为农民的土地面积很小，他们的收获非常有限。豆农的种植面积较小，制约了我国大豆长周期的发展。目前，农村劳动力的流动日益普遍，这就为农地的流转与集中创造了条件，但要实现农地的规模化生产，仍然是一件相当艰难、很不稳定的事情。租金一年比一年高，许多地区的租金甚至达到了每亩800~1 000元，这对农业的可持续发展极为不利。

从科学技术的角度来看，长期以来，我国用于大豆研发的资金与其他重要农作物相比、与世界上其他发达国家（地区）相比，差距都很大。我国大豆科研经费短缺，导致了我国大豆科研团队数量较少、学科门类不全、科研实力薄弱等问题。另外，国内与国外科研院所的合作也不多，无法有效地利用国际科技资源，长期来看，这对我国大豆产业的可持续发展是不利的。从科技定位上来看，我们错过了以转基因大豆为核心的现代生态农业科技革命；我国长期以来固守着以人力、物力投入为主的小农户生产模式，这在某种程度上制约了我国大豆产业的发展，导致其生产成本高、单位面积产量低、品质不佳、市场竞争力不强，已成为制约我国大豆产业发展的瓶颈。

2.2.2　产业化经营理论

农业产业化是我国社会主义市场经济体制改革的必然要求。农业产业化是一种新的农业生产模式，它与农业、农村和农民关系密切。没有社会经济基础，就不可能有农业产业化。农业产业化的出现，不仅有其自身的原因，也有其自身的特点。一些学者将农业分为农业（农产品生产）、农工（农产品加工）和农工商（农产品贸易）三个阶段。另一些学者则提出，农业生产的发展经过了原始农业、传统农业和近代农业三个时期，这是因为生产力发展水平、劳动者的生产技能和生产要素的结合方式发生了变革。这两种阶段的划分虽然在方法和提法上存在差异，但是它们对农业发展规律的理解却是相同的，即无论是在古代，还是在中古时期，甚至是在近现代，都没有出现过农业产业化的实践与理论。农业产业化的发生与发展，往往与农工时期到农工商时期，或者从传统农业到近代农业的转变相关联，始终与一国的工业化程度、市场经济的发达程度相关联。农业是社会最主要的物质生产部门，自古以来就是人类社会发展最根本的生活资料来源。

在人类社会的早期，农业的发展一直停留在原始的农耕状态，这是因为当时的生产力极其低下。早期的农业是原始的，一是因为人类社会尚在襁褓之中，人们的智力和技术都非常有限；二是人类在农耕时使用的工具都很简陋，就是木棍和石头。在中国历史上，旧石器时代、新石器时代、青铜器时代，以及殷周及以后，铁器的发明和牛耕的出现，都是这个时期农业生产力水平的体现。与之相适应的，只有农业，虽然人们在耕作之余，或者出于自己的需求，也会制造一些手工业产品，但是，农业与手工业是一体的，不存在单独的工业或农产品加工业。在《1857—1858年经济学手稿》中，马克思将前资本主义阶段的"自然共同体"划分为亚细亚、古代及日耳曼的共同体三类。他指出："在古代世界，城市连同属于它的土地是一个经济整体。而在日耳曼世界，单个的住地就是一个经济整体，这种住地本身仅仅是属于它的土地上的一个点，并不是许多所有者的集中，而只是作为独立单位的家庭。在亚细亚的（至少是占优势的）形式中，不存在个人所有，只有个人占有，公社是真正的实际所有者，所以，财产只是作为公共的土地财产而存在。"① 马克思曾经指出："起初，工农业生产并没有被分离开来，而是被包括在劳动之中。在农业氏族、家族或家庭中，其剩余劳动与剩余产品都是同时存在的。打猎、钓鱼、种田，都离不开合适的工具。纺织和编织，都是农民的副业。"与此同时，由于生产工具不发达，在没有专门的贸易和商品交易市场的情况下，农业劳动力所能提供的剩余时间和剩余产品很少。那个时候的"市场"，只是"日中为市"和"以井为市"，都是以货易货，如某种农产品用某种动物产品来交换。德国经济学家李斯特在对经济发展的分期进行研究时，把这个时代称为"农业"，没有工业，也没有商业，这一点非常恰当。随着社会的发展和生产力的不断发展，社会分工也随之扩大。劳动分工是人类社会发展的一种表现，它一方面推动了原本只是一种次要的农业产业的发展，使之脱离了农业，成为另一种主要的生产资料；另一方面又使商品生产和商品交换得以发展，而商业则从工农业中分离出来，专攻商品流通，由此形成了一个国民经济的基本系统，即工农业和商业是相互独立的，但又是相互关联的。在有了商业以后，农民除了要"卖"，还要"买"，他们把生活需要的东西主要是农产品的很大一部分，都卖给商人，自己就可以放心地投入农业生产中去了。它有利于劳动者技能的积累和劳动生产力的提高，有利于促进从原始农业向传统农业的转变。与原始农业比较，在传统农业时

---

① 马克思，恩格斯. 马克思恩格斯全集：第30卷 [M]. 北京：人民出版社，1995：475.

期，不仅生产工具得到了极大的改善，而且劳动者的素质也得到了很大的提高，耕作方法也越来越精细。但是，从总体来看，当时的生产力水平仍然不高，农产品商品化率也不高，仍然以自给自足为主。

农业产业化是一种经济的内在联系，它是经济发展规律在一个经济领域、一个经济部门（或行业）上的一种体现。经济规律是指经济是如何发展的，它的方向是什么，它是如何从一种经济形态向下一种经济形态转变的。比如，农业发展为何要经过"原始""传统""近代"三个时期，这就是"经济法则"所做出的回答。经济的内在联系是指一个行业或行业的运行与管理与经济规律一致，只有这样，才能实现行业（例如农业）与衍生行业（例如脱离了农业的工业）之间的互动，使产业链得以延伸，形成一个完整的产业系统。在古代和现代都有一个共同的特点，那就是农业适宜于家庭经营和管理。这要从农业的特性中寻找原因。农业生产的本质特征是：经济的再生产与自然的再生产是相互联系的。这一特性表明，为了确保农作物的正常生长，农户需要对整个生产过程负责，并且能够针对自然条件的特征与变化，在动植物生产的各个时期，给予细心的照顾和精细的管理，在遇到自然灾害的时候，能够及时采取有效的对策，把害变成利。要实现这一点，就要有生产的自主权，有自己的组织和管理的自由。与此形成鲜明对比的是，农业的集中、统一管理，使得农民丧失了生产经营自主权，也失去了对劳动力的控制权，所有的事情都受他人指挥，这就导致了主体（人）和对象（农作物）分离，劳动者不能利用、改造或适应自然环境，来控制和推动有机体的生长、发育、繁殖，从而实现人类期望的最大经济利益。正因为如此，从客观上讲，农业的特性决定了集中化管理并不会优于小规模家庭经营。

2.2.3 规模经济理论

规模经济理论认为，在一定的时间里，当一个公司的产品的绝对数量增长时，它的单位成本就会相应地降低。也就是说，如果一个公司的生产规模越大，它的平均成本就会越低。亚当·斯密在他的《国民财富的性质和原因的研究》（又称《国富论》）中说过："在劳动中获得的极大的提高，在使用它的过程中，其技术、技能和判断力的提高，都是由于劳动的分工而产生的。"斯密通过制针的例子，指出精细分工能够提高生产力，是因为划分工种可以提高每一个工人的工作熟练程度，增强每一个工人的劳动技能，节省了更换工作方式所耗费的时间，同时也有助于发明和推广机械。斯密的理论，可以说是对规模经济的经典诠释。最早出现在美国的大规模经济理论，其主要研究者是阿尔、张伯伦、罗宾逊、贝恩等。马歇尔在他的《经济学原理》中指出："没有比工业更明显地体现出大规模生产所带来的好处。"大型企业的利益主要表现在专业化组织的运用和改革、大批量采购和销售、专业技术和生产管理等方面的分工。马歇尔也指出，依靠个体企业充分有效地利用资源、改善组织和运作效率而产生内部规模经济，以及依靠企业间合理的分工和联盟、合理的区域布局等产生外部规模经济。在此基础上，马歇尔进一步考察了规模报酬随规模增长而发生的变化，认为规模报酬会经历三个阶段：规模报酬递增、规模报酬不变、规模报酬递减。

规模经济理论本质上是一种反映投入和输出关系的规模经济模型，它反映了企业的技术经济状况，体现了技术规律的要求。然而，在并购活动中，企业并不以产量最大化为终极目标，即便达到了最佳的投入产出比，也并不是企业所期望的规模经济。学者们从规模经济的角度出发，探讨了企业在生产过程中如何实现规模经济，也就是如何通过并购来提高企业的资产规模和经营能力。然而，一个具体的企业，其生产规模并不能无限制地扩大，因为并购后企业的资产存量、管理能力、人员分工等都会影响合适的生产规模。因此，当一个企业的规模超过最优规模时，就会产生规模不经济现象。在大部分产业中，当企业获得了规模经济带来的所有收益后，只有在较高的产出水平时，才会发生规模不经济现象，因此，大型企业并购必须考虑并购后的规模不经济问题。对于中小型企业来说，通过并购来提高其生产能力不失为一条可行的途径。但是并购是要付出代价的。中小型企业在发展过程中经常会遇到资金瓶颈，但如果存在集聚经济，它们同样能够实现规模经济，此时就没有必要进行并购了。在生产过程中，规模经济并不一定就能获得最大的收益，而且还会受到市场容量和企业其他能力的限制。即使在生产过程中达到了规模经济，但受市场容量的限制，产品销售困难，也很难获得最大的收益，此时企业只能通过改变产品的品种和花色来满足市场的需要。企业的规模效益除受市场能力的限制外，还受制于其管理水平、财务水平和营销能力等方面。在四川省，运用规模经济的思想来指导大豆产业的发展，应尽量减少生产成本，使其收益最大化，从而激发农民种豆的热情，使其能够更好地发展。

2.2.4 比较优势理论及要素禀赋理论

比较优势理论与要素禀赋理论常被应用于国际贸易中，对大豆产业的发展也具有指导意义。大卫·李嘉图的《政治经济学及赋税原理》是他的一部重要著作，他在书中提出了后来人们所熟知的比较利益学说也就是比较优势理论。比较优势理论主张，国际贸易是建立在生产技术上的相对差异（而不是绝对差异）及其相对成本的差异之上的。各国应当按照"两利取大、两害取小"的原则，将具有比较优势的商品集中生产和出口，而对其具有比较劣势的商品则进行进口。在大豆行业的发展上也是如此，一个区域必须将研究区的自然条件与社会经济状况相结合，才能生产出一些有竞争力的商品，这类商品的成本比其他地方或国家要低，能给其创造一些经济效益。与其他区域相比，四川大豆具有较强的竞争力。但是，这一理论也有一定的局限性，首先，劳动力只是一个生产要素，并未包括其他生产要素，如资金、技术、土地、劳动力技能水平等，无法解释不同国家劳动生产率的差别，忽视了交通费用、贸易壁垒等因素的影响。其次，尽管这一理论对国际贸易带来的好处进行了明确的表述，但是它仍然只关注商品之间的交易，并没有考虑到商品之间的交易比率，也就是国际价格。最后，比较优势理论不能很好地解释一个国家并不具有相对优势的商品是如何进行国际贸易的。

比较优势理论解释贸易发生的原因是劳动生产率的不同而产生的，但现实中还有其他生产要素也同样重要，比如土地、资本。要素禀赋理论从一个国家最基本的经济资源（人力、土地、资本）出发，解释国际贸易产生的原因，因此，它更接近于实际情况。根据该理论，一国通常出口密集使用其丰富要素的产品，而进口密集使用其稀缺要素的产品。换句话说，一国的比较优势产品是一种出口商品，这是一种需要大量地利用该国较为丰富和廉价的生产要素来进行生产的商品，而一种进口商品则需要大量地利用该国较为稀有和昂贵的生产要素来进行生产。要素禀赋理论亦称"赫克歇尔—俄林理论"即"H-O理论"。关于要素差异的国际贸易理论，由瑞典经济学家俄林在瑞典经济学家赫克歇尔的研究的基础上形成，认为各国间要素禀赋的相对差异以及生产各种商品时利用这些要素的强度的差异是国际贸易的基础，强调生产商品需要不同的生产要素，如资本、土地等，而不仅仅是劳动力；不同的商品生产需要不同的生产要素配置。该理论认为一国应该出口由本国相对充裕的生产要素所生产的产品，进口由本国相对稀缺的生产要素所生产的产品，同时，在世界范围内，不同国家之间的生产要素之间的价格也会变得平等。按照要素禀赋理论，一个国家具有比较优势的产品指的是一种出口产品，是一种需要大量地利用本国较为丰富和廉价的生产要素所生产的商品，而一种进口产品则需要大量地利用该国较为稀有和昂贵的生产要素来进行生产。简单地说，劳动力充裕的国家输出劳动密集型产品，同时进口资本密集型产品；与此形成鲜明对比的是，富裕的国家输出资本密集型产品，而进口劳动密集型产品。即当一个区域的物质资源相对充裕而劳动力相对匮乏的时候，该区域就必须将物资资源的优势发挥到极致，通过引入劳动力来为其创造更多的价值。当一种资源比另一种资源充裕时，必须要大量地利用这一资源，而要引进另一稀有资源，才能提高其产品的比较优势，从而获得更高的经济价值。

2.2.5 产业内贸易理论

传统的国际贸易理论，主要针对国与国、劳动生产率差别较大和不同产业之间的贸易，但自 20 世纪 60 年代以来，随着科学技术的不断发展，国际贸易实践中又出现了一种和传统贸易理论结论相悖的新现象，即国家之间的贸易，出现了既进口又出口同类产品的现象。我国大豆产业就存在既进口又出口同类产品的现象。为了解释这种现象，国际经济学界产生了一种新的理论——产业内贸易理论。

在国际贸易研究中，最具代表性的理论之一就是比较优势理论。从斯密的"绝对费用说"发展到李嘉图的"比较费用说"，这是一种新的发展趋势。此后，虽然有不少学者对这一概念做了进一步的补充和发展，但都是围绕着贸易条件展开的。这些理论"更多的是对比较利益的解释，而非对其进行修正"。而产业内贸易理论则大大向前一步，提出了令人耳目一新的理论。

产业内贸易理论的假设前提有：①从静态出发进行理论分析；②分析不完全竞争市场，即垄断竞争；③经济中具有规模收益；④考虑需求相同与不相同的情况。产业内贸易，即一个国家在一定时期内（一般为 1 年）既出口又进口同一种产品，同时同一种产品的中间产品（如零部件和元件）大量参加贸易。西方经济学家认为，经济发展水平越高，产业部门内差异产品的生产规模也就越大，产业部门内部分工就越发达，从而形成差异产品的供给市场。同时，经济发展水平越高，人均收入水平也就越高，较高人均收入层次的消费者的需求会变得更加复杂、更加多样化，呈现出对差异产品的强烈需求，从而形成差异产品的消费市场。在两国之间收入水平趋于相等的过程中，两个国家之间的需求结构也趋于相同，最终导致产业内贸易的发生。林德在其提出的需求偏好相似理论中就指出，贸易国之间收入水平和国内需求结构越相似，相互贸易的倾向就越强。

2.3 本章小结

本章运用 CiteSpace 进行文献计量分析，选取 2002—2022 年（2022 年时间截至 8 月 10 日）作为时间区间，筛选出主题词为"大豆产业"或含"发展"的 1 199 篇文献，系统分析了关于大豆产业发展战略的国内文献特征，对其研究现状进行梳理。

通过对文献发布时间进行分析，本章发现，自 2002 年以来，年发文数量逐年增加，大致可以分为两个阶段：第一阶段是 2002—2010 年，关于大豆产业的研究文献数量增长很快，这主要是由于 2001 年中国加入了 WTO，大豆作为开放最早的农产品在国际市场上备受关注。第二阶段是从 2011 年开始的平稳发展阶段，学者们对大豆产业的研究热度保持平稳。这主要是 2010 年以来国内大豆产量持续下降，大豆产业格局也随之发生了变化，但大豆产业的发展问题仍是研究热点。

通过对文献作者进行分析，本章发现，作者的合作水平较低，大多数都是 4 人左右的小合作团体。针对大豆产业发文量较多的作者大都来自专业的研究机构，且合作关系紧密，其余就是农业大学的学者对大豆产业研究较多，研究主要以农业科技为主，农业经济视角的文献不多见。

通过对文献的发文机构进行分析，本章发现，发文量较多的张明荣等人所属的南充市农业科学研究所、河南省周口市农科所、中国农业科学院作物科学研究所都位列大豆产业研究文献发文量前 20 位的发文机构之中。关于大豆产业的研究发文量靠前的机构大多是高校，但是单个作者对大豆产业领域的研究发文量较少，对于该领域的研究也较浅，高校之间的合作关系也不紧密，所以会出现发文量靠前的作者均来自研究机构的情况。

通过对文献的关键词进行分析，本章发现出现频率最高的是"大豆产业"，也是关键词中的核心，其次是"大豆进口""大豆单产""产业安全"。我们可以将关键词分成大豆进出口产业、大豆加工产业、黑龙江省大豆产业三类，第一类关键词有"大豆进口""大豆贸易"等，第二类关键词有"大豆种植""大豆产业化"等，第三类关键词是"黑龙江大豆产业"，这些主题词出现的频率很高，是学者们关注的重点。在大豆产业链的生产、流通、加工和贸易环节，前人的研究都已有涉及。按聚类规模从大到小排序依次是大豆产业、大豆食品、大豆贸易、大豆加工企业、国产大豆、中国大豆、粮食安全、大豆种植、发展战略，每个聚类都是由多个紧密相关的词组成的，可以发现国内更多地关注大豆产业竞争力以及国产大豆的发展。2002年、2003年涌现出许多关于大豆的主题，代表关键词有"WTO""中国大豆产业""大豆产业化""大豆进口""黑龙江省"等。2002—2010年的第一阶段是初步高速发展阶段，2001年中国刚加入WTO，国内学者对于大豆产业的研究热情高涨，且在这一领域有很大发展空间，关于大豆产业的研究关键词和文献数量增长很快。第二阶段是从2011年开始的平稳发展阶段，学者们对大豆产业的研究热度保持平稳，该阶段的主题词较第一阶段来说没有那么丰富。

除了文献计量分析外，本章还阐述了有关大豆产业发展的理论框架。本章首先从自然因素、社会因素、政治因素、经济因素和科技因素五个方面分析了大豆产业发展的一般规律。从自然因素来看，在四川地区，大豆是间种套作体系中的次要作物，其生长环境较其他主要作物差，存在土壤养分亏缺、土壤结块、耕层变浅、犁底层上移、蓄水能力差、肥力下降、土壤流失严重等问题，这些问题会严重影响大豆的产量。从社会因素来看，进口大豆必然会在压低国内市场大豆价格上发挥一些作用，从而影响豆农的收益。进口大豆的这种压价作用在2010年前体现得更明显，但2010年后进口大豆的压价并没有发挥多大的实际作用，因为大豆价格是由逐年增高的临时收储价格主控的，真正导致大豆价格滑坡的是大豆与竞争作物水稻和玉米相比的低效益。在政治层面上，中国整体贸易政策将更加开放，农产品贸易政策也将继续向这一方向发展，特别是在强化生态保护政策导向下，农业品使用、生态休闲等方面的考量，势必需要更加开放的贸易政策，从而使得中国大豆行业将面临更加激烈的市场竞争。从经济方面来看，制约国内大豆长远发展的主要原因有二：一是上述的"没有竞争"，二是农户种植面积较小。目前，农村劳动力的流动日益普遍，这就为农地的流转与集中创造了条件，但要实现农地的规模化生产，仍然是一件相当艰难、很不稳定的事情。从科学技术的角度来看，我国坚守着传统的小农户生产模式，依靠大量的人力、物力投入，这在某种程度上制约了我国大豆产业的发展。本章其次对产业化理论、规模经济理论、比较优势理论、要素禀赋理论和产业内贸易理论进行了详细的介绍。

3　世界大豆产业的发展

大豆是中国"农业四大发明"的重要成果，后传播到世界各地，世界各国大豆产业兴起，影响了一代代的人们，其价值不言而喻。如今世界大豆产业发展迅速，各大豆主产国大豆产业呈现出不同的发展情况。

3.1　世界大豆产业发展概况

大豆起源于中国，后经多条全球贸易通路，在世界范围内传播、种植，如今已经遍植于美洲、亚洲、非洲和欧洲等世界各地，并逐渐本土化，成为近一个世纪以来全世界发展最快、扩散范围最广的作物。

3.1.1　世界大豆的生产与种植

大豆在世界上开始栽培和传播到各地经历了很长一段时间。栽培大豆是由野生大豆培育而来的，中国是世界公认的大豆原产国家。公元前2世纪，大豆由中国传入朝鲜；公元前6世纪左右，中国南方晚熟大豆传入日本；1737年前，大豆传入荷兰；1739年，大豆传入法国；1765年，大豆由中国传入美国，直到1804年，美国才开始种植大豆；到1790年，英国皇家花园开始种植大豆；1882年，大豆在南美开始传播，阿根廷开始种植大豆；巴西虽然引入大豆较晚，但是发展快，到1950年，巴西开始试种大豆，很快就成为大豆生产和出口大国[①]。后来大豆在世界传播更为广泛。

---

① 新疆粮食行业协会. 科普粮识 | 中国大豆在世界的传播和影响 [EB/OL]. (2022-10-24) [2024-12-12]. https://mp.weixin.qq.com/s? __biz=Mzg2MDE3NDI3MQ==&mid=2247507657&idx=8&sn=6a48346128c3a8b77b4867ab9bbed726&chksm=ce28fc19f95f750f53942a743644923304a6c488a8fad6ab756d8c2af3df2db4f35747af6aa8&scene=27.

大豆在世界农作物种植中占有重要地位，是全球第一大油料作物，是植物蛋白质和食物用油的主要来源，也是养殖业的主要原料之一。进入21世纪以来，世界大豆种植面积逐年增加，2003年种植面积已达8 361.4万公顷，2008年世界大豆种植面积达到9 500万公顷，到2020年，世界大豆种植面积达到1.27亿公顷①，总产量达到3.61亿吨。从地区分布来看，在20世纪80年代之前，大豆主要分布于亚洲、南北美洲和欧洲地区，那时候北美洲虽然占据了大豆种植的关键地位，但是当时亚洲总产量也相对较大，南美洲和欧洲所占比重很小。进入20世纪90年代，全世界共有80多个国家和地区种植大豆，美洲种植面积最大，达到5 172万公顷，占全球大豆种植面积的73.67%；亚洲种植大豆面积1 677万公顷，占全球大豆种植面积的23.88%；欧洲只有79.2万公顷的土地种植大豆，占全球大豆种植面积的1.12%；非洲与欧洲相差不大，占大豆种植面积的1.33%。进入21世纪之后，全球大豆种植面积逐年增加，达到7 344万公顷，此时南美洲大豆种植面积迅速增长，亚洲大豆种植发展相对缓慢，欧洲大豆种植呈下降趋势。而现在，大豆种植主要集中于美洲地区，其中南美洲大豆种植面积和产量猛增，甚至超过了北美洲，亚洲大豆种植地位明显下降，世界大豆生产国也呈现高度集中状态，巴西、美国、阿根廷、中国、印度五国的大豆种植面积都超过了1亿亩，其中美国、巴西和阿根廷的大豆种植面积占全球大豆种植面积的80%以上。

大豆在1998年就占了世界含油种子产品的一半以上，在油料的世界贸易中占据优势地位。据FAO统计，1997年世界大豆油产量为1 904万吨，占14种油料作物总产量的25.10%，居第一位，大豆占据油料种子出口总量的2/3。20世纪90年代，全世界大豆总产量就达到了1.5亿吨，进入21世纪以来，大豆产量继续增加到1.61亿吨，近年来，全球大豆产量整体依旧呈现上升趋势。2013年世界大豆产量为2.83亿吨（如图3-1所示），大豆消费大幅增加，而期末库存仅有0.86亿吨，导致国际大豆供应紧张，国际大豆价格暴涨，种植利润大增，激发了各国种植大豆的积极性，加上新型冠状病毒感染疫情的冲击，大量人员失业，转而从事农业方面的工作，为农业提供了大量的劳动力，加强了大豆种植与生产，2021年全球大豆产

---

① 韩天富，周新安，等. 农科院现身讲述：全球大豆种业的昨天、今天和明天 [EB/OL]. (2021-06-29) [2024-12-12]. https://baijiahao.baidu.com/s? id=1703893177147143735&wfr=spider&for=pc.

量达到 3.66 亿吨（如图 3-2 所示），增长了 29%。如图 3-2 所示，2021
年世界大豆产量分布，巴西大豆产量达到 1.38 亿吨，占比 37.68%，居第
一位，美国以 1.15 亿吨的产量排第二位，阿根廷以 0.46 亿吨排第三位，
这三个常年位居全球大豆产量前三位的国家，就占据了全球大豆产量的
81.69%。当时（后同，数据不需更新）梁勇预计 2022 年世界大豆产量为
3.95 亿吨，比 2021 年增长 4 338 万吨，增幅 12.3%，其中巴西增长 2 400 万
吨达到 1.49 亿吨，美国增长 557 万吨达到 1.26 亿吨，阿根廷大豆产量预
计达到 5 100 万吨①。

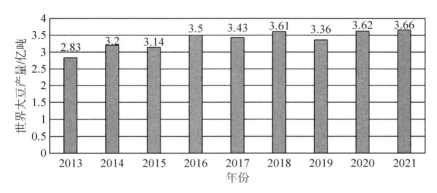

图 3-1　2013—2021 年世界大豆产量

数据来源：美国农业部。

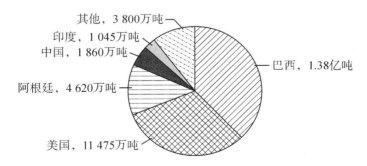

图 3-2　2021 年世界各国大豆产量分布

资料来源：USDA 前瞻产业研究院整理。

　　① 梁勇，韩啸. 2021 年 5 月世界农产品供需形势预测简报 [J/OL]. 世界农业，2021（5）.
（2021 - 05 - 29）[2024 - 12 - 12］. https://xueshu. baidu. com/usercenter/paper/show? paperid =
1v4b0td04u570v70sb0r04x02a019881&site = xueshu_se.

种子是农业生产最基本的生产资料，对于农业增产增收、保障粮食安全具有重要意义。大豆产量的增长，不仅得益于各国日益重视大豆生产，增大了种植面积，更重要的是生物科学技术的应用带来了大豆单位面积产量的提升。除中国以外，世界上最早进行大豆品种改良的国家是日本，日本在 20 世纪 20 年代就培育出"十胜长叶"的优良品种。20 世纪 30—60 年代，美国也开始品种选育，并在 1944 年推广了天然杂交品种，之后又陆续研发出新的品种，其大豆产业因此得到迅速发展。到 20 世纪 80 年代，巴西大豆选育出的品种具有适应性强等特点，南美地区大豆逐步取代美国大豆。20 世纪 90 年代，以孟山都为代表的跨国公司研发出转基因大豆品种，对世界大豆产业的发展起到了关键性作用，自 1996 年以来，全球转基因大豆得到迅速发展，到 2006 年，全球种植转基因大豆已达 5 860 万公顷。如今，随着生物技术的迅猛发展，转基因作物种植面积也越来越广，转基因育种成为推动大豆生产发展的颠覆性技术，到 2018 年，全球转基因大豆种植面积达 9 590 万公顷，占全球大豆种植面积的 78%。转基因大豆具有高产、优质、多抗性等特征，且在食品、营养、医疗等方面具有突出价值，因此备受各国重点关注。从转基因应用率来看，2019 年大豆就达到了 94%，世界三大主产国 90% 以上均种植转基因大豆，显著提高了单位面积产量，且降低了种植成本，促进了这些国家大豆产业的发展。同时，由于转基因大豆种植成本低，也对传统大豆的种植造成了一定的冲击，传统大豆的种植面积被大大压缩。另外，转基因大豆的流入也影响了我国大豆加工资源环境，因为我国本土的一些大豆油加工企业使用的是非转基因大豆，非转基因大豆价格偏高，与转基因大豆相比不具有竞争优势，这也是中国一些油脂企业效益偏低的原因，一些大豆加工企业甚至因此陷入困境。国际粮商投资到以进口大豆为原料的大豆压榨企业，更是压缩了国内大豆加工企业的生存空间，中国对进口大豆的依赖性进一步增加。

中国曾经也是大豆生产的霸主。1937 年之前，中国大豆产量占据世界大豆总产量的 80% 以上。二战结束以后，大量的技术投入以及大规模专业化生产，推动了美国大豆种植业全面发展，中国与美国交替占据大豆总产量的第一位，这种情况一直持续到 1954 年，美国完全超过中国，成为世界上最大的大豆生产国。到 20 世纪 70 年代，阿根廷掌握了生物技术，对大豆品种进行改良，采用新的种植技术，成功跻身大豆主产国之列。20 世纪七八十年代也是巴西农业现代化迅速发展的时期，当时国际市场对大豆粉的需求增加，价格飙升。巴西政府高度重视大豆产业，发布了一系列产业政策，之后巴西大豆产业迅速发展。从 2018 年开始，巴西大豆产量与种植面积列世界第一位，美国退居第二位①。中国从大豆生产量的世界第一变为如今最大的大豆进口国，其原因并非中国自身不重视大豆的种植，缩减大豆种植面积，导致大豆产量暴跌。纵观中国大豆产量，虽然有波动，但是整体呈现增长的趋势。在种植与生产方面，中国大豆与世界的差距，大概是中国大豆单位面积产量不高，规模化生产、机械化程度、品种培育等方面与大豆主产国存在差距。

3.1.2　世界大豆的加工与贸易

随着生活水平的提高、生活节奏的加快，现代人越来越追求营养、健康、方便的食品。豆制品含有人体需要的钙、铁、磷等矿物质，而且从发达国家兴起的素食运动有向新兴国家扩散的趋势，在此背景下，以豆制品为代表的植物蛋白质产品迎来了广阔的发展空间②。

大豆加工有多种分类方式，之前有学者将大豆加工主要分为大豆压榨、饲料加工、食品加工三类，其中大豆压榨类主要包括豆油和豆粕，食品加工产品主要包括传统豆制品和新型豆制品③。也有研究者直接将大豆加工制品分为传统豆制品、新型豆制品和油脂系列。传统豆制品包含发酵豆制品类和非发酵豆制品类，新型豆制品有蛋白质制品类、磷脂制品类和副产品加工制品类，油脂系列又分为单一制品和复合制品④。虽然分类方式不同，但是我们可以看出大豆制品多种多样，种类繁多。据不完全统计，世界上含有大豆蛋白质的食品达 1.2 万种以上。国外大豆产品的种类多、应用领域广，我国在大豆蛋白质、大豆活性炭等加工技术方面也取得了长足进步。为了满足消费者对营养全面、均衡，食用方便的豆制品的需求，大豆加工企业致力于大豆蛋白质、大豆功能性成分的提取，大豆加工

---

① 韩天富，周新安，等. 农科院现身讲述：全球大豆种业的昨天、今天和明天 ［EB/OL］. （2021 - 06 - 29）［2024 - 12 - 12］. https://baijiahao.baidu.com/s? id = 1703893177147143735&wfr = spider&for = pc.

② 华经情报网. 2020 年大豆行业发展现状及趋势：未来大豆仍然主要依靠进口 ［EB/OL］. （2020 - 09 - 04）［2024 - 12 - 12］. https://baijiahao.baidu.com/s? id = 1676895940364006517&wfr = spider&for = pc.

③ 马增林. 黑龙江大豆产业发展问题研究 ［M］. 北京：中国农业出版社，2011.

④ 河南中瑞粮油机械. 大豆可以加工成什么? 主要加工豆制品种类简介 ［EB/OL］. （2021 - 09 - 28）［2024 - 12 - 12］. https://baijiahao.baidu.com/s? id = 1712159671553971084&wfr = spider&for = pc.

副产品等领域①，大豆制品丰富且富有特色。

不论种类多少，世界大豆加工长期以来均以压榨为主。2002 年，世界大豆产量为 1.97 亿吨，而大豆压榨用量就达到 1.65 亿吨。2007 年世界大豆产量 2.22 亿吨，大豆压榨量 2.04 亿吨，大豆压榨量占大豆产量的比重进一步提升了。除去压榨，仅有约 10% 的大豆用作食物。那时美国是最大的大豆压榨国家，也是全球大豆加工强国，后来巴西和阿根廷的大豆加工业迅猛发展起来。在当前世界大豆加工中，以大豆压榨为主，2021 年世界大豆产量为 3.66 亿吨，而大豆压榨占到 3.16 亿吨，中国以 9 300 万吨占据首位，美国、巴西分别以 5 826 万吨和 4 675 万吨居第二位和第三位。如今，美国、巴西、阿根廷、日本等国都是大豆加工强国。

发达国家的现代大豆加工业主要以高效益、高技术、高产量为特征的大豆深加工企业为主，先进国家已开发出了大豆类顶尖产品：功能保健品低聚糖、可用于抗癌的磷脂制剂、生物柴油等能源新材料。这里以美国为例。美国是大豆加工强国，其大豆加工业的发展，并不是一蹴而就的。美国大豆加工经历了从粗放式到深加工式的利用过程。最初，美国引入大豆，一部分直接用于食用或饲用，对于大豆加工，也只是加工成酱油、饲料等初级加工品，大豆整体利用水平低，经济价值、营养成分都没有得到充分利用，大豆加工后剩下的残渣大都被浪费了，加工制品也存在口味不佳的状况。随着技术的发展，到 20 世纪 60 年代以后，美国才完全对大豆进行深加工，逐渐实现效能的最大化，压榨后产生的豆粕、豆油等副产品也被用于其他产业中，豆油从最早主要被用于肥皂、油漆、蜡烛等产品的工业加工中，到用于食用油、制造生物柴油、生产环保型润滑剂等多种用途。后来，大豆加工提炼技术进一步发展，豆制品越来越丰富，从豆粕中提取出大豆蛋白质，加工成美式糕点、保健品等，更为贴近人们的生活习惯，切实满足了现代人的需求。中国大豆加工技术与发达国家虽还有差距，但是近几年也在不断提高，而且国产大豆的食用价值远高于进口大豆，未来国产大豆可以从传统压榨业务中逐步退出，走一条差异化道路，重点向深加工领域进军②，加工出具有中国特色的大豆产品，创造中国品牌大豆制品，并推广到全世界去。

---

① 马涛，张春红. 大豆深加工 [M]. 北京：化学工业出版社，2016.
② 史永革. 现阶段国产大豆加工企业发展路径探讨 [J]. 农场经济管理，2022 (3)：3-9.

进入 21 世纪以来，全球共有 29 个国家具有各具特色的大豆加工业，其他没有大豆加工业的国家也都进口大豆加工制品。中国是世界上最早发展大豆加工业的国家，豆浆加工可以追溯到西汉时期，1 000 多年前就有了豆腐加工业。到 20 世纪 20 年代，第一次世界大战结束时，伴随着科学技术和生产力的快速发展，美国的大豆加工业才迅速发展起来；到 20 世纪 50 年代，日本大豆加工业开始发展起来；10 年后，位于南美的巴西和阿根廷也兴起了大豆加工业，加拿大、澳大利亚、英国、西班牙等国的大豆加工业还采用了不同的加工方式，将大豆蛋白质用于制造面包、香肠等不同的食品，印度更是建立了 350 个大型浸出油厂；20 世纪 70 年代，南亚和东南亚的大豆加工业得到了快速发展，并开发了适合于不同消费人群的大豆制品。当时各个国家的大豆加工业呈现一派繁荣景象，后来各国经济发展水平参差不齐，大豆加工业也受此影响。近几年的大豆加工业发展并不平衡，美国、日本、德国等国家的大豆加工业发展较快。日本虽然不是大豆主产国，却拥有先进的设备、规范的流水作业，生产出了质量上乘的大豆产品，而另一些国家譬如印度的大豆加工业发展缓慢[1]。中国亦是如此。虽然中国十分重视大豆的高质量发展，但是不可否认的是，中国大豆加工在机械、设备、科技水平、产品质量等方面还与发达国家存在很大的差距，其加工的产品也多为初级加工品，规模化程度较低，大豆加工效益不高，也没有一套完整的大豆加工产业链体系。

各个国家的地形、气候、经济发展水平不一，其农产品供需存在差异，互通贸易便是平衡供需的主要途径。随着大豆国际贸易的发展，产销网络结构趋于均衡，如今大多数国家已加入到了世界贸易中。大豆是重要的油料作物，深受各个国家的重视，各国特别是大豆主产国积极采取措施促进大豆产业的发展，鼓励大豆的进出口贸易，大豆贸易也已经成为调节各国油料安全的重要手段，世界大豆产品贸易总体上呈现快速增长的趋势。1992—2021 年，大豆贸易量年均增速为 16.47%。2021 年大豆贸易量达到 1.59 亿吨，全球大豆出口量为 1.65 亿吨、大豆进口量为 1.66 亿吨。2022 年全球大豆产量高位回落，为 35 810 万吨，主要原因是受干旱天气影响，南美巴西、阿根廷和巴拉圭等国大豆大幅减产。全球大豆产量下滑、需求下降，大豆贸易量降至 15 713 万吨[2]。从出口来看，出口额的增长主

---

① 夏剑秋. 国内外大豆加工业生产现状与发展趋势 [J]. 中国油脂, 2003 (9)：8-15.
② 郑祖庭. 2022 年国内外大豆市场回顾及 2023 年展望 [J]. 黑龙江粮食, 2023 (3)：27-30.

要是国际大豆市场需求持续增长；从进口来看，大豆进口的变动趋势主要受国际大豆市场供给和进口结构的影响。

世界大豆贸易地区较为集中，且国家之间差距较大，贸易网络呈现"核心—边缘"特征。目前世界大豆产品出口市场主要在美国、巴西、阿根廷、巴拉圭、荷兰、印度等国家①。早在 19 世纪 60 年代，中国的同治年间，大豆就开始对外出口。20 世纪以前，中国将大豆出口到俄罗斯，豆油销往美国、英国、荷兰等国家，豆粕出口到日本。1983 年以前，美国是最大的大豆出口国，占据了世界大豆出口总量的 90%，出口金额最高达到了 59.25 亿美元，一直到 2004 年，美国实际上在大豆出口上处于寡头垄断的地位。巴西和阿根廷开始慢慢渗透到大豆市场中，成为美国的主要竞争者，但是 2004 年前的市场份额仅占 10%~30%，到 2004 年，巴西和阿根廷两大南美大豆主产国的出口量超过了美国，占据了当时大豆市场份额的46.17%，而美国下降到 43.31%②。到 2020 年，阿根廷成为世界上最大的豆粕和豆油出口国，豆粕出口量占全球的 41%，豆油出口量占全球的48%。巴西一个国家的大豆出口量就占全球的 49.56%，美国下降到37.42%。大豆进口市场主要集中于中国、日本、荷兰、德国、西班牙和墨西哥③。除了中国外，大多数大豆进口国家主要是地域等种植条件限制而不得不从国外进口大豆，而中国是大豆原产国和五大大豆主产国之一，又是世界上最大的大豆进口国，每年进口大豆的数量占据全球的 60%，在大豆贸易中占据着举足轻重的位置，影响着世界大豆贸易格局。在 2013 年之前，美国是中国最大的大豆进口来源国，巴西后来居上，改变了美国占据首位的大豆贸易局面④。而中美贸易摩擦抑制了中国对美国大豆的进口，中巴、中加互访，中国增加了与巴西和加拿大的贸易，减少了与阿根廷的贸易。可以看出，中国大豆贸易格局深受政治和外交的影响，最近几年中国进口大豆数量和地区分布也在不断变化。如图 3-3 所示，2021 年，中国从巴西进口大豆 5 815.1 万吨，占我国大豆进口总量的 60.18%，从美国购买的大豆为 3 231.2 万吨，占我国大豆进口总量的 33.55%，两国相加，大豆进口总量占比高达 93.73%。其次便是阿根廷、俄罗斯和乌拉圭，分别

---

① 贸易大豆产品包括大豆、大豆粉、初榨大豆油、精制大豆油及其分离品和豆饼、豆粕。
② 蓝昊. 世界大豆贸易格局的演变及对我国的启示 [J]. 国际贸易问题, 2008 (6)：39-44.
③ 孙致陆. 世界大豆产品贸易变动及其效应分解 [J]. 华南农业大学学报, 2019 (2)：84-96.
④ 和聪贤. 世界大豆贸易网络格局演变及影响机制研究 [J]. 世界农业, 2022 (8)：27-40.

占比 3.90%、1.00%、0.80%，其他国家进口占 0.57%，可以称得上微乎其微。总的来看，世界大豆贸易格局错综复杂、变化多端，国际形势、政治外交、流行病毒都会影响大豆贸易。中国作为大豆贸易大国，对国外大豆的依赖性极高，国际大豆价格变动、大豆生产格局不稳定均会对中国大豆生产和加工产生很大的影响，因此更要统筹好国内国际两个市场，适时扩大大豆进口来源，实现大豆进口多元化，利用好国际大豆资源，同时应大力推动我国大豆产业的发展，增加我国大豆产量，提升大豆自给率，减少对国外大豆的依赖。

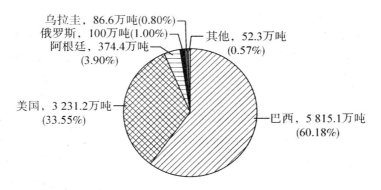

图 3-3　2021 年中国大豆进口结构

数据来源：笔者根据公开数据整理。

3.2　主产国的大豆产业发展现状及国际比较

当前按照大豆产量排名，排在前五位的分别为巴西、美国、阿根廷、中国和印度，五大主产国在大豆种植、加工、贸易方面各有侧重、优势和不足，不过相较于前三位大豆主产国的大豆产量，中国和印度的产量相差较大，大豆的整体生产加工产业水平还存在差距，需要向前三大主产国学习生产经验和技术，促进本国大豆产业发展。

3.2.1　主产国的大豆产业发展现状

虽然中国是最早种植大豆的国家，但目前产量占比仅为全球的 4.41% 左右，早已从最大的大豆出口国变为最大的大豆进口国。巴西、美国、阿根廷得益于高机械化水平、科学技术、生物技术，成为主要的大豆生产国。印度作为五大主产国之一，大豆产量紧跟中国之后，不过与中国不同的是，虽然其经济发展水平不如中国高，但是在中国大量进口大豆时，印度却能出口豆粕到国外，其原因值得探究。

3.2.1.1 巴西大豆产业发展现状

巴西国土面积851.49万平方千米，耕地面积约8.36亿亩。巴西地处低纬度地区，气候湿热，光照比较充足，作物具有相当长的生长周期，大豆进入生长期后该地区恰好降雨丰富，大豆种植地也分布在亚马孙河冲击形成的肥沃土地上，具有得天独厚的自然优势。19世纪下半叶，大豆由中国传入巴西。自1961年以来，大规模集约化养殖模式兴起，为巴西提供了持续增长的动力，巴西大豆生产开启了飞速发展的进程，仅仅10年的时间，到1970年，巴西大豆产量就增长了将近五倍，从27.15万吨增长到150.85万吨。2018年开始，巴西就成为世界大豆产量最多的国家，2021年巴西大豆产量达到13 800万吨，居世界第一位。其大豆质量也是其他国家不能相比的，除了其自然条件优越外，还因为巴西从20世纪60年代起就开始培育适合巴西气候、水质土壤的杂交新品种，大大提高了大豆生产率和品质。巴西可以称得上大豆种植发展最快的国家，近年来巴西又开始研发转基因大豆，大大缓解了以往巴西大豆种植中存在的杂草疯长、病虫害严重所造成的大豆产量低的问题，这也有效促使巴西成为世界上大豆产量最高的国家。另外，巴西畜牧业发展较快，增加了对大豆粉的需求，加上价格的驱动、大豆科学技术推广体系的完善和良好的信贷政策，推动了巴西大豆的种植。2022年巴西大豆预计压榨量将达到创纪录的4 800万吨[①]，利润率同比提升51.5%，豆粕和豆油的产量预计分别为3 670万吨和970万吨[②]。巴西是近年来中国大豆进口的主要国家，60%的大豆均从巴西进口。不过2022年，受干旱天气影响，巴西大豆产量减少，由此造成巴西大豆贸易价格升高，而作为第一大豆消费国的中国，面对高进口价格，势必考虑从其他国家进口大豆。

---

① 佚名. 2022年巴西大豆预计压榨量将达到创纪录的4 800万吨［EB/OL］.（2022-05-12）［2025-03-28］. https://finance.sina.com.cn/money/future/agri/2022-05-12/.

② 佚名. ABIOVE维持2022年巴西大豆加工量不变［EB/OL］.（2022-01-14）［2025-03-28］. https://finance.sina.com.cn/money/future/agri/2022-01-14-doc-ikyakumy0313154.shtml.

3.2.1.2　美国大豆产业发展现状

美国国土面积 937 万平方千米，耕地面积约 56 亿亩，居全球第一位。在土地方面，具有强大的大豆种植优势，大豆种植面积高达 53 173.2 万亩。美国作为世界上另一大豆生产国与出口国，在国际贸易中占据重要地位。美国在地理条件、种植技术和种植政策支持上都是非常出色的，美国大豆产区水源充足，还有良好的光照条件，非常适合大豆的生长，加上地势平坦，适合工业化、机械化农机的使用，种植效率较高。从 1961 年开始到 2022 年，美国大豆种植面积整体呈现上升趋势并伴随着阶段性波动。2020 年，美国大豆单位面积产量已达到 32.592 吨/公顷，美国曾以 1.08 亿吨的产量居世界第一位，当时的巴西的产量仅为 8 680 万吨。虽然如今巴西大豆产量已赶超美国，但是差距并不大，美国依旧是大豆贸易中的主角之一。生物技术产业的发展，更是推动了美国大豆产业的发展，美国的转基因种子技术也在世界上名列前茅，抗虫、抗病、抗除草剂大豆相继问世，高量高质大豆的产出为美国创收了不少外汇。美国在二战期间就开始大力扶持油脂行业的发展，帮助大豆行业创办更多的加工厂。美国大豆加工业经历了初步加工到精深加工式利用，形成了高效率、多元化的模式，完善了大豆产业链，满足了民众对健康营养大豆的需求。美国农业比较发达，大豆产量也比较高。美国最开始是我国最主要的大豆进口来源国，但是随着中美贸易摩擦的发生，以美国企业为首的大粮商对大豆采购、仓储、物流和深加工环节都施加有力控制，在创造很高的规模经济优势的同时增加贸易壁垒，并对中国征收高额关税，加上本身大豆价格不断走高和巴西、阿根廷的强劲竞争，使得中国逐渐压缩从美国进口大豆的数量。2022 年的前四个月，中国从美国只进口了 1 500 万吨大豆，比 2021 年同期减少了 627 万吨，美国大豆贸易处于十分不利的地位，这也意味着美国想用大豆换取更多美元的目的将无法实现。

3.2.1.3　阿根廷大豆产业发展现状

阿根廷国土面积为 278.04 万平方千米，耕地面积约为 4.08 亿亩，不及中国耕地面积的 1/4，但是其大豆产量在 2021 年大约为中国的 2.5 倍，单位面积产量达到 198 千克/亩，年产 5 340 万吨，排第三名。当然，这与阿根廷用耕地面积的一半以上来种植大豆有关。阿根廷土地还具有先天优势，肥力保持得非常好，不需要化肥投入，而且阿根廷是典型的海洋性气候，其气候温和、降雨量大，十分适宜大豆的生长。除此之外，阿根廷仅有 4 500 多万人口，其粮食作物产量远超国内需求，这也是阿根廷出口量大的原因。2016—2021 年阿根廷大豆销售百分比见图 3-4。

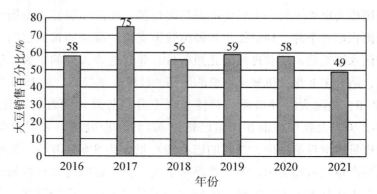

图 3-4　2016—2021 年阿根廷大豆销售百分比

数据来源：农业农村部。

早在 20 世纪 70 年代末，阿根廷就开始对大豆实行免耕直播种植，这种种植方式具有增产、环保、低成本等优点，再加上玉米轮作种植，大豆产量至少可提升 30%，而且阿根廷可以种植双季大豆，效益明显。阿根廷大豆加工业中压榨产业发展水平较高，国内国际物流便利，大豆加工成本低廉且效率高，拥有较高的技术水平和规模化的生产加工设备，压榨规模高于其他国家，是全球最大的豆粕和豆油出口国。2019 年之前，中国只进口阿根廷的大豆和豆油，在非洲猪瘟发生以后，我国对豆粕的需求快速增长，2019 年与阿根廷签订了准许阿根廷豆粕输入中国的协议，实现了两国的互利共赢。2021 年阿根廷豆油出口量 600 万吨，豆粕出口量 2 832 万吨，约占全球总出口量的 4%。相较于大豆的直接出口，高附加值的加工链所生产出的大豆加工产品，给阿根廷生产者带来了丰厚的利润。不过在 2021 年，阿根廷对巴西和巴拉圭大豆出口量缩减至 2 500 万吨，阿根廷农户为了避免通货膨胀造成自身利益受损，不愿意销售大豆。如图 3-4 所示，阿根廷 2021 年大豆销售百分比仅有 49%，大豆销售量减少造成阿根廷国内大豆价格升高，不过因为国内的大豆压榨利润仍然很高，出口大豆加工制品所获得的利润仍然高于大豆原料，另外，大豆原料出口还容易遭受风险损失。2022 年 2 月，中国已经与阿根廷联合发表声明，愿意共同推动贸易多元化，努力推进"南美种植，中国消费"大豆产业化，为阿根廷贸易打开了新的大门。截至 2022 年 8 月 3 日，阿根廷农户已经销售 2 157 万吨大豆[①]。但是在俄乌冲突形势下，阿根廷开始暂停豆粕和豆油的出口。

3.2.1.4　印度大豆产业发展现状

印度国土面积 298 万平方千米，与阿根廷相差无几，耕地面积约为 23.03 亿亩，耕地面积排世界第一名，但仍然属于"重度饥饿"国家行列。其大豆年产量约为 1 050 万吨，排第五名，与排第三名的阿根廷相比，相差 4 000 多万吨，约比中国产量少 70 万吨。印度大部分地区位于热带，光、热、水充足，灌溉便利，耕地面积广阔，而且人口稠密，劳动力充足。虽然总体的自然和人口条件适宜大豆种植，但是印度是人口大国，粮食产量不到中国的一半，常年处于紧张状况，而且印度经济状况不如其他大豆主产国，大豆补贴鼓励支持政策相对薄弱，近年来农户面对干豆等其他作物带来的更高收益，难免对低收益的大豆种植积极性不高。印度大豆种植主要分布在马哈拉施特拉邦和中央邦，这两个邦的大豆产量就占印度大豆总产量的 89%。印度以热带季风气候为主，降水量多且变率[②]大，时常发生洪涝或者旱灾。相较于 2020 年，2021 年印度大豆种植面积虽然扩大到 1 220 万公顷，但是由于印度水利工程不发达，农业以传统生产种植工具为主，现代机械化程度低，70% 的耕地无灌溉设施，所以印度大豆种植主要依靠降雨来灌溉，而印度的降雨极不规律，土地生产率较低，自身化肥产能也不足，造成大豆减产。印度科技水平较低，生产水平不高[③]，大豆加工企业长期主要生产豆粕。我国从 1996 年开始进口印度豆粕，但是发现其质量不高。2021 年印度调减大豆压榨量 800 万吨。据印度大豆加工商协会（SOPA）称，因全球需求强劲，2020 年 10 月到 2021 年 2 月期间，印度豆粕出口增长近三倍，达到 143.5 万吨。相比之下，上年同期为 36.5 万吨[④]。在中美贸易摩擦背景下，印度向中国递出橄榄枝，计划对中国出口大豆。但是印度大豆产量有限，其在出口大豆的同时也在进口大豆，很难长期向中国稳定供应大豆。

---

① 此处数据为笔者从中国畜牧网统计资料获得。

② 降水变率，统计学术语，指降水量的年（或季、月）际变化情况。

③ 张远亮. 得天独厚的印度农业竟也会"一肥难求"？［EB/OL］.（2021-12-14）［2025-03-28］. https://mp.weixin.qq.com/s/sNmgTfLNYTN5Mxe8hOsVzw.

④ 佚名. 印度大豆加工商协会：全球需求旺盛，印度豆粕出口激增［EB/OL］.（2021-03-22）［2025-03-28］. https://www.163.com/dy/article/G5MLT7070534MHMX.html.

3.2.2 主产国大豆产业发展的国际比较

根据大豆产量，排在世界大豆产业前五位的依次是巴西、美国、阿根廷、中国和印度，五大主产国大豆产业发展水平存在差距，具体表现在产量、出口量、压榨量、总成本、大豆品质等多个方面。通过比较主产国大豆的不同特点，进而可以分析出我国大豆与主产国大豆存在的差距，从而实现取长补短，以期在未来缩小我国与大豆主产国的差距。

3.2.2.1 大豆成本对比分析

各个国家出口大豆的价格有所不同，巴西大豆的出口价格远低于美国。2019年，美国各产区大豆平均价格为395美元/吨，巴西为295美元/吨，除去贸易壁垒的原因，巴西廉价的土地与人力成本增强了其大豆的市场竞争力，高品质低价格也使得以中国为主的大豆高消费国家，越来越倾向于选择巴西作为大豆进口来源国。具体分析，大豆价格与各个国家大豆生产、运输等成本密切相关，从主产国总成本来看，巴西大豆总成本呈现下降趋势，从每亩60美元下降到每亩48美元。阿根廷大豆总成本略高于巴西，约保持在51美元/亩。而美国大豆总成本虽然较为稳定，但是达到了每亩82美元。进一步分析，美国大豆生产的人工成本为每亩3.5~4美元，而巴西只有每亩1~1.5美元。美国大豆的土地成本为每亩24~28美元，而巴西自有耕地面积大，每亩土地成本仅5~9美元。从巴西与美国的物资和服务费用来看，近年来巴西约为每亩41.73美元，而美国则从每亩45.8美元升高到53.08美元[①]。从物流成本对比来看，巴西的运输体系还不够完善，运输方式主要以汽运为主，内陆大豆运输成本高于美国，但是在大豆出口上，巴西运往中国的成本低于美国，且还具有下降空间。整体来说，巴西的大豆成本比美国更低，因此中国从巴西进口大豆的价格相对较低。下一步，中国可与巴西政府加强协作，保证国内大豆供应[②]。大豆生产成本与运输成本低，加上良好的自然条件，阿根廷大豆的单位面积成本远远低于其他国家，最终使得其大豆价格低廉。而中国大豆的生产成本远高于其他大豆主产国，2021年我国大豆平均种植成本达到780元/亩，即每亩

---

① 此处数据为笔者从美国农业部、巴西国家商品供应公司获得。参见美国农业部网站www.usda.gov。

② 此处数据为笔者从美国农业部发布的《大豆运输指南》(*Soybean Transportation Guide*) 中获得。参见美国农业部网站www.usda.gov。

为 114.82 美元，2022 年每亩又上涨到 147.2 美元。分析其原因，主要是地租、农资、人工成本增加了。种植成本的增加会压榨豆农的种植收益，种植收益的减少又会直接影响豆农的种植积极性。长期如此下去，很不利于我国大豆种植业的长远发展。

3.2.2.2 大豆品质对比分析

蛋白质和脂肪是大豆最重要的成分，其含量深受农业习惯、气候条件和地理环境的影响[①]。研究表明，不同国家大豆的质量指标具有明显的区别，巴西大豆具有高脂肪含量的特点，脂肪含量达到 23.45%。2018 年，我国黑龙江培育出"东生 79 号"大豆新品种，脂肪含量平均达到 24.16%。阿根廷和美国大豆的脂肪含量没有太大的区别，均值比巴西低 1%，但由于阿根廷地处南美洲南部，温度较低，其大豆品质远不如巴西和美国。低蛋白质含量是阿根廷大豆的显著特征，仅有 37.24%，巴西和美国大豆的蛋白质含量分别为 38.89% 和 38.49%，比阿根廷高 1% 以上[②]，而中国黑龙江农业科学院培育的"绥农 76 号"大豆的蛋白质含量高达 47.96%。除此以外，巴西、美国、阿根廷和中国大豆的水分含量差距不大，基本维持在 12%~12.5%。对比进口的转基因大豆杂质，我国黑龙江地区的大豆杂质低于阿根廷和巴西，阿根廷大豆的杂质含量最高，达到 2.65%，中国大豆的杂质平均含量只有 0.42%。由此可以看出，我国大豆虽然单位面积产量和总产量均不如其他三个主产国，但是大豆品质上乘，脂肪和蛋白质含量均高于其他三个国家。不过中国未来还是要依靠大豆进口，大豆质量关系着大豆的加工品质，所以未来应更多关注进口大豆的品质。

3.2.2.3 大豆生产对比分析

巴西大豆播种一般从每年的 10 月份开始，收割期在次年的 3 月，一年两熟；美国大豆通常在每年的 4 月、5 月种植，收获期为每年的 9 月、10 月，一年一熟；阿根廷是每年的 1 月播种，每年的 5 月收获，一年两熟。从大豆产量来看，2019 年，巴西大豆产量达到 1.26 亿吨，比 2018 年增长了 630 万吨。因为中美贸易摩擦，中国转而从巴西进口大豆，巴西大豆种植规模不断扩大，产量也在持续增长，2020 年又增长了 700 万吨，达到

---

① 于永德. 大豆蛋白质含量和油分含量遗传变异研究 [J]. 山东农业大学学报，1991（3）：201-206.

② 顾强. 不同原产国大豆质量指标差异的研究 [J]. 食品安全质量检测学报，2021（6）：2068-2072.

1.33 亿吨；受贸易争端及美国大豆种植的不利气候影响，2019 年，美国大豆产量减少到 9 662 万吨，比 2018 年下降了 2 856 万吨，到 2020 年，大豆增长 1 688 万吨达到 1.135 亿吨，2021 年又由于美国豆农减少了种植面积，产量下跌 63 万吨，转而导致大豆价格上涨，又刺激了大豆的种植，2022年美国大豆产量会出现增长。阿根廷大豆产量远不及前两个国家，受恶劣天气影响，2019 年阿根廷大豆产量为 4 900 万吨，2020 年达到 5 000 万吨，虽有增长，但增幅不大，到 2021 年，阿根廷仍然深受恶劣天气的影响，虽然世界大豆价格的上涨，一定程度上刺激了阿根廷豆农种植大豆，但是阿根廷因收获面积减少，总产量下跌至 4 950 万吨①。2019 年，印度大豆产量只有 0.09 亿吨，2020 年印度大豆产量上涨到 0.12 亿吨，2021 年印度大豆播种面积减少 2%，大豆产量略有下降。中国 2019 年的大豆产量为 0.18亿吨，2020 年增长到 0.19 亿吨，2021 年受国际形势、天气、疫情等影响，又下降到 0.16 亿吨。从大豆亩产来看，2021 年我国大豆的平均单位面积产量为 130.16 千克/亩，美国大豆单位面积产量为 51.4 蒲式耳/英亩②，也就是平均亩产约为 230.5 千克，巴西大豆平均产量在 236.5 千克/亩，阿根廷大豆平均亩产为 189 千克，印度大豆平均亩产为 68.5 千克③。

3.2.2.4 大豆出口量对比分析

从出口方面来看，巴西以出口大豆为主，而阿根廷以出口豆粕和豆油为主，经过深加工，其利润更丰厚。巴西大豆出口到中国的量持续攀升。2018 年巴西大豆出口量达到 8 380 万吨，创下新高。2019 年由于种种缘故，巴西大豆出口量大大下降。在疫情影响下，巴西豆农为了获得利润，更是大规模将大豆出口到中国，因此 2020 年巴西大豆出口量又创新高。到2021 年，巴西大豆出口量继续上升。因中美贸易摩擦，2018 年美国大豆出口量较上一年减少了 1 039 万吨，仅有 4 768 万吨，2019 年，进一步下降到 4 562 万吨，随后中美达成贸易协议，2020 年美国大豆出口又恢复到6 166 万吨。与巴西情形相似，阿根廷加大大豆出口力度，2019 年大豆出口较 2018 年增长 87 万吨，达到 997 万吨。2020 年，拉尼娜气候严重影响

---

① 梁勇. 2021 年 11 月世界农产品供需形势预测简报 [J]. 世界农业，2021（12）：119-123.

② 1 蒲式耳=54.432 千克，1 英亩≈6.07 亩.

③ 李锦华. 提高大豆自给率，如何破题？：访中国农业大学经济管理学院院长、国家大豆产业技术体系产业经济岗位科学家司伟 [EB/OL]. (2022-03-03) [2025-03-28]. http://journal.crnews.net/ncgztxcs/2022/dsiq/jj/945316_20220303061233.html.

了阿根廷大豆的生长，阿根廷大豆出口量下降 297 万吨，仅有 700 万吨的大豆用于出口。

3.2.2.5 大豆压榨对比分析

据 2021 年数据，对比各国（地区）大豆压榨量，中国居第一位，压榨量达到 9 300 万吨，美国和巴西分别以 5 826 万吨和 4 675 万吨居第二位和第三位，阿根廷排在第四位，排在第五位的是欧洲，而印度以 324 万吨的豆油进口量，成为豆油进口量最多的国家。中国大豆压榨量虽然居第一位，油脂价格也在不断上涨，但是国内豆粕价格持续走低，加上我国大豆加工原料主要依靠进口，进口大豆的价格又持续走高，稀薄的大豆加工利润难以补偿进口大豆所花费的成本，导致国内油厂压榨利润并不乐观。截至 2022 年 4 月 27 日，美国大豆完税价格为 5 506 元/吨，上涨 122 元；巴西大豆完税价格 5 419 元/吨，上涨 64 元；阿根廷大豆 6 月船期完税价格为 5 433 元/吨，上涨 128 元。美国大豆压榨利润表现良好并创下历史新高，其压榨量也在不断提高。阿根廷以豆粕加工闻名于世，是最大的豆粕出口国，拥有世界最大的大豆压榨产能，较高的技术水平、规模化的生产加工设备、低廉的加工成本，使得其大豆压榨厂的生产效率高于其他国家，豆粕年出口量约为 3 000 万吨，约占全球豆粕出口量的 45%；豆油出口量 600 万吨，约占全球豆油出口总量的 50%。不过在 2021 年，阿根廷大豆压榨行业却出现了亏损，闲置产能达到 50%[①]。印度加工技术水平低于其他大豆主产国，大豆压榨利润受到豆粕价格疲软而大豆价格高企的双重打击。

3.3 世界大豆产业发展的经验借鉴

中国虽然是第四大大豆产量国，但是产量并不高。巴西、美国、阿根廷三国大豆产业发展迅速，究其原因，除了它们具有优越的自然条件外，还有政策、种业、技术等多方面的原因，值得中国等大豆需求量大而产量不高的国家借鉴。

---

① 油粕面. 阿根廷农民惜售，大豆销售进度滞后 [EB/OL]. (2021-04-13) [2025-03-28]. https://mp.weixin.qq.com/s? __biz=MzA5NTcxNDQwNA=&mid=2652879330&idx=2&sn=fcc6119e3 0887b02ba54cd7464ee400b&chksm=8b5034e9bc27bdff907132ac6b1d2b163fe70d2ab8f63f7f11ff8a1c2099 e12ff4ebc03e0ded&scene=0&xtrack=1.

3.3.1 国外大豆支持政策及其效果

国家政策支持可有效促进大豆的生产，国外政府也采取各种生产、贸易政策，例如美国采取的市场营销贷款补贴政策、反周期补贴、出口信用保证项目等政策。本节以美国、巴西、阿根廷、印度四大大豆主产国为例，讲述国外采取的大豆支持政策及其效果。

3.3.1.1 美国大豆产业支持政策

美国是世界大豆产业大国之一，从20世纪90年代开始，就开始推广大豆种植机械免耕播种等自然资源保护政策，到2021年，其大豆种植面积已达5.4亿亩，其采取的减少施用化肥等土地保护措施，不仅保证了土地的肥沃，而且也提高了大豆的单位面积产量。

美国的大豆支持政策包括贷款差价补贴、市场营销补助贷款补贴、反周期补贴和直接补贴，市场营销补助贷款补贴和贷款差价补贴都属于商品贷款项目，生产者把产品作为抵押，然后得到政府的贷款补贴，生产者便可以在市场价格低迷的情况下获得短期融资。反周期补贴是在大豆的有效价格低于目标价格时，符合条件的大豆种植者就能获得补贴。这些补贴政策都是直接提供给大豆生产者的补贴，可直接增加豆农的收入，弥补其对生产投入的成本。

为了增强美国大豆的贸易竞争力，美国政府出台了许多贸易政策，促进出口的政策有市场准入项目、出口信用保证项目和国外市场发展项目。出口信用保证项目是美国最大的农产品出口促进项目，这个项目能保证出口商得到销售货款，给购买方提供赊销付款条件。这个项目有利于将美国的农产品出口到经济发展水平较低的国家，增强出口竞争力。市场准入项目的目的是发展、保持和扩张农产品国际市场，中国也曾经是其主要出口对象之一。国外市场发展项目的目的是帮助保持和扩张国外长期出口市场以及农产品发展，该项目与地区性组织、第三方等与联邦组织共同拓展美国农产品的海（境）外市场，并对海（境）外促销活动进行补偿。这些措施都在一定程度上对大豆出口进行了调控，使得美国成为大豆出口大国。

3.3.1.2 巴西大豆产业支持政策

巴西如今能成为世界第一大豆生产国，离不开巴西政府的大力支持。巴西政府实施了一系列财政刺激计划来为大豆生产提供稳定的资金来源和价格保护，比如信贷支持、财政补贴、税收优惠以及鼓励国内外企业投资巴西大豆产业。为了解决大豆病虫害严重和资金匮乏的问题，巴西政府提供了大量的信贷支持，同时巴西还投入大量补贴性投资和生产信贷来刺激大豆的种植。正是在政府信贷政策的支持下，虽然巴西大豆产量只有其他作物的12%，但是种植大豆的农户得到了丰厚的利润，致使巴西大豆产量得到迅速提升。为了方便大豆销售，巴西政府加大农业科技的研发和推广力度，开展以道路交通建设为主的农业基础设施建设，方便大豆从内陆运输到主要消费市场和港口。巴西政府还曾发布大豆价格保护和收购政策，此项政策大大降低了农户的生产风险。巴西政府也积极发布税收优惠政策来调节大豆生产，给予大豆加工企业减免缴纳所得税的优惠。巴西政府的相关政策使得大豆产量迅速提升，为巴西进口代替工业化提供了资金支持，丰富的大豆供应也带动了国内家禽养殖的发展，还保证了全球各个国家的食用油来源①。除此之外，巴西政府大力鼓励外国资本和本国民族资本对大豆产业投资，为巴西大豆产业的发展带来了丰厚的资金，推动了大豆加工业的发展②。

以上这些政策举措虽然都在一定程度上促进了巴西大豆产业的发展，但是巴西大豆产业政策的实施也带来了一些负面影响，比如其实施的减免大豆加工业所得税的政策，会减少当地的财政收入，财政部门势必会设法从其他税收上进行填补，这也就使得虽然大豆加工业所得税被减免，但是大豆贸易、消费等的增值税被提高，这很不利于整个大豆产业链的发展。还有其实行的鼓励国内外资本投资的政策，使大豆产业过分依赖外国，容易造成大豆定价的主动权丢失。另外，巴西政府还存在政策连续性不强、监控不力的问题。以价格支持政策和转基因大豆政策为例，巴西在2000—2003年实施连续的价格支持政策，而到2004年取消了此项政策，到2005年又重新启动了此项政策。2006年之后很长时间，巴西政府不再出台新的大豆支持政策，大豆支持政策反复颁布和取消成为一种常态。2003年以前，巴西禁止转基因大豆商业化，但是由于监控不力，转基因大豆大量种植，巴西政府又颁布临时法令允许种植和销售转基因大豆。政策的不确定性会在一定程度上消磨农户的种植积极性，且不利于树立政府在大豆产业

---

① 前瞻产业研究院. 2024—2029年中国大豆加工行业产销需求与投资预测分析报告 [EB/OL]. (2024-10-27) [2025-03-28]. https://bg.qianzhan.com/report/detail/6a2844f8817d48d5.html?v=title.

② 钟钰，陈希. 基于比较优势视角的中、美、巴三国大豆竞争力分析 [J]. 国际贸易，2020 (10): 75-86.

支持方面的权威，对未来大豆政策实施带来不利的影响。

3.3.1.3 阿根廷大豆产业政策

相较于美国和巴西对大豆产业的各项激励补贴政策，阿根廷的农业政策并不十分有利于阿根廷大豆的生产。特别是在1990年之前，阿根廷采取了一系列的进口替代政策、高进口关税、农产品出口征收出口税、政府控制汇率、国家垄断销售机构等政策。进口替代政策是为了鼓励非农业部门的发展，甚至可以说牺牲农业部门的发展来为非农业部门的发展铺路，因此大豆等农产品产业的发展受到了限制。具体体现在多个方面。在农业生产资料方面，阿根廷将肥料与农药的进口关税分别设置为60%和65%，大豆种植用户不得不使用本国的肥料和农药，而当时阿根廷国内的肥料与农药价格很高，这大大增加了大豆种植的成本。而对农产品出口又增设出口关税，遏制了大豆的出口，加上政府还控制关税，间接增加了对大豆的税收。阿根廷政府又实行国家控制农产品流通，压低农产品价格，此种做法更是阻碍了当时大豆产业的发展。

1990年之后，阿根廷实行经济改革，为农业松绑减负，创造了不断改善的外部环境①，大豆产业也由此受益。具体表现在稳定金融体系，减少农产品价值剥夺，贸易自由化，减少贸易壁垒，农业部门私有化，改善农产品宏观环境，完善基础设施。比如为了实现贸易自由化，阿根廷建立了农产品出口回扣制度，降低了大豆等农产品的进出口关税，并取消了检查费，还出台了可兑换法案，抑制之前出现的通货膨胀。到1992年，阿根廷国内与农产品相关的营销设施、通信部门等都实现了私有化。阿根廷还积极拓展运输路线，扩大服务范围，并改造运输系统，此项举措降低了大豆贸易的运输成本。以上这些措施并不只是针对大豆的，但是促进农产品发展的各项举措也改善了大豆产业发展的宏观经济环境，大豆产业也因此得到了间接的好处。

阿根廷虽然列大豆产量第三位，产量也呈现出增长趋势，但是细看其大豆产业，其大豆种植发展所具有的自然环境、气候、价格与巴西相差无几，其总体产量以及发展态势却远不如同在南美洲的巴西。阿根廷政府对大豆产业的支持政策也远不如巴西、美国等大豆主产国，其采取的政策补贴、赔偿措施甚至不能完全落实。在2020年，阿根廷宣布对38 000位大

---

① 何秀荣.阿根廷大豆产业发展与政府政策 [J].农业技术经济，2004（1）：60-64.

豆种植户发放赔偿金，但是媒体报道，有超过 1 万的种植户并没有得到相应的补偿。此种做法易挫伤大豆种植农户的积极性。

3.3.1.4 印度大豆产业支持政策

印度虽出口豆粕到各个国家，却是世界上最大的植物油进口国，因此印度对于大豆实施的一些支持政策主要体现在进出口上。早在 1994 年，印度政府取消国家垄断和配额限制，对油料大豆进口征收关税，并执行严格的卫生检疫制度，不过为了满足国内食用油的需求，虽然名义上对食用油征收 35% 的进口税，实际税率只有 15%~30%[①]。这种做法严重阻碍了大豆等油料作物的进口，同时刺激了食用油的进口。如此一来，国内食用油消费主要依靠国外进口，国内大豆价格下跌，豆农转而种植其他作物，大豆等油料作物的种植面积大大缩减。所谓牵一发而动全身，印度的植物油加工业遭受重创，无法维持正常生产。印度大豆贸易政策的实施所带来的连锁效应并不仅仅停留在过去。在 2020 年，印度政府采取措施使大豆价格下跌，但是之后大豆价格又翻了一番，致使豆农利益严重受损。到 2021 年，豆农纷纷持观望态度，这样一来，印度加工业货源不足，豆粕和食用油供应不足，政府不得不从国外进口大量豆油与豆粕，但是也使大豆油价格升高。为了稳定大豆油价格，2022 年 5 月 24 日，印度财政部表示，印度决定免除两年内每年进口 200 万吨大豆原油的税收，此项措施促进了印度大豆的进口，但是并没有满足稳定大豆价格的要求。可以看出，印度对大豆产业实施的各项政策并没有统筹兼顾各方利益，致使从大豆种植到加工贸易的各个行业都付出了代价。除贸易政策之外，纵观近几年印度对国内大豆种植业给予的相应扶持政策，效果并不显著。据每日粮油最新收到的消息，2021 年 6 月，印度农业部调高了一系列农产品的收购价格，其中将大豆收购价格调高了 1.8%，达到每 100 千克 3 950 卢比[②]。上调价格是为了鼓励农户提高大豆播种面积，减少对国外植物油进口的依赖。按照目前汇率计算，上调之后印度大豆的价格将达到 3 454 元/吨。值得注意的是，在印度提高大豆价格、鼓励农户种植更多大豆的同时，印度还计划削减食用油进口关税，以便进口更多的食用油[③]。此项措施虽然维护了豆农的利益，

---

① 许良. 贸易政策对中、印两国植物油产业发展的影响 [J]. 商场现代化，2007 (25)：40.
② 1 卢比≈0.012 6 美元≈0.085 3 人民币。
③ 佚名. 印度将大豆收购价格上调 1.8%，以便减少对国外食用油进口依赖 [EB/OL]. (2021-06-10) [2025-03-28]. https://www.sohu.com/a/471504881_100032755.

但是从产量的增减结果来看，并没有促进其本国大豆的种植。这也许就是印度和巴西、美国、阿根廷、中国等大豆产业发展存在差距的原因所在。

四大大豆主产国发展至今，是与其政府的支持密不可分的。中国虽然已经陆续出台了一系列促进大豆产业发展的政策，起到了一定的促进作用，但是还没有形成一整套系统的大豆产业政策体系。未来可根据国际标准，借鉴其他大豆主产国的政策，推进良种补贴，完善粮食直接补贴，推广大豆政策性保险，提高大豆优质化率，降低豆农的种植风险。美国大豆贸易政策主要针对出口，对我国大豆的贸易也具有借鉴价值。中国大豆虽然处于供不应求的状况，但是我国的压榨量居全球第一位，未来大豆贸易还有很大的发展空间，海（境）外促销活动补贴也有利于大豆未来的出口。另外，我国又是全球最大的大豆进口国，美国采取的大豆出口贸易政策也关系到我国的利益。美国有些贸易政策违背了国际准则，近年来还频频发动贸易战，我国也有必要积极采取措施来应对。同时，四大大豆主产国大豆生产种植与加工中存在的问题，也给予了中国未来大豆产业发展一定的警示。

3.3.2 加强大豆科研体系建设，深化种质创新利用

大豆产业的复兴离不开科技力量的投入。美国、巴西等国大豆发展到如今水平，与其先进的大豆种子技术密不可分，其在大豆品种研究领域成就显著。当前我国虽保存着世界上最丰富的大豆种质资源，大豆新品种选育有了一定发展，高产的大豆品种不断出现，但是与大豆主产国还存在一定的差距，大豆平均单位面积产量不到美国的60%。我国大豆种业在良种与良法、种质资源保护与利用、科研与市场三个方面仍存在脱节，导致大豆产量、品质提升较慢，很难选育出突破性品种。大豆科研人员也不足，急需培养大量从事大豆研究的科研人员，并给予资金支持，保证科研经费充足。

除去科研人员的培养，优质大豆品种的培育更为重要，优化更新品种是提高作物单位面积产量能力的重要方式，但是我国目前还处在杂交育种与分子技术辅助选育相结合为主的育种时代，技术上还存在"卡脖子"环节，加上中国地域广阔，气候、地形复杂多样，对种子品质要求更高，因此应因地制宜培育适合本土的高产、优质大豆新品种。中国也应加强大豆科研体系建设，创建大豆种质资源高效共享平台，除了对本国种质资源的

创新，也应该善于对国外优质大豆品种加以利用和改进。目前中国推广的600多种作物品种中有接近一半从国外引进①，未来应继续研究和利用国外这些种质资源蕴藏的优质基因，并对品种进行遗传改进，进一步增强大豆在抗倒伏、适应性、抗病性等方面的属性，为我国大豆产业的发展做出贡献。另外，为了更好地促进大豆创新技术的推广与更新，应加强大豆专利保护。

大豆产业创新也离不开产学研相结合的科技创新体系建设。市场上大豆品种多样，消费者对大豆的需求也多种多样，对于蛋白质等营养物质含量的要求各不相同，因此应培育不同品质大豆，生产各类用途的专用大豆，才能更好地满足消费者的需求。当然，培育大豆新品种，必须依靠科技创新，而种业的科学创新要走产学研合作之路，生物育种又具有精准、高效的特点，能对大豆品种实施定位改良，是推进优异新品系的必由之路。未来中国也应积极探索产学研相结合的种子科技创新体系，建立现代商业化育种体系和现代种子生产体系，培育出特色化、差异化、区别于进口大豆的新品种，才可能提高大豆制品的商品价值。

3.3.3 以产业结构调整为契机，优化大豆产业布局

大豆是经济价值很高的油料作物，又是重要的粮食作物，是产业链最长、对居民消费价格指数影响最大的农产品，实现产业化布局至关重要。美国、巴西、阿根廷等国家具有大豆生产规模大、单位面积产量高、生产标准化程度高、生产水平高等优势，由此而具有了明显的价格和品质优势。中国的大豆生产还是以农户为单位，单位面积产量低，大豆产业链上下游脱节，在国外进口大豆的冲击下，国内大豆消费处于尴尬境地，也没有带动中国大豆产业的快速发展。中国需要充分利用本土的自然资源，以科技立项的形式，加强对大豆种植配套技术的研究②，扩大大豆种植面积，进一步推动大豆产业结构调整，建立各具特色的大豆产业带，更新产业化生产方式，实施产业化种植，搞好特色大豆原料基地建设，以营养健康产业发展为契机，促进大豆产业均衡发展，转变一家一户的散户生产经营方

---

① 易赐莹. 全球大豆产业共性技术识别与应用研究 [D]. 大庆：黑龙江八一农垦大学，2019：43-44.

② 李凤双，等. 国产大豆种业之困：技术上"卡脖子"，投入上"掉链子"[EB/OL]. (2021-07-19) [2025-03-28]. https://kepu.gmw.cn/agri/2021-07/19/content_35003370.htm.

式，从而带动整个大豆加工业的健康发展，还需要结合当地的环境条件进行专用型大豆生产，为未来中国扩大大豆生产规模和优化区域布局提供保障。

3.3.4 推动社会服务体系建设，促进大豆规范经营

以家庭为单位的农业经营在世界大部分国家普遍存在，国外农业比较发达的国家，家庭农场也占到很大的比例。家庭经营虽然具有很强的适应性，但是随着农业生产越来越专业化，市场对产品的要求越来越高，家庭经营也暴露出自身的很多不足，而社会化服务体系的建设正是为了解决其不足，可以将家庭小规模生产经营连成一个整体，实现社会化大生产。目前美国、日本等发达国家已经形成了完善的社会化服务体系，为其大豆产业发展提供了全方位的服务，大大提高了大豆种植、加工、销售的效率。而我国也正如很多发展中国家一样，总体上以小规模家庭生产经营为主，不可避免地也普遍存在着家庭经营的弊端，因此我国大豆生产也应该建立完善的产前、产中、产后全方位的农业社会化服务体系，为农户提供大豆的收购、加工、农业信贷和保险服务，同时加快播种整地农业机械、病虫害植物保护和肥药保护等社会化服务体系建设，实现生产技术标准和生产服务社会化，从而促进大豆产业化经营。

3.3.5 建设新型农业经营主体，提高大豆生产效率

国外农业发达国家家庭农场具有数量多、规模大、单位面积产量高的特点，还有专业的农业合作社。以美国为例，与中国土地公有制不同，美国的耕地所有权、转让权和使用权均归农场主所有，在土地可以自由买卖的条件下，可以大范围扩大自己的土地，从而实现规模化经营，政府也十分重视土地权保障，开展农产品专业生产规划，为规模化经营提供保障。巴西实施的农业合作社制度有利于大豆大规模、集约化种植。其他农业发达国家也以联合经营为主。在中国集体所有土地制度下，不可避免地存在农户种植土地分散的状况，虽然中国家庭农场不断发展，农场数量达到87.7万个，平均经营规模13.33公顷，但是与其他农业发达国家相比，家庭农场数量和规模还是比较小，发展也不平衡。总的来看，东部地区发展早、规模大、数量多，但是西部地区发展仍然较为缓慢，而且在以家庭为单位的土地经营方式下，农民对土地依赖性较高，加上我国对大豆实行的

是普惠式扶持政策，农户如果将土地委托给其他人代种，则无法享受到国家的补贴，这就使得很多农民不愿意放弃自己的土地，造成中国农村土地不能实现合理流转，也就无法规模经营，进而影响新型农业经营主体的形成。总的来说，规模化经营是提高农作物产量和效益的重要途径，培育新型农业经营主体是提高生产效率的一大法宝。只有土地经营主体构建好了，才能促进土地规模化经营方式的形成，因此我国政府也应该积极完善土地流转政策，建立健全土地流转服务平台，引导新型农业经营主体有效流转机制的构建，从而维护农民土地承包权利，为大豆集约化种植保驾护航，进而提高大豆生产效率。

3.3.6 加大产业发展支持力度，完善大豆产业体系

美国、巴西等大豆主产国大豆产业较为发达，其政府对其大豆产业发展的方方面面给予了很大的支持。从政策支持力度来看，国外大豆产业发达国家除了对大豆种植的补贴外，也十分重视大豆的研发。因此未来政府应更重视对大豆产业的支持，增加大豆科研方面的投入，通过大豆科研和成果推广，提高本国大豆的科技含量，从而实现本国大豆替代进口大豆的目的。

大豆产业发达国家已经形成了大豆研发、育种、采购、加工、销售、贸易、管理等一系列完整的产业链，对劳动力和资本的利用率较高。从总体来说，我国还没有建立起从研发到种植到加工再到贸易的完整产业链，产业规模偏小，效率较低，加上较高的生产成本，中国大豆产业利润偏低，急需构建完整的大豆产业链，延长大豆产业链条，全方位攻关大豆产业发展中存在的一系列问题。

3.4 本章小结

大豆作为世界第一大油料作物，不仅是最经济且最具营养的植物蛋白质原料，而且也是禽畜养殖业的主要饲料原料之一。大豆源自中国，是中国一个地区性的古老作物，后由中国传入朝鲜，由朝鲜传入日本，又由日本传入西欧国家，后逐渐散布到南美洲、北美洲和非洲等地，美国、巴西、阿根廷等大豆主产国的大豆由此发展起来。目前，美国、巴西和阿根廷三大主产国90%以上均种植转基因大豆，三国大豆种植面积、总产之和

超过全球总量的 80%，出口量更是占据全球大豆贸易总量的 90%，在政府的大力支持下，已然建立了完善的现代生物育种技术体系，国外大豆发达国家已经建立了完整的大豆产业链，并生产出独具特色、符合新时代消费者需求的大豆深加工产品，还研发了可用于抗癌的磷脂制剂、生物柴油等能源新材料、功能保健品低聚糖等顶尖产品。对比来说，中国是大豆起源国，早在西汉时期就对大豆进行了加工，也是早期最大的大豆主产国和出口国，如今在政府多项补贴政策的支持下，中国大豆产业正在快速发展，但是与世界大豆先进水平相比，仍存在较大差距，大豆品种研发、种植技术、加工水平、贸易状况均存在不足之处。从品种研发来看，我国对大豆研发的支持力度不够，不能满足其科研资金需求；从大豆种植来看，中国大豆规模化种植程度不高，导致大豆生产效率较低；从大豆加工来看，大豆加工成本偏高，效益很低，更是没有形成一条完整的产业链体系。因此，中国大豆可借鉴主产国大豆生产经验，加强大豆科研体系建设，深化种质创新与利用；以产业结构调整为契机，优化大豆产业布局；推动社会化服务体系建设，促进大豆规模化经营；建设新型农业经营主体，提高大豆生产效率；加大大豆产业发展支持力度，完善大豆产业链体系，从中国大豆产业薄弱处突击，解决我国大豆产业发展中存在的问题。

4 中国大豆产业的发展

中国大豆产业历史悠久，大豆种植历史已经超过了 5 000 年，历史上中国大豆种植面积、总产量曾经居于世界首位。然而随着世界大豆产业的发展和全球经济的变化，我国从大豆净出口国变成了大豆净进口国，国内需求缺口不断扩大，寻求大豆产业发展之路迫在眉睫。

4.1　中国大豆产业的发展概况

大豆对我国粮食生产的可持续发展、维护粮食安全和农业结构战略性调整以及改善营养都具有重要作用，且大豆产业链长，涉及种植、加工、贸易等多个环节，对促进我国国民经济的发展发挥着重要作用。目前我国大豆产业虽然在生产产量等方面还存在不足，但是其整体发展态势是良好的，消费、贸易、加工环节一片繁荣，国家也积极颁布了不少政策，鼓励和支持大豆产业发展。

4.1.1　中国大豆产业的生产与种植

中国大豆经过 5 000 多年的持续不断改良，积累了多种多样的大豆种质资源。1949 年到改革开放前建立了大豆杂交育种体系，改革开放以后，我国大豆产业进入快速发展阶段，大豆杂交技术全面普及，大豆新品种的研发使我国在 1980—2010 年的 30 年间将大豆亩产提高了 40 千克，2010 年后，我国又建立了现代农业产业技术体系，形成了大豆育种网络，育种方向逐渐从单一高产型向高产、优质、抗病和专用型转变，为大豆生产提供了坚实的保障。近年来我国大豆种业效果明显，不断突破大豆高产纪录，这与大豆体系的建设和良种的培育有关。当前全国经营大豆种子的企业就有 442 家，大豆品种多达 3 112 个。各地也为保障大豆种子供应，积极协调开展种子调运储备。四川省在 2022 年已投入库大豆种子 860 万千克以上，并投入资金 600 万元，在县区开展种业集群示范基地建设，增强大豆种子保障能力。不过包括四川省在内的大豆种植省份大豆良种体系还不够健全，需建设优质大豆良种发育体系，加快优质大豆种子的繁育与供给。

实现大豆自给是中国粮食安全的关键所在，稳定提升大豆生产自给能力有助于解除大食物观背景下中国粮食安全的后顾之忧。大豆发展由来已久，在中国已经有 5 000 多年的种植史，中国也是大豆的起源国。在我国古代文献中，"大豆"的名称出现较晚，最先出现的是"菽"。在西周，《诗·豳风·七月》："六月食郁及薁，七月烹葵及菽。"《诗·小雅·小宛》："中原有菽，庶民采之。"《诗·小雅·采菽》："采菽采菽，筐之筥之。"在春秋时期，《吕氏春秋·审时篇》："大菽则圆，小菽则转以芳。"清人王念孙《广雅疏证》卷十上："是大小豆皆名菽也。但小豆别名为荅，而大豆仍为菽，故菽之称专在大豆矣。"这就是说，"菽"是豆类的总称，特别是指大豆。宋代哲学家、教育家朱熹《诗经集传》："中原有菽，菽，大豆也。采菽采菽，菽，大豆也。""大豆"的名称最早出现于秦、汉之间。例如，《黄帝内经·素问·藏气法时论》："脾胃黄，宜食咸，大豆、猪肉、栗、豆叶皆咸。"《神农本草经》卷二："大豆黄卷（大豆芽），味甘平。"西汉《氾胜之书》："大豆保岁易为，宜古之所以备荒年也。"[①]

在 20 世纪 30 年代，中国不仅是世界上最重要的大豆生产国之一，也是最重要的大豆出口国之一，年净出口量超过百万吨。1996 年开始，大豆的进出口关系发生逆转，目前大豆已成为中国大宗农产品中国际化程度最高、国内外市场联动性最强的品种，也是近年来中国进口量最大、国内份额萎缩最严重的品种。

新中国成立以后，在土地改革政策支持下，广大农民种植热情颇高，而当时大豆效益较高，大豆产量稳定增长。后来由于大豆单位面积产量远不如玉米等粮食作物，在 1958 年粮食供应紧缺的年代，大豆种植面积被严重压缩。随着农村家庭联产承包责任制的实行，大豆价格上涨，调动了农民的生产积极性，大豆产量开始恢复。

[①] 师高民. "五谷"起源考之三：大豆和玉米 [J]. 中国粮食经济，2021 (1)：76.

1996 年以后，中国大豆需求持续增长，消费量不断增加，产量却呈阶段性波动状态，总体上虽有增加，但与大豆消费量相比增速极为缓慢，致使产需缺口逐年扩大。国内大豆产量波动主要受种植面积的影响，但进一步研究则可以发现，大豆产量也与大豆补贴和玉米临时收储等国家政策变化有关，尤其是 2007 年实施玉米临时收储政策后，大豆与玉米比价关系严重失衡，导致玉米大量替代大豆，全国大豆播种面积从 2008 年的 922.54 万公顷下降到 2015 年的 682.74 万公顷。为了优化种植结构，积极发展生产，2016 年，中国政府调整了玉米临时收储政策并出台《农业部关于促进大豆生产发展的指导意见》，使大豆产能有所回升，2020 年产量达 1 960.18 万吨，超过历史最高水平，但产需缺口仍达 10 024.82 万吨[①]；2022 年大豆产量创新高，首次迈上 2 000 万吨台阶，但产需缺口仍高达 9 096.01 万吨[②]。

从现实来看，中国是人口大国，长期以来面临粮食供给不足问题，改革开放以后，我国才基本上解决了几千年没有得到解决的温饱问题，然而中国仍没有实现本国粮食的自给自足，且大豆单位面积产量不高、盈利性较差，与其他粮食作物的产量与效益相比处于劣势地位。国家为了保证粮食安全，增加粮食产量，鼓励农户种植小麦、玉米、水稻等作物，甚至一些省市政府为了保障粮食生产总量，支持以高产作物代替大豆类低产作物，其他粮食作物的扩种，加上非农占地的增加，使得国内大豆种植面积锐减。从大豆种植本身来看，大豆属于土地密集型农作物，适合大规模机械化种植，而我国豆农的土地规模过小，机械化程度低，种植成本又高，难有规模效益。如图 4-1 所示，我国大豆从 2005 年到 2021 年大豆种植成本（2017 年没有相关数据），可以看出我国大豆种植成本逐年增长，特别是 2022 年已经上涨到每亩 1 000 元[③]。除此之外，大豆品种产量潜力较低，耕作、栽培管理、施肥制度不够合理，加上大豆种植地主要选择土质较差的区域，其他作物带来的高效益，也使得种植农户对大豆的种植意愿不强，另外，自然灾害和长期以来的大豆病虫害的影响，更导致大豆产量不

---

① 张珂慎. 2020 年中国大豆市场规模超 3 500 亿元，其中压榨领域消费占比 82% [EB/OL]. (2021-06-01) [2025-03-28]. https://www.chyxx.com/industry/202106/954443.Html.

② 农小蜂. 2024 年中国大豆市场情况及成本收益分析简报 [EB/OL]. (2024-02-29) [2025-03-28]. https://www.thepaper.cn/newsDetail_forward_26480685.

③ 欧阳靖雯, 侯雅洁. 大豆扩种，多重难题下如何确保豆农收益? [N]. 农民日报, 2022-08-02 (8).

高，无法满足国内市场需求，其需求的满足主要依靠国外进口。国家为了扭转此种形势，鼓励农户种植大豆，在大豆销售上实施产销一体化战略，保证大豆有路可销。四川省遂宁市在 2022 年便举行了大豆产销签约仪式，让当地的 30 家豆制品加工厂与大豆种植业主签订购销协议，从销售端带动农户种植大豆，实现产业链互补，一方面保证农户利益，种植出的大豆直接销售；另一方面与种植户直接对接收购，没有中间商赚差价，可有效降低加工企业生产大豆制品的成本。而且由政府搭台，加强了种植户与企业的联结机制。

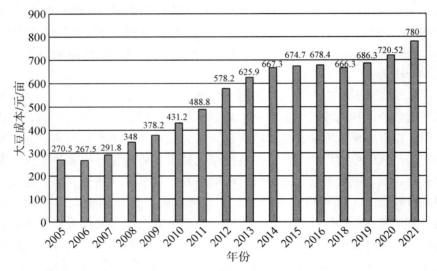

图 4-1 2005—2021 年全国大豆种植成本变化情况（无 2017 年数据）
数据来源：笔者根据公开数据整理。

多年来国产大豆深受价格风险、天气灾害、成本压制的多重冲击，2015 年尤为明显。2015 年，全国大豆种植面积只有 651 万公顷，当年的大豆成本利润率甚至出现负数，国内大豆价格还不到 4 元/千克，不管是豆农还是加工企业，均为亏损。近年来，我国消费者对大豆需求更是持续高涨，到 2021 年，国内大豆需求量高达 11 125.69 万吨。为满足需求，全国各大豆种植区域积极采取措施，扩大大豆种植面积。如图 4-2 所示，到 2017 年，我国大豆扭转了之前的形势，播种面积呈现增长趋势，一直增长到 2020 年，大豆种植面积为 988 万公顷，产量已高达 1 960.2 万吨。到 2021 年，大豆种植面积又大量缩减，缩减了 148 万公顷，下降到 840 万公顷。当然，这与 2021 年疫情影响下，经济不景气，而玉米价格升高农户转而种植玉米有关。为切实保障国产大豆市场供应，2022年，国家又在稳玉米的基础上大力支持扩种大豆，对大豆生产者进行补贴，大豆研究人员也积极采取措施，研发优质大豆品种，利用生物技术提高大豆产量，种植面积恢复性增长，增至911万公顷，产量达1985.5万吨。特别是黑龙江、内蒙古、安徽、四川等大豆主产省份都制定了扩种大豆的目标，黑龙江扩种1000万亩以上，内蒙古扩种430万亩，四川扩种310万亩，并积极推广大豆+玉米带状复合种植方式，四川还在各县区举办了全省大豆+玉米带状复合技术培训班。

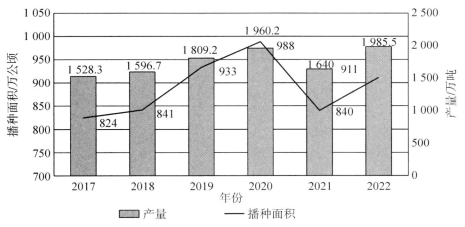

图4-2 2017—2022年中国大豆播种面积与产量统计

数据来源：笔者根据国家统计局和华经产业研究院数据整理。

近几年大豆种植面积和产量呈现整体增长趋势，但种植面积和产量的增长并没有促进价格下降，恰恰相反，大豆价格不断上涨。如图4-3所示，自2021年11月份起，大豆价格节节攀升，增长到每500克3.22元以上，但对于豆农来说，这个价格仅仅能够弥补其种植成本。从总体来说，中国大豆的产量不断增长，但大豆在中国国内仍然供不应求。究其原因，虽然中国对大豆种植技术不断进行研发，并推出新的套作技术，国家也推出了鼓励和支持政策，但是大豆仍面临着单位面积产量低且增速慢的困境，加上我国大豆种植生产成本高的影响，为了保证豆农的基本种植利益，势必要保证大豆价格高于其成本，将来国内大豆价格依旧会维持在较高的水准。

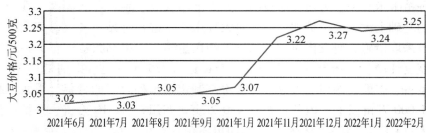

图 4-3　中国大豆价格统计
数据来源：中国粮油信息网。

4.1.2　中国大豆产业的加工与贸易

中国大豆加工利用历史悠久，2 000 多年前就出现了以豆腐为代表的豆制品，魏晋南北朝时期，广泛出现了豆豉、豆酱类加工品，到唐、宋、元时期，出现了大豆榨油的方式，明、清时期，大豆在肥料、饲料、医疗等方面有了新的发展①，而西方国家在 20 世纪 60 年代才开始将大豆蛋白质作为食物资源开发，20 世纪 90 年代大豆综合利用开发迅速发展起来。我国大豆在这一时期的压榨产业发展迅速，年加工量占国产大豆加工量的83%，之后我国又逐渐开发新型大豆制品，改造传统大豆生产技术。如今，大豆加工业越来越成熟，国家运用现代农产品加工技术、微生物发酵技术、计算机管理技术等，极大地提高了大豆食品生产的现代化水平，保证了产品的品质和质量，研发了多种风味食品、高附加值功能型产品，特色系列大豆制品逐渐涌入市场。豆制品生产之后所产生的废料，也被综合利用，变废为宝。据专家研究，豆渣中含有丰富的蛋白质、纤维素、维生素、微量元素等，经常食用豆渣可有效降低血液中的胆固醇含量，年轻人还可以通过食疗达到减肥的目的。生产豆浆后的豆奶渣可用于生产健康可口的益生菌饮料，大豆榨油后的大豆渣也可以再做成豆腐，最后无法食用的部分可以作为饲料喂养畜禽，提高了大豆的利用率。四川人爱食大豆，而且四川大豆的蛋白质含量是全国最高的。正是由于其独有的高蛋白质含量特色，四川大豆特别适合制成豆腐、豆豉、酱油等传统豆制品，还可以加工成大豆高蛋白质制品等深加工产品，提高大豆商业化价值。四川加工企业

---

① 顾和平. 中国古代大豆的加工和食用 [J]. 中国农史，1992 (1)：84-86.

还将下脚料生产成豆粕作为饲料，卖给养殖场，增加大豆加工企业的收益。

　　大豆营养丰富，可有效改善百姓的膳食结构、增加蛋白质的摄入量、增强国民体质，被世界卫生组织推荐为 21 世纪最佳保健食品，其豆制产品更深受国民喜爱。多年来，大豆在我国食品行业和食品加工业中也具有重要的地位，国产大豆加工主要集中于压榨、食品、蛋白质加工及油粕加工四种类型，其中压榨类的油脂加工业从 20 世纪 80 年代起就取得了巨大的发展，90 年代时就拥有 6 898 个油脂加工厂。如今受饮食健康观念的影响，消费者更青睐营养又保健的豆制食品，传统食品（豆腐、腐竹等）的需求占比提升至 79% 左右，蛋白质加工品占比相对稳定在 15% 左右，余下 6% 左右为酱油和豆粕加工。面对此种变化，中国也开始重视大豆深加工产业，并取得了良好的成绩。据了解，如今全国 2 000 多个县市都有豆制品加工企业，东北地区有一批以龙江福粮油集团、九三集团为龙头的油脂加工企业，山东崛起一批以山东禹王为龙头的具有国际竞争力的大豆蛋白质加工企业。但是我国大豆在产品开发、加工设备等方面仍不够成熟，功能性大豆蛋白质生产和改进的关键技术和大豆生物活性物质高值化精深加工技术等方面还需进一步提高。除此之外，经过多年的发展，我国大豆加工产能向头部企业集中的趋势愈发明显，集中度不断提高，国产大豆加工企业被严重边缘化，除了禹王集团、九三集团等几家竞争力较强的企业外，大部分国产大豆加工企业处在小、散、弱的状态，存在亏损和经营异常艰难的问题。据 2020 年企业数据统计分析，四川省统计在册的大豆企业虽有 200 余家，成都就有 87 家，但是相较于黑龙江等地的豆制品加工企业，四川省大型豆制品加工企业寥寥无几，缺少规模大、专业性强、发展快的大豆加工企业，多为小微个体户企业，甚至很多企业在疫情严峻形势下，在 2022 年前停业注销，可以看出中国大豆加工业面临重重挑战，总体发展形势令人担忧。

　　为了保障粮食正常贸易，我国粮食流通体制在不断深化改革，而大豆也是我国重要粮食作物之一，其流通体制与粮食流通体制一致。虽然不同学者对流通体制改革提出了不同的看法，但是总结起来看，改革开放以来，我国粮食流通政策演变大体经历了五个阶段：1979—1984 年实行粮食统购统销制度；1985—1991 年实行合同订购、"双轨制"和"三挂钩"政策[1]；

---

　　① 此处资料由笔者从中共中央、国务院 1985 年发布的《关于进一步活跃农村经济的十项政策》中获得。

1992—1997年实行放开销售，探索购销市场化；1997—2003年深化完善粮食流通体制改革，逐渐放开销区保护；2004年至今，进入粮食购销市场化。为了构建和有效维护粮食流通体系，21世纪以来，我国通过一系列政策措施，基本形成了粮食多成分、多渠道、多形式、少环节的多元化流通格局，大豆贸易在此格局中扩大了购销渠道，减少了仓储、运输、装卸等费用，发展日益迅速，这也为大豆产业未来的发展打下了坚实的基础。

大豆起源地在中国，1996年以前，中国是大豆净出口国。1929年大豆出口量达到170万吨，1949年大豆出口量在100万吨以上，到1959年大豆出口量达到177万吨，经过10年"文化大革命"动荡时期，到1977年仅出口13万吨，随后中国进行了各项改革，恢复生产，大豆出口量再次保持在100万吨上下。然而好景不长，1996年大豆出口量下降到19万吨。1999年，旺盛的需求使中国大豆进口量飙升，出口量仅有20.4万吨，而进口量达到431.9万吨。到如今，20多年过去，中国由大豆最大生产者变成最大消费者，甚至面临着严重的供不应求的现状，国产大豆无法满足植物油加工和消费的需求，大豆大量依靠进口且进口量逐年上升。如图4-4所示，我国大豆进口在2017年时达到9 553万吨，经历2018年、2019年的短暂下降后，2020年国内大豆种植面积减少，进口再次激增，达到10 033万吨。当然，这与当年中国大量的大豆消费有关。2021年大豆消费量下降，进口量下降到9 653万吨。

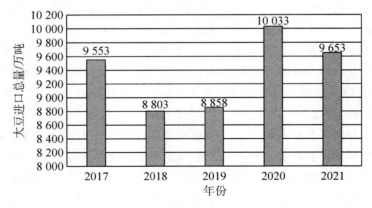

图4-4　中国大豆进口总量

数据来源：笔者根据中国海关、华经产业研究院数据整理。

总的来看，我国大豆种植模式和增产模式竞争力弱，加上大豆生产技术的差异，我国本土的产量远不能满足消费需求，消费量的多少影响着我国大豆的进口量，而贸易政策的放开和流通体系的完善为大豆进口创造了条件，因此，中国大豆大量依靠国外进口。而相较于进口量，中国大豆出口量显得十分渺小，我国大豆出口量从 20 世纪 80 年代以来就不断减少。如图 4-5 所示，到 2021 年，相较于进口量的 9 653 万吨，我国大豆出口量仅 6.7 万吨，不到 7 万吨，其对比结果实在令人唏嘘。近年来，中国也致力于减少对外依赖，试图打响大豆产能提升攻坚战，然而效果并不显著。从我国大豆消费形势来看，如图 4-6 所示，2021 年大豆需求量从 11 984.95 万吨骤跌至 11 125.69 万吨。究其原因，也与中国进口情形有关，加上疫情、中美贸易摩擦等影响，大豆价格升高，人们消费心理发生变化。但整体来说，未来国内大豆消费市场仍然广阔，特别是在疫情过后，消费态势扭转，大豆供应占领先机。如果能提升大豆产量，降低大豆生产成本，在保证大豆满足消费的前提下，以大豆贸易拉动大豆全产业链，提升我国大豆产业市场效能前景广阔。

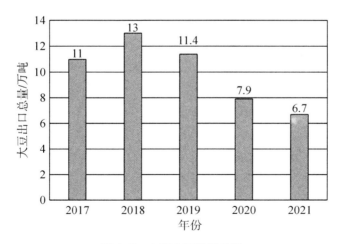

图 4-5　中国大豆出口总量

数据来源：笔者根据中国海关、华经产业研究院数据整理。

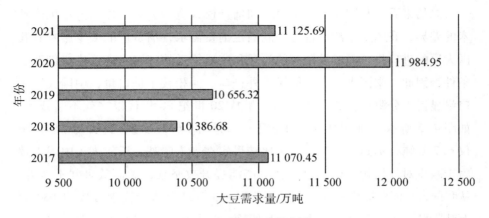

图 4-6　中国大豆需求量

数据来源：笔者根据智研咨询数据整理。

4.1.3　中国大豆支持政策及其效果

4.1.3.1　大豆生产支持政策

我国采取的大豆生产支持政策主要以补贴的形式进行，自 2000 年起，我国就开始实行粮食补贴政策，补贴力度逐年增大。国务院、农业农村部等也提出多项指导意见，支持大豆生产。

（1）目标价格补贴政策。2014 年，我国在大豆主产区启动了大豆目标价格补贴试点，大豆为 4 800 元/吨。目标价格政策是在市场形成农产品价格的基础上，释放价格信号引导市场预期，通过差价补贴的方法保护生产者利益的一项农业支持政策。其内容主要包括：政府不干预市场价格，价格由市场决定。实行目标价格补贴，当市场价格低于目标价格时，对生产者给予补贴。完善补贴方式，目标价格补贴与种植面积、产量或者销售量挂钩。大豆目标价格补贴政策的实施取得了显著的效果，一方面保障了大豆种植户的基本收益，刺激了农户的生产行为；另一方面完善了大豆价格形成机制，削弱了进口大豆价格对国产大豆价格的影响。但是大豆目标价格补贴政策的实施会对资源配置造成扭曲，从而使得政策实施效率降低，其政策效果与激励作用有限。其后国家又推出一些政策来进行调整，2016 年发布的《关于深入推进农业供给侧结构性改革　加快培育农业农村发展新动能的若干意见》中提出："要重点发展优质稻米和优质食用大豆，科学规划大豆等重要农产品生产保护区，调整大豆目标价格政策。"2017 年的中央一号文件提出深入推进农业供给侧结构性改革，要求"增加优质食用大豆、薯类、杂粮杂豆等""调整大豆目标价格政策"①。

（2）大豆生产者补贴政策。2017 年，国家将大豆目标价格补贴制度改为生产者补贴政策，生产者补贴政策本质上是一种与生产面积挂钩的固定支付性政策，统筹大豆、玉米的补贴机制，兼顾大豆、玉米的比价关系，从而实现"增大豆、减玉米"的目的。到 2022 年，我国各地陆续实行大豆生产者补贴政策，四川近年来大豆产量在全国排名的提升与补贴政策是密不可分的。以四川省西昌市为例，2022 年，西昌市农业农村局发布了《西昌市粮经复合（大豆）种植扶持政策（试行）》，列出生产者补贴、土地租金补贴、设备装备补贴等，对大豆农户生产者进行全方位的补贴②。大豆生产者补贴政策的实施，补贴的发放，可有效鼓励农户生产大豆，在市场机制之外提高了农户的种植收益，从 2020 年之前大豆种植面积出现一定比例的增长可以看出效果。但是单纯依靠生产者补贴政策来实现持续改善种植结构的目的是很难的，随着补贴力度的增大，种植结构却未能同比例改善。虽然直接补贴政策对于推进粮食流通市场化改革，引导农民调整种植结构发挥了重要作用，但是对于大豆来说，大豆生产的效益并不高，这一政策达不到刺激大豆生产的效果，而且各地区粮食补贴标准不一致，补贴仍倾向于其他高产粮食作物，对大豆的补贴力度十分有限。

（3）大豆生产指导政策。大豆不仅是粮食作物，也是油料作物。2007 年，国务院办公厅就发布了《国务院办公厅关于促进油料生产发展的意见》，提出"要进一步明确油料生产发展的基本原则、目标和任务""加大油料生产扶持力度""加强科技支撑能力建设等，以期加快恢复发展油料生产，从而保障市场供给""完善大豆和食用植物油市场调控""科学引导社会消费""切实加强组织领导"③。2016 年，原农业部围绕"提质增效转

---

① 中共中央 国务院关于深入推进农业供给侧结构性改革 加快培育农业农村发展新动能的若干意见 [EB/OL].（2017-02-05）[2025-03-28]. https://www.gov.cn/zhengce/2017-02-05/content_5165626.htm.

② 此处资料由笔者从西昌市人民政府 2022 年 6 月发布的《西昌市粮经复合（大豆）种植扶持政策（试行）》中获得。

③ 国务院办公厅关于促进油料生产发展的意见 [EB/OL].（2007-09-24）[2025-03-28]. https://www.gov.cn/zwgk/2007-09/24/content_760094.htm.

方式、稳粮增收可持续"的工作主线，发布《关于促进大豆生产发展的指导意见》[①]，旨在调整优化种植结构，积极发展大豆生产，提升大豆生产质量、效益和竞争力，实现 2020 年大豆种植面积达到 1.4 亿亩目标。该项政策根据我国存在的压榨能力严重过剩、进口依存度高、产业链短等问题，提出了具体的解决措施，效果显著。2022 年，农业农村部在《关于做好新型农业经营主体和社会化服务组织扩种油料大豆专项工作的通知》[②] 中明确提出"要引导家庭农场、农民合作社等新兴农业经营主体因地制宜扩大油料大豆生产，为油料大豆扩种提供坚实的主体支撑和服务保障"。除了国家颁布的大豆生产指导政策外，各省份（地区）也积极颁布各项政策，四川省在 2022 年也印发了《四川省 2022 年大豆玉米带状复合种植技术方案》和《2022 年大豆玉米带状复合种植示范推广实施方案》[③]，将大豆+玉米带状复合种植技术推广任务落实到各县区。大豆生产指导政策的实施有效促进了大豆单位面积产量、含油率和效益的提高，有力推动了大豆规模化和区域化生产，从而实现了规模经济效益。

4.1.3.2 大豆流通政策

（1）临时收储政策。2007—2008 年，中国大豆市场价格经历了大幅波动，对豆农、大豆加工企业等造成了不同程度的冲击。为了稳定大豆价格，保证豆农收益，2008 年，中央实施临时收储政策。临时收储政策是指按照种豆成本加合理利润的原则确定临时收储价格。政府在大豆市场价格大幅下滑时收购大豆，在大豆市场价格大幅上涨时抛出储备大豆以减小价格波动，有效地稳定了大豆市场价格，及时为豆农提供了一个保本的价格，保护了豆农的收益，激发了农民种植大豆的积极性，促进了大豆生产的发展[④]。但是，临时收储政策阻碍了大豆市场价格调整机制的作用，大豆收储价格高于平时的市场价格，使下游企业承受了巨大的成本压力。企业为了降低生产成本，选用国外进口大豆，这也导致了对进口大豆需求的增加，甚至一些大豆加工企业不堪忍受成本压力而停产停业。同时临时收

---

① 农业部关于促进大豆生产发展的指导意见 [EB/OL]. (2016 - 04 - 20) [2025 - 03 - 28]. https://www.moa.gov.cn/nybgb/2016/disiqi/201712/P020180104751935365367.pdf.

② 关于做好新型农业经营主体和社会化服务组织扩种油料大豆专项工作的通知 [EB/OL]. (2022 - 02 - 28) [2025 - 03 - 28]. https://www.gov.cn/zhengce/zhengceku/2022 - 02/28/content_5676020.htm.

③ 关于印发《2022 年大豆玉米带状复合种植示范推广实施方案》的通知 [EB/OL]. (2022 - 02 - 28) [2025 - 03 - 28]. https://nyncj.cngy.gov.cn/new/show/20220228182756632.html.

④ 杨树果. 产业链视角下的中国大豆产业经济研究 [M]. 北京：中国农业大学出版社，2015.

储政策只能在一定程度上促使农户生产大豆，我国大豆收购价格的增长水平还处在较低的位置上。换句话说，临时收储政策并没有达到农户的心理预期水平，还具有很大的地域局限性。对于土质优良、气候适宜且种植作物丰富的地区，面对其他作物的高收益诱惑，农民很难转而生产大豆，大豆产量仍然处于止步不前状态。除此之外，国家以高于市场价格的水平大量收购大豆也增加了政府的财政负担。总之，临时收储政策的实施具有很强的负面作用。

（2）大豆贸易政策。从 2014 年起，农业政策就表明，中国正朝着开放谷物和油菜籽农业贸易的方向迈进。事实上，国家在采购上确实已经花了太多的钱，而国内油菜籽的价格一直是国际价格的两倍，国内产量无法提高导致进口成为必然。大豆的进口出口必然涉及关税，中国自 1996 年起，就开始不断调整大豆进口关税税率，以此来调节大豆贸易，到 2018年，针对美国加征关税的行为，中国首次宣布对大豆加征 25% 的关税①。关税管制政策的调整改变了中国的大豆地区贸易结构，中国转而从加拿大、巴西进口大豆。虽然大豆进口在地理上集中度提高了，但是国内豆油价格并未因此大涨。而对于大豆的出口，2009 年 7 月，中国就取消了种用大豆和非种用大豆 5% 出口暂定税，此项举措可有助于降低出口显成本，提高大豆的国际竞争力。以黑龙江大豆为例，关税的取消有利于黑龙江大豆缩小与转基因大豆在价格上的差距，这为扭转黑龙江大豆在国际市场上的劣势局面提供了可能。

4.1.3.3 大豆加工政策

（1）促进加工发展政策。2008 年，国家发展改革委发布《促进大豆加工业健康发展的指导意见》②，鉴于我国油脂、压榨加工业发展规模庞大的现状，提出"要压缩油脂加工到合理规模，使产业结构不断优化，实现产、加、销一体化，各加工企业形成分工合理、特色鲜明、各有侧重的大豆加工业布局"。国家在 2011 年发布的《食品工业"十二五"发展规划》③ 中指出："要着力研发大豆蛋白质功能性产品，发展大豆食品和豆粉

---

① 中国对大豆加征 25% 进口关税 大豆贸易影响几何？［EB/OL］.（2018-07-11）［2025-03-28］. https：//www.chinanews.com.cn/cj/2018/07-11/8563539.shtml.

② 国家发展改革委关于印发《促进大豆加工业健康发展的指导意见》的通知［EB/OL］.（2008-09-05）［2025-03-28］. https：//m.mofcom.gov.cn/article/b/g/200809/20080905789804.shtml.

③ 两部委通知印发《食品工业"十二五"发展规划》［EB/OL］.（2012-01-12）［2025-03-28］. https：//www.gov.cn/gzdt/2012-01/12/content_2042722.htm.

类等新型大豆蛋白质制品，培育大豆加工和饲料生产一体化企业。"2012年，国家粮食局发布的《粮油"十二五"发展规划》指出："要严格控制大豆油加工新建项目，鼓励内资企业兼并重组，淘汰落后产能。"2020年，农业农村部、中央网络安全和信息化委员会办公室印发《数字农业农村发展规划（2019—2025年）》①，对新时代推进数字农业农村建设的总体思路、发展目标、重点任务作出明确部署，擘画了数字农业农村发展新蓝图。

（2）大豆精深加工政策。2002年11月6日，国务院发出《关于促进农产品加工业发展的意见》，要求"大力发展粮、棉、油料等重要农产品精深加工，发展各类专用粮油产品和营养、经济、方便食品加工，粮食加工以小麦、玉米、薯类、大豆、稻米深加工为主"。2014年，国务院办公厅印发《关于印发〈中国食物与营养发展纲要（2014—2020年）〉的通知》，要求"充分发挥我国传统大豆资源优势，加强大豆种质资源研究和新品种培育，扶持国内大豆产业发展，强化大豆生产与精深加工的科学研究，实施传统大豆制品的工艺改造，开发新型大豆食品，推进大豆制品规模化生产"②。

4.1.3.4　大豆消费政策

为了让人们更健康地消费，2004年，国家规定所有食品标签上必须标明原料是否为"转基因大豆"。为提高国民健康与营养水平，从而引导大众消费，在"十一五"规划中，我国把大豆食品加工业作为食品工业的一个重点，给予政策和资金方面的扶持，要求"十一五"期末实现工业化大豆占大豆食品消费的30%。2007年，国务院要求严格执行《农业转基因生物标签的标识》，统一大豆产品标志，要求大豆产品必须按规定在醒目位置标记标签，从而切实保障消费者的知情权与选择权。此项举措有效地引导了大豆产品市场消费，为优质大豆及制品的价格提高创造了条件，同时也规范了大豆交易活动，从而引导了大豆的生产与加工。

4.1.4　中国大豆市场的价格

自改革开放开始，中国大豆价格为404.8元/吨，之后呈现增长态势，

---

① 两部门印发《数字农业农村发展规划（2019—2025年）》[EB/OL]. (2020-01-20) [2025-03-28]. https://www.moa.gov.cn/xw/zwdt/202001/t20200120_6336380.htm.

② 国务院办公厅关于印发《中国食物与营养发展纲要（2014—2020年）》的通知 [EB/OL]. (2014-02-10) [2025-03-28]. https://www.gov.cn/zwgk/2014-02/10/content_2581766.htm.

1978年大豆价格提高了23.4%，1979年又提价15%，到1981年，国务院又将大豆收购价格提升50%，当时大豆的收购价格高于其他粮食作物。1983年，国家决定将大豆价格降低13%。在实行粮食"双轨制"之后，国家为了鼓励出口，在1986年继续提高大豆收购价格，随后进入稳定上升阶段。20世纪90年代到21世纪初，农户的大豆出售价格又经历了波浪形走势，1990—1997年为增长时期，从1 170元/吨增长到3 010元/吨的高峰，从1998年开始一直到2001年整体呈下降趋势，2002年又开始波动式缓慢上升，在此期间大豆价格跌宕起伏，2003年价格恢复到2 944.6元/吨，2004年开始连续三年下降，2006年累计下跌14.58%，价格单年最大涨幅出现在2007年，增长64.64%，2008年价格又开启下降趋势，大豆价格又再次进入波动时期[1]。

近十几年来，我国大豆严重依赖进口，因此国际贸易政策、地区冲突局势以及国际大豆价格，甚至原油价格波动引起的运输费用的变化都会对大豆价格产生影响。如图4-7所示，2014—2022年，大豆价格总体呈现U形波动趋势，由2014年的4 739.6元/吨下降到2018年的3 746.4元/吨，自2018年起，大豆价格呈现上涨趋势，到2022年5月，大豆价格已经上涨到6 224元/吨。2021—2022年大豆月价格变化如图4-8所示，呈现动态波动。大豆价格不稳定，极易导致国内生产者、加工企业发生亏损。从我国大豆加工企业的总体来看，近年来很多小微豆制品加工企业都发生了亏损，无法维持企业日常经营，甚至面临破产倒闭。豆制品加工企业发展并不乐观，这与我国大豆原材料价格总体逐年上涨有关。

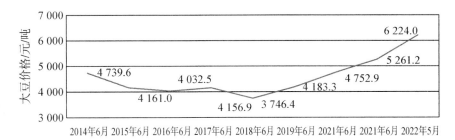

图4-7 2014年6月—2022年5月大豆价格

资料来源：笔者根据农业农村部、中商产业研究院数据整理。

---

① 朱婧. 中国大豆价格波动及风险预警研究［D］. 哈尔滨：东北农业大学，2015：67-68.

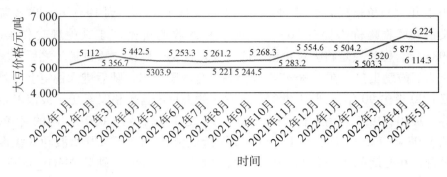

图 4-8 2021 年 1 月—2022 年 5 月大豆价格

资料来源：笔者根据农业农村部、中商产业研究院数据整理。

4.2 主产省份的大豆产业发展现状

目前我国大豆主产省份按产量排在前五位的分别为黑龙江、内蒙古、四川、安徽和河南。虽然我国大豆生产主要还是集中于黑龙江，但是近年来各地区鼓励种植大豆，尤其是四川省大豆产业发展迅速，从 2000 年的 10 名之外，到 2021 年跻身于大豆主产省份行列，位于大豆主产省份第三名。

4.2.1 黑龙江大豆产业发展现状

黑龙江大豆种植历史悠久，种植面积和产量长期居于第一位，大豆种植面积占全国总面积的 33%，产量占全国的 37% 以上。黑龙江具有优越的生态、地形、耕作栽培技术和社会经济优势，是我国最大的优质大豆生产和供给基地，当地土壤肥沃、雨热同季。相较于其他大豆种植省份，黑龙江耕地面积广阔，达到 1 198.95 万公顷，且土壤中腐殖质层厚，有机质含量高，土壤紧实度适中，水利资源丰富，河流水系数量多，气候湿润，大豆生长期昼夜温差大，满足了大豆高产优质的必要条件。2018 年开始，黑龙江为了更好地保护黑土地，给大豆等作物的生长创造良好条件，还采取了秸秆深翻还田、玉米秸秆粉碎还田、堆沤有机肥等措施，提高了黑龙江土地的有机质含量。

长期种植大豆的历史也为黑龙江大豆的栽培提供了丰富的经验，近年来其规范化高产栽培技术越来越成熟，平均单位面积产量逐年增长，在大豆种植优惠政策的支持下，豆农的种植积极性颇高。2022 年，黑龙江省政府提出全省大豆种植面积要达到 6 850 万亩，比 2021 年增加 1 000 万亩[①]。为了实现该目标，政府实施了大豆、玉米差异化补贴政策，对大豆生产者的补贴每亩要高于玉米生产者补贴 200 元左右[②]。除此之外，只需保留之前的新增耕地轮作试点补贴、耕地地力保护补贴和一次性补贴等政策，这将更有利于调动农民种植大豆的积极性。

黑龙江大豆科研力量也较强，构建了大豆育种体系。黑龙江农业科学院、东北农业大学、农垦科学院历年致力于大豆品种的研发，其中东北农业大学还建立了高通量大豆表型育种平台和分子育种平台，育种专家培育并推广 100 多个优质的大豆品种，比如"东农豆 252 号"每年推广面积达到 200 万亩，深受广大种植户的认可。现在黑龙江生产的大豆为非转基因大豆，具有颗粒饱满、蛋白质和氨基酸含量高的特点，能满足现代人对蛋白质等营养物质的需求。

黑龙江大豆种植业的发展造就了大豆加工企业的发展，而大豆加工企业的兴起又为大豆种植业注入了新鲜的血液。我国最大的豆制品加工企业北大荒集团位于哈尔滨。北大荒集团始建于 1947 年，已经有 70 多年的发展历史，长期以来为国家粮食安全做出了突出的贡献。北大荒集团拥有先进的大豆加工技术，是十大有机大豆品牌之一，也是世界品牌 500 强之一。虽然其快速发展得力于黑龙江得天独厚的自然优势，但是其豆制品加工产业快速发展。所产生的对大豆原料的需求，反过来也刺激了黑龙江大豆种植业的发展。

4.2.2　内蒙古大豆产业发展现状

内蒙古是我国重要的大豆生产基地，是重点示范推广基地和优质绿色大豆产业带，大豆也是内蒙古第二大粮食作物。内蒙古大豆播种面积和总产量居全国第二位，播种面积常年在 1 100 万亩左右，最高达 1 802.5 万亩。内蒙古大豆种植主要分布在其东部的呼伦贝尔，占据全区大豆产量的

---

① 韩荣. 黑土地：大豆扩种增产有"底气"[N/OL]. (2023-02-02) [2025-03-28]. http://zqb.cyol.com/html/2023-02/02/nbs.D110000zgqnb_01.htm.

② 此处数据由笔者从 2022 哈尔滨市人民政府发布的《2022 年哈尔滨市扩种大豆补贴工作实施方案》中获得。

70%。"十三五"期间，内蒙古就不断深化农业供给侧结构性改革，积极调整大豆种植结构，扩大播种面积，大豆种植面积从 2016 年约 92 万公顷扩大到 2020 年的约 120 万公顷，产量也从 2016 年的 15.1 亿千克增长到 2020 年的 23.5 亿千克。

如今在稳粮油政策下，内蒙古各地也采取多项措施推进大豆+玉米带状复合种植播种工作，探索出"365 工作模式"，市县乡"三级联动"，划定责任田分区负责，落实种植面积；政府、种植主体、社会化服务机构、保险公司、金融机构、收购企业"六个环节"一体推动，稳机制增收入；"五项措施"保障技术，稳生产增信心，开展"一对一、面对面、点对点"的服务模式。内蒙古还结合本区主推种植模式，加大政策扶持力度，加快推进机具改装配套，大力推进专用机具研发，突出抓好机具保障供给，着力提升播种、收获环节机械化水平，为完成全区复合种植 160 万亩目标任务和长远发展提供坚实有力的机械化支撑①。

内蒙古的包头市还引进了大豆+玉米带状复合播种机，确保大豆种植实现机械化，提高土地产出率与利用率，促进农业增效。大豆+玉米带状复合种植是一种一季双收的种植模式，是在传统间作、套种基础上创新的模式，可以实现同一地大豆+玉米和谐共生，这样可以扩大低位作物大豆受光通风的空间，在保证大豆不减产的条件下，增收大豆，而且大豆本身具备固氮作用，可以有效降低农药和肥料用量，还能种养结合、改善土壤、降低病虫害的发生，促进绿色大豆发展。在新型种植模式下，农户在获得玉米种植利益后，又获得大豆种植利益，还能得到政府每亩 630 元的补贴，总共每亩增收 1 000 元，这大大鼓励了农户种植大豆。

为了更好地推进大豆+玉米带状复合种植，2022 年，内蒙古也发放了补贴用于大豆服务体系建设，增加 4 680 万元用于社会化服务支持粮食作物种植生产，安排了 8 000 万元用于玉米+大豆带状复合种植服务补贴，对于实现轮作的地块每亩再补贴 50 元以上。内蒙古的农户还采取了大垄双行、品字形种植方式，大大提高了土地利用效率。

内蒙古主要致力于生产高蛋白质大豆，近年来已经培育出一批高油、高蛋白质、高产的"三高"优质大豆，总产量也一直呈现稳定增长的态势。不过内蒙古还存在科技支撑服务体系力量相对较弱、农业机械化作业

---

① 此处资料由笔者从 2022 年内蒙古自治区印发的《内蒙古自治区大豆玉米带状复合种植机具保障方案》中获得。

程度不高的问题，由此产生大豆生产成本高的问题，而且内蒙古与东北地区相比，大豆种植不具有规模效应，同时，与四川地区相似，内蒙古地区大豆加工企业相对薄弱，企业带动乏力，一定程度上制约了大豆产业的长远发展。

4.2.3 安徽大豆产业发展现状

安徽大豆主要种植在淮北地区，皖南地区种植面积有所扩大，大部分地区为土壤水肥条件好的平原，部分为丘陵。安徽采用的是大豆带与玉米带间作套种，可有效增加玉米种植密度，实现大豆+玉米一季双收，并使用大豆+玉米一体化播种机、秸秆打捆机等先进设备，大大节省了人力消耗，而且安徽大豆种植结合了不同地形、土壤，比如丘陵地区选用籽粒大、株高高一点的，平原地区选用籽粒小、分枝多的中粒型品种，并根据土壤选择植株行距。四川省大豆也主要种植于丘陵地区，可借鉴安徽丘陵地区种植经验。

2012 年之前，安徽省大豆种植面积稳定在 1 300 万亩以上，居全国第二位，之后不断下滑，到 2021 年前，大豆种植面积仅有 880.83 万亩，退位全国第三位[①]。但是 2021 年，安徽大豆效益明显，平均亩产达到 143.45 千克，同比增长 5.84%，亩均净利润率为 119.43%，同比增长 92.11%，达到大豆种植平均亩产、净利润率的五年来最高。虽然种植面积缩小了，但是其净利润率提高了，这是因为安徽大豆的蛋白质含量高、出浆率高，是优质蛋白质加工原料，加工效益高。

但是安徽省大豆单位面积产量偏低，与玉米相比，效益不高，而且主推品种研发应用不足，生产方式也相对粗放，安徽沿淮淮北地区在大豆苗期还多为梅雨季节，缺乏光照，易发生自然灾害，而且大豆抵御自然灾害的能力弱，花荚期和鼓粒期遭遇旱情，阻碍了大豆产业的发展。因此，安徽积极采取措施，梅雨前挖好排水沟渠，能够在遇涝时及时排除积水，伏旱时及时灌溉，但切忌大水漫灌，以免湿度过大，造成落花落荚。

安徽在 2021 年开始实施夏大豆品种试验实施方案，试图鉴定大豆新品种的适应性、抗逆性和稳产性，筛选出适宜安徽省的高产、优质大豆新品种，做到因地制宜。对于大豆+玉米间作的地域，选择早熟、矮秆、抗倒

---

① 此处数据由笔者从 2022 年安徽省人民政府发布的《安徽省加快大豆、油菜等种植面积恢复，带动全省油料均衡增产和提质增效：拎稳安徽人的"油瓶子"》中获得。

和耐阳性强的品种，目前也正在加强科技成果转化，选育新品种，推进提高全程机械化水平，大力推广新技术、新模式、新品种、新装备，并创建了万亩示范园。

为延长大豆产业链，促进大豆产销结合，安徽省还引导加工企业向大豆产区集聚，由此可以有效降低大豆运输成本和储蓄成本。2022 年夏季，安徽又持续推广一种新式的"大豆+玉米带状复合种植技术"，不仅力求增加亩产，并且也扩大了种植面积，全年播种面积 910.6 万亩，超出国家下达的任务 9.8 万亩。

4.2.4　河南大豆产业发展现状

河南省位于黄淮夏大豆产区腹地，南北跨越四个纬度，采用的是麦豆一年两熟制。河南大豆主要种植在平原地区，耕地集中连片，土质肥沃，适宜种植大豆。河南省作为我国的重要农业大省，对大豆种植与输出做出了突出的贡献，种植规模居全国第五位，其夏大豆种植面积在 1 000 万亩左右，居全国第一位，当地大豆加工企业数目众多。

河南生态环境好，发展绿色大豆、无公害大豆、有机大豆前景广阔，大豆品种具有蛋白质含量高、油含量低、种植难度低、生长发育周期短的特点。高蛋白质含量的特点，使得河南大豆有利于酿造酱油，但是目前主要用于生产豆腐等其他豆制品。

新中国成立以后，河南大豆单位面积产量总体呈现上升趋势，这与大豆品种的更新和栽培技术有关。但是河南大豆与其他主产省份相比，单位面积产量仍然较低，原因在于河南大豆存在生产投入不足、科研水平相对落后、自然灾害抵抗能力较差、生产规模小等不足，而且河南大豆的前茬作物为冬小麦，土壤失墒较快，再加上机械不配套，恰逢干季，容易出现播种质量差，疙瘩苗多，缺苗断垄严重等问题。

近年来，河南为提高单位面积产量，解决缺苗问题，研究了新的大豆优质高产栽培技术、化学调控、窄行密植等新型栽培技术，建立了多个示范田，筛选良种，采用新型免耕覆秸精量播种技术。2022 年，河南省政府还决定在全省范围内开展大豆高产竞赛，集中打造一批大豆高产百亩方、千亩片，集成推广一批新品种、新技术、新模式，努力进行高产攻关[①]。

----

① 河南省集中打造一批大豆高产典型 ［EB/OL］. (2022-05-24) ［2025-03-28］. https://www.moa.gov.cn/xw/qg/202205/t20220524_6400312.htm.

4.2.5　主产省份大豆产业发展对比

从全国大豆主产省份的大豆蛋白质含量来看，与进口的相应产品比较，我国本土的大豆不论是在质量还是在用途方面均显示出显著的不同，这一现象催生了针对食品用途的大豆及食用油原料用途的大豆两个互不相关的市场领域。国内所产大豆的主要角色是为国人提供高品质的植物源性蛋白质。2020 年，国内作为食材消费的大豆使用量触及 1 420 万吨水平。通过表 4-1，我们对比黑龙江、内蒙古、安徽、河南和四川的大豆蛋白质含量，可以看出，这些省份的大豆蛋白质含量通常在 30.10%~53.00% 之间。近年来，内蒙古自治区培育出"蒙豆 1137 号"的籽粒粗蛋白质含量 40.77%，在"蒙豆"系列中属于蛋白质含量较高的品种，但是其蛋白质含量仍不如安徽大豆。通过安徽省农业科学院作物所搭配的"合豆 3 号"与"阜 9027 号"杂交，并经过系谱法筛选而育成的豆科植物"皖豆 33号"，属于成熟期相对中等的夏季播种大豆新品种，其干态粗蛋白质的含量大约是 44%。该新种类格外适宜在江淮地区的丘陵与淮北环境中推广栽种。而中国农业科学院作物所开发的"中黄 13 号"大豆，则是一种蛋白质含量较高的农作物新变种，在 2001 年 3 月得到安徽省种子审定委员会的认证，并在 5 月份顺利通过国家级鉴定。"中黄 13 号"将高产出、高蛋白质含量及优良的耐病特质等多项优点合而为一，体现出其潜在的丰产前景及市场上的良好籽粒表现。在安徽省不同地带的种植结果显示，这种大豆的种子蛋白质含量能达到 45.8%，非常适合在淮河流域及淮北平原地区广泛种植。但是与黑龙江省近年来培育出的 11 个大豆品种相比，其蛋白质含量仍然偏低。黑龙江近年培育的大豆新品种，其蛋白质含量均超过 46%，"科赫绿豆 1 号"的蛋白质含量为 49.24%。"农 511 号"的蛋白质含量为 47.31%。虽然黑龙江省近年推出的大豆新品种的蛋白质含量有了明显的提高，但是其蛋白质含量仍与四川大豆的蛋白质含量差不多。四川在 2016 年培育出的"南夏豆 30 号"，其蛋白质含量达到了 51.60%，比"科赫绿豆 1 号"的蛋白质含量高出 2.36%。具体大豆品种蛋白质含量对比如表 4-1所示。

表 4-1　我国主产省份大豆蛋白质含量比较　　　单位:%

省份	黑龙江			内蒙古			安徽			河南			四川		
品种	科赫绿豆1号	绥农76号	绥农52号	蒙豆1137号	蒙豆102号	蒙豆15号	皖豆33号	皖豆24号	中黄13号	郑92116号	豫豆25号	郑1307号	南夏豆30号	贡夏豆18号	南夏豆25号
蛋白质含量	49.24	47.96	42.09	40.77	40.70	40.14	45.83	44.00	45.8	48.41	46.3	43.10	51.60	48.00	49.56

另外，在大豆新品种的推广方面，四川省的表现可圈可点。四川目前正在大力推广播种高蛋白质含量的大豆，像四川培育出的"南豆"系列，该品种已经被大范围推广，累计推广面积已达到 5 200 万亩，已经新增了58 万吨的粮食。而作为全国大豆产量第三大省的河南省，在新品种、新技术推广方面动作较慢。目前河南省已经审定大豆品种 90 个，但生产上依然较多应用 20 年前审定的品种，近 5 年审定的品种很少在生产上应用。当地种植户有自留种的习惯，对新品种了解很少。而且种植户多数文化水平较低，难以对新品种做出正确的评价，完全依靠种子推广企业，而河南省的大豆种子企业较少，经营规模有限，严重限制了新品种的推广。农技推广工作难以到位，县乡基层农业技术服务人员紧缺，乡级农业技术推广站基本解散，这也是河南省新品种新技术推广的限制因素。

综上所述，四川大豆较其他主产省份的大豆具有一定的优势，如四川大豆的蛋白质含量明显高于其他省份，更能满足人们日常对高蛋白质大豆食品的需求，而四川大豆在榨油方面不如北方大豆，北方大豆的脂肪含量更高，更适合于榨油。目前全国各省份大豆加工产业中普遍存在一种现象：国内的大豆深加工行业在关键环节如提取豆油、生产饲料用豆粕以及集中提炼磷脂方面较为落后，尚未能够实现产业链的高效衔接，整个生产链条不完整。众多工厂的加工过程不够流畅，生产效能受限，原因是原料种植基地与加工厂之间的协同程度不够，关键生产环节也分散在多个生产线，生产效率大打折扣。此外，国内很多大豆加工企业规模较小，缺乏统一的生产标准，生产条件参差不齐，因此我国大豆深加工领域仍有巨大的提升和发展空间。

4.3　主产省份大豆产业发展经验借鉴

我国绝大多数地区都能种植大豆，但是由于地形、气候、经济等差异，中国大豆的种植主要还是分布在东北、华北等地，近年来西南地区大豆产量也在稳步提高，甚至超过了华北地区，但是我国大豆最大的产区还是在黑龙江及其附近省份，且该地区具有更长久的种植历史，种植经验更为丰富，值得各地区学习和借鉴。

4.3.1　强化土地资源运用，实现大豆产业复兴

要实现大豆产业复兴，首先要解决的是土地问题，土地问题解决不好，我国大豆科研水平再高，大豆的生产水平也会因单位面积产量有限而难以提高，也不能实现规模化、集约化生产。我国陆地面积约960万平方千米，约144亿亩，除去园林、建筑用地等，还有大面积的盐碱地等土地不适合一些作物的生长，可用耕地面积仅有19.179亿亩。四川农业大学教授杨文钰曾说："按如今平均产量130千克/亩计算，若想实现一亿吨大豆的进口替代，还需7.69亿亩的土地来种植大豆，在不与其他粮食作物争地的条件下，是很难实现的。"① 四川也是如此。四川耕地面积约为1.0084亿亩，除去水稻、小麦、玉米、红苕以及其他作物所占土地，剩下的大豆种植面积并不大，2021年，四川大豆种植面积仅有665.1万亩，更应该协调好土地利用。而黑龙江省土地面积广阔，可耕地面积2.579亿亩，是四川省的两倍以上，其中，大豆种植面积高达6850万亩，更是超过四川9倍，且又具有土壤肥沃的优势，所以其大豆种植具有规模效应。因此四川等耕地面积并不广阔的大豆种植地一方面应该提高土地资源利用率，可以借鉴各大豆主产区的大垄双行、品字形等新型种植方式，推动农村土地流转，提高作物产量；另一方面应充分挖掘后备潜力，开垦荒地，在盐碱地可以种一些高粱、向日葵等耐盐碱作物，节省出的土地可以种植大豆等其他作物，除此之外，还可以培育耐盐碱大豆品种，或者实行"藏粮于技"方案，比如各地的大豆+小麦间作、大豆+玉米间作、果树+大豆间作等。

---

① 陈健，王建. 提高大豆自给率，面临哪些挑战？[EB/OL]. (2022-03-28) [2025-03-28]. https://lw.news.cn/2022-03/28/c_1310531535.htm.

此种方案效益显著，既增加了大豆种植面积，又不占用其他作物的用地，还能实现稳粮食、增大豆的目的，进而实现大豆产业复兴。

4.3.2 扩增轮作间作范围，做到用地养地结合

作物所需营养成分不同，有着不同的需肥规律，如果采用合理的轮作间作方式，可以使各种主要的营养要素得到充分的吸收利用，并且保证土壤中营养元素之间保持平衡，不仅可以提高作物产量，还可以改良土壤结构，提高土壤肥力，节省化肥投入，还有利于控制和减少某些病害的发生，更有助于生产绿色生态食品。黑龙江和内蒙古实行春大豆与春玉米隔年种植，河南和安徽部分地区是大豆与小麦轮作。由于不同作物生物学特性不同，吸收的养分不一样，此种轮作模式的采用，可改善土壤生态环境，有效调节土壤肥力，而且不同作物生长后残留的秸秆、落叶可以补充土壤有机质，从而减少化学肥料的投入，还能减轻病虫危害，提升大豆产量，促进大豆产业的发展。我国其他地区也采用了类似模式，比如黄淮海地区也采用夏大豆与夏玉米轮番种植，还有长江中下游实行的水稻、油菜、大豆等轮作。四川作物也采用了轮作种植技术，比如之前水旱轮作是四川最主要的稻作方式之一。四川省目前主要采用的是大豆+玉米带状套作模式，虽然有所不同，但是都是利用两种作物的不同生长特性来提高产量，其中水稻等作物的轮作方式具有相同的经验可用于四川大豆种植借鉴，也可探索更有利于高产的大豆轮作方案，做到用地与养地相结合，实现大豆产业复兴。

4.3.3 提升育种创新动力，带动大豆产业转型

大豆产业的发展离不开种质资源的培育与选择，20 世纪 20 年代我国就开始了大豆育种工作。黑龙江、内蒙古种植产量居全国第一位、第二位，且保持稳定增长状态，除去自然环境等独有的优势，都离不开当地政府、科研机构等对大豆种质的研发，培育出适应本地土质、气候、地形条件的特色转基因大豆、高蛋白质大豆。而且除去培育高产、抗病虫的大豆新品种外，大豆种子的商品化率不断提高，品种更新换代加快，加上国家新发布的大豆增产计划，各地更要重视大豆品种的培育。黑龙江的大豆育种处于全国领先水平。早在 1982 年，黑龙江省农业科学院就建立了寒地作物种质资源库，保存大豆作物等种质资源 5 万余份。内蒙古为选出一批适

宜内蒙古种植的玉米、大豆等农作物新品种，建立了 60 个"看禾选种"平台。2022 年，四川省为了保证完成大豆增产的目标，国家现代农业产业技术体系四川豆类杂粮创新团队已然积极筛选出优质大豆品种，还育成豆类新品种 11 个。四川等地仍需重视抗病、抗旱、抗虫优质大豆的培育，产学研相结合，努力构建新品种选育和良种繁育推广体系，同时可引进其他地区优质大豆，再结合本地条件，对大豆品种进行改良。

4.3.4 发挥大豆政策效能，调动豆农种植热情

大豆补贴是我国长期坚持的一项政策，但是各地对大豆的补贴存在差异，且相较于玉米、小麦等粮食作物，大豆的补贴更低，且大豆的收益也不如其他作物，因此农民对大豆的种植积极性并不高。应进一步统筹大豆、玉米补贴机制，以此来优化大豆的生产结构，通过此项政策，使种植大豆的收益尽量高于玉米，同时除大豆种植的补贴外，更应该全方位对大豆田的基础设施、耕种机械等进行多元化的政策支持，切实考虑劳动成本、农资成本、农业化肥污染等各种影响成本的因素。对此，2022 年四川省首次制定了补贴大豆+玉米带状复合种植专用播种机的政策，进一步推动了带状复合种植示范推广。因为四川山区丘陵地形复杂，大豆播种、机收等的难度高，而且玉米+大豆播种行距、播深、肥料需求各不相同，所以未来四川省更应重视对大豆田基础设施的补贴力度，解决地形限制所带来的农户种植大豆问题。

大豆补贴制度虽然产生了激励作用，但是还存在地区性差异，所以补贴政策的实施应做到因地制宜。一味对大豆进行高额度补贴，不仅可能促使农户不考虑土壤土质，肆意种植大豆来达到补贴标准，而且增加了政府的财政负担。对于地区荒地整治种植大豆和秸秆还田，应该适当给予更多的补贴，鼓励农户积极利用荒地种植大豆。总之，大豆补贴政策应以保护农户收益为中心，逐步推进，加强引导。

4.3.5 加大机械研发力度，促进农机农艺融合

土地集中连片有利于机械化生产，黑龙江、内蒙古等地正是因为拥有这个特点，其大豆种植机械化程度高于其他地区，大大提高了大豆种植的效益。而包括四川在内的中国很多其他地区大豆主要种植于丘陵地区，地形复杂，地块小且不集中，耕作难度大，现有大型机械很难被用于丘陵山

地耕作，因此很多地方大豆种植机械化程度低。目前，为了获得更多的收入，农村年轻劳动力大都进城打工，农村劳动力缺乏，近年主要推行大豆+玉米带状复合种植，一般采用的是"2+4"模式，即2行玉米与4行大豆复合种植，此前的播种机、打药机等农机具都不能很好地适应这种模式，特别是植保作业，由于两种农作物使用的农药、肥料皆不相同，需要同时作业又不能交叉污染，机械化作业遇到了瓶颈。现在已经研发出部分配套的机械设备，但是仅适合集约化、大规模大豆+玉米种植使用，而且价格偏贵，远远高于种植大豆所获得的收入，不适合农户小规模种植使用。因此，四川省急需研发一批适合大豆+玉米带状复合种植的配套机械，尽快实现批量生产，补齐全面精准机械化生产短板，同时应加强对农户进行农技、农机等的培训工作。农机农艺相结合是农业机械化的必由之路，所以应改变农户传统生产观念，采用先进新农艺，并整合农机、农业、综合开发和土地整理等项目。未来机械的研发更应结合当地种植实情，而不论是玉米+大豆带状复合技术种植方式还是其他种植模式，都要与农机相结合并适时调整。政府专家团队也要发挥示范带动作用，推进农机农艺的融合。

4.3.6 发展大豆精深加工，推动乡村三次产业融合

从全国大豆加工形势来看，我国大豆加工企业存在严重的边缘化问题，而且豆制品加工企业分散，主要的豆制品加工企业分布于华东、华中和东北地区，除了九三集团等少数几家竞争力较强的企业，大部分大豆加工企业存在小、散、弱的特点，经营异常困难。虽然我国的大豆加工产业取得了良好的成绩，但是从现实来看，我国大豆深加工技术、装备还不够成熟，发展精深加工业、延长产业链、提升大豆产业整体附加值、提升价值链具有较大的发展潜力。在乡村振兴背景下，各地都以本村特色产品为着力点，发展经济型小城镇或特色小镇，可实现增收共富的目的，以产地大豆为原料，生产特色大豆制品，实现从外销大豆原料到外销大豆加工产品转变。大豆种植产业的发展，离不开大豆的加工与销售，豆农种植要保证有路可销，因此要逐步推进实现乡村三次产业融合，这既有利于大豆产业可持续发展，又可拉动本村、本县经济循环发展，为乡村共同富裕开辟一条崭新的道路。全国人大代表郭成宇在2022年的两会上也建议：充分发掘国产大豆食用价值，大力发展豆奶等符合现代消费需求的大豆精深加工

产业，从需求侧反哺供给侧，实现种植、生产和消费端同步升级。大豆产品实现精深加工至关重要。随着消费结构的不断升级，未来大豆加工企业要不断适应新的形势，激发新动能，不断探索创新，提升大豆高质量发展水平。

4.4　本章小结

中国大豆种植历史悠久，已经超过 5 000 年。在 20 世纪 60 年代之前，我国大豆种植面积、总产量都居于世界首位。但是随着我国对大豆的需求增加，加上其他作物、建筑设施等对土地的占用，目前大豆处于供不应求的状态，我国大豆消费主要依靠进口。我国政府十分重视大豆产业的发展，各大豆研究机构不断利用生物科学技术培育优质大豆品种，政府出台了多项政策，并发放补贴来鼓励豆农种植大豆。

由于我国地形、气候多样，各地经济发展水平参差不齐，各省份大豆发展水平不一，虽然诸如黑龙江、内蒙古等省份的大豆产量可观且品质优良，但是全国大豆产业总体水平还不高。因此，其他适合大豆生长而产量不高的省份，可借鉴黑龙江、内蒙古、安徽等省份的大豆种植生产经验。

四川省近年来大豆生产发展较快，已然从大豆产量在十名之外跻身中国大豆产量五大主产省份之一，产量也从 21 世纪初的 38.6 万吨增长到 2021 年的 104.4 万吨。这与当地地理环境、政策扶持、经济发展、大豆研发等息息相关。四川大豆也有其独有的种植特色，即大都种植于丘陵地区，采用的是当前推行的大豆+玉米带状复合种植技术，此种种植技术大大提高了四川大豆的产量。

但是不可否认的是，四川大豆产业发展还存在不足，就自然环境来说，四川夏季高温，极易造成大豆株苗旱死。四川多山地丘陵地区，大豆也主要种植于丘陵地区，丘陵地区地块小而分散，与黑龙江等地的平原相比，肥力不足，且灌溉不便。四川省近年来虽对大豆品种进行过多次研发培育，但是部分地区大豆生长过程中仍易遭受病虫害威胁，影响大豆产量。四川大豆生产机械化程度还无法完全满足大豆+玉米带状复合种植技术的需要，一方面是因为之前的机械不适用于此种种植方式，必须进行新的研发；另一方面是虽然已经研发出部分大豆+玉米带状复合种植的配套机械设施，但是价格偏贵，而四川省农户种植大豆多为小规模生产，大豆种植的收入难以补偿新设备的投入。纵观四川省的大豆加工业，虽然统计显示有200余家，但是大都是小微企业或者个体化小作坊，真正大型专业的大豆加工企业还不多见，且没有像北大荒之类大型企业，最近几年更是因为疫情冲击等原因，多家大豆加工企业已停业注销。

为了更好地发展四川大豆产业，四川仍需借鉴黑龙江、内蒙古等地的经验和教训，比如强化土地资源运用、扩增轮作范围、做到用地养地相结合、构建大豆育种体系、更好发挥大豆补贴政策效能、提高机械研发力度、促进农机农艺融合、发展大豆精深加工、带动大豆产业转型升级等措施，从而提高四川大豆产量，为国家粮食安全贡献更多。

5 四川大豆种植业发展战略分析

5.1 四川大豆产业的地位

近年来居民对大豆消费的需求日益增加，供不应求，我国从大豆净出口国变成大豆净进口国，加之受中美贸易摩擦的影响，我国在 2019 年制定了"大豆振兴计划"。因此，促进四川大豆产业发展对我国粮食安全有着重要的作用。

5.1.1 四川发展大豆产业的重要意义

中国是世界上大豆需求量最大的国家，每年对大豆的消耗量很大，中国人对于大豆的消费主要是将高蛋白质大豆制作成豆制品食用和将高脂肪大豆进行加工提炼豆油。中国自古以来就是一个农业大国，在 1996 年以前，我国是大豆净出口国家，但从 1996 年起，中国大豆贸易迎来了一个新阶段，对大豆的需求增加，本土大豆产量不足，我国大豆的进口数量从 1995 年的 30 万吨增至 1996 年的 111.4 万吨，增加了 81.4 万吨，增长率为 271.33%。我国大豆的出口数量下降了，1995 年我国大豆出口数量为 38 万吨，而到了 1996 年，我国大豆出口数量降至 19 万吨，下降了一半[①]。

为什么在 1996 年后我国大豆进口数量大幅上升，而出口数量大幅下降？主要有以下原因：

原因之一，玉米与大豆具有高度重合的种植区域，而且作为大豆的主产区，东北地区农作物每年基本只能收获一茬，这意味着，如果东北地区

---

① 新农观. 1996 年，中国从大豆净出口国变成净进口国！那一年发生了什么？[EB/OL].（2022-08-10）[2025-03-28]. https://www.sohu.com/a/575546449_120950003.

种了玉米就无法再种大豆了，而种了大豆就不能种植玉米。然而与大豆相比，玉米在国内具有更高的经济价值。首先，玉米有着"饲料之王"的称号，是农村重要的饲料用粮，以玉米为主要成分的饲料，具有很高的营养价值，每 2 到 3 千克的玉米饲料就能提高牲畜 1 千克重量。其次，玉米也是重要的工业原料，将玉米应用于石油化工技术当中，利用玉米进行无水乙醇的生产，可生产出纯度在 99.5% 以上的无水乙醇，将无水乙醇与汽油进行混合，能够使汽油燃烧更充分，减少一氧化碳和二氧化硫的排放，从而改善大气环境。最后，一部分玉米可以加工成玉米食品或直接被食用。由于玉米的经济效益高，自然而然会有更多的人选择种植玉米，这样就会导致大豆的种植面积大幅度下降。到了 1996 年，我国大豆的种植面积较上一年下降了 984 万亩，玉米的种植面积大幅增加。与 1995 年相比，1996年玉米的种植面积增加了 2 584.5 万亩。大豆种植面积的大幅度下降直接引起大豆产量的大幅度下降，从而导致我国大豆出口量下降，进口量大幅增加。

原因之二，大豆中含有丰富的蛋白质，我国为了增强城乡居民体质以及使中小学生能够健康成长，在 1996 年开始实施"大豆行动计划"，该计划主要是为城乡居民及中小学生提供优质的大豆加工制品。当时有一句口号"一把蔬菜一把豆，一个鸡蛋加点肉"，这也意味着我国在基本解决人民温饱需要之后，开始关注人民饮食的营养和健康，这就为大豆的发展提供了一个契机。从这一年开始，我国居民对大豆的需求量和消费量大幅提升，我国从大豆净出口国变成了大豆净进口国，并且此后大豆的进口数量逐年上升，成为世界最大的大豆进口国。2001 年，我国加入世界贸易组织（WTO），我国经济开始与世界接轨，同时我国对三大主粮即水稻、玉米和小麦实行进口配额管理政策，该政策的目的是实现三大主粮自给自足，只有少量依靠进口调剂。也正是该政策的实施，使得我国越来越依赖进口大豆。从 2003 年起，我国开始进口外国的转基因大豆，且进口数量逐年增加。2015 年，我国大豆进口量达到了 7 835 万吨，约占全球大豆进口总量的 63.4%，此时我国的大豆进口数量是我国大豆产量的 6 倍。2017 年，我国全年进口的大豆数量达到了 9 554 万吨，进口大豆的平均数量高达 70 千克/人。2020 年，我国大豆进口量达到了 1 亿多吨。自 1996 年以来，我国大豆产量严重不足，无法满足百姓的需求，成为农业发展的一大难题。四川同全国一样，每年大豆需求量巨大，但与之相对的是产量过低，大豆供给不足，严重依赖进口，大豆的产出与需求成为一个十分尖锐的矛盾。为了满足人们对大豆的消费需求，大力发展四川大豆产业，对四川经济的发展具有非常重要的意义。

第一，发展大豆能够满足居民对食用高蛋白质大豆的需求。四川人民对大豆的需求量巨大，在日常生活中我们经常能看到四川人民利用大豆烹制各种菜肴和甜品，如豆浆、豆腐、豆花等。据统计，四川人民每年的高蛋白质食用大豆缺口达到了50万~60万吨，榨油用的油大豆缺口更是达到600万吨以上。但是2010年以前，四川全省每年仅仅能生产60万吨左右的大豆，相较于四川人民对大豆的需求量，每年60万吨的大豆产量显得杯水车薪①。而且，四川大豆不同于东北大豆，四川大豆的蛋白质含量更高，是中国高蛋白质大豆主产区。因此，扩大四川大豆种植面积，提高大豆产量，能够满足四川省本土市场对高蛋白质食用大豆的需求。

第二，发展大豆既能保证农业生态安全又有利于农业可持续发展。首先，在土地还没有种植大豆的时候，土壤中的根瘤菌只能依赖枯枝烂叶等生存。但当我们在土壤中播种了大豆之后，大豆生根发芽，茁壮成长。在这一过程中，大豆会分泌出一种特殊的蛋白质，这种蛋白质能对根瘤菌产生吸引力，使根瘤菌立即附着到大豆的根部，与大豆的根相结合，形成共生关系。根瘤菌具有很强的固氮能力。有科学家推算，全球每年由根瘤菌固定空气中的氮素相当巨大，相当于26 180万吨硫酸铵氮肥。如果一个化肥厂能年产3 000吨的硫酸铵氮肥，那么为了生产这些氮肥，就要建立87 266个化肥厂。但是如果在农田中套种大豆，每年可因根瘤菌从而减少大量施氮肥，就会进一步减少农民的开支②。其次，在大豆生长的过程中，根瘤菌会把空气中的氮气转换为氮素，这些氮素能够被绿肥作物利用。一株大豆苗就相当于一个小的肥料加工厂，当大豆成熟之后，大豆就会通过整株还田的方式，会把所含的氮素全部返还到土壤当中，提高土壤中有机质和氮素的含量，使土壤变得更肥沃。最后，大豆还具有防治病虫害等方面的作用。因此，种植大豆不仅能够培肥地力，而且有利于农业生态安全和农业可持续发展。

---

① 王成栋，张明海. 川观新闻·深度丨供需缺口那么大，四川大豆自给率咋提升？［EB/OL］.（2019-11-05）［2025-03-28］. https://cbgc.scol.com.cn/news/191909.

② 侯海军. 你知道土壤中根瘤菌的作用吗？［EB/OL］.（2015-07-14）［2025-03-28］. https://www.cas.cn/kx/kpwz/201507/t20150714_4393012.shtml.

第三，发展四川大豆可防止被"卡脖子"。提到我国大豆产业的发展，不得不提到在 2003 年和 2004 年经历的那场"大豆风波"事件，也正是因为这场"大豆风波"，我国国内大豆市场受到了外资的把控。2003 年，在距离美国大豆上市还有一个月左右的时候，美国农业部突然声称因为天气的影响，预计美国大豆的产量将会大幅度下降，可能会降到历史新低，同时美国农业部还将大豆的库存数量下调到近 20 年来大豆库存数量的最低点。这一举动引起了我国国内大豆市场的恐慌，产量下滑，供给减少，随之而来的就是大豆价格的上涨。正如预料的那样，在金融操盘手的操纵下，大豆价格一路疯涨，大豆价格创造了 30 年来的新高。殊不知一场背后的"阴谋"正在悄然开始。我国国内的加工厂和企业发现大豆价格猛涨，瞬间就慌了，于是许多工厂和企业就开始大量囤积大豆，据统计，当时我国企业囤积大豆数量达到了 800 多万吨。但是在美国大豆上市之后，美国农业部迅速调高大豆的库存，原来美国大豆产量不仅没有受到任何损失，反而大豆的产量还创造了历史新高。在这个时候，金融操盘手们又开始联手大量抛售大豆，结果可想而知，大豆价格疯狂下跌，因此许多工厂和企业遭受了很大的损失，有的工厂和企业直接面临破产倒闭，而剩下的工厂和企业也奄奄一息。就在这个时候，国际四大粮商①趁火打劫，它们低价收购那些濒临破产的企业，并且提出了一个别有用心的要求——工厂和企业对大豆的采购权，要掌握在它们手里，这意味着它们有权决定工厂和企业采购谁家的大豆。就这样，经过这一场风波，我国粮油市场受到了外资的侵袭。正是在那一年，我国农产品贸易首次出现了逆差，与这场"大豆风波"不无关系。在这种情况下，粮食安全问题显得尤为重要。作为农业大国，我国口粮产量一直都能满足人民的需求，口粮自给率达到了 95% 以上，但是我国大豆产量却无法满足人民的日常需求，仍然高度依赖进口。为了避免我国大豆被"卡脖子"，2019 年，农业农村部重新启动了"大豆振兴计划"。四川大豆作为我国大豆振兴计划的重要组成部分，大力发展四川大豆能够在一定程度上减少我国对进口大豆的依赖，能在一定程度上防止大豆被"卡脖子"。当今大豆等作物与芯片有着同等地位，已经成为大国博弈的重要筹码，也成为中国发展的一道障碍，我国多次强调"要将提高大豆和其他油料作物产量作为 2022 年必须完成的重大政治任务"。因此，四川大豆的发展符合国家农业发展的方针。

---

① 四大粮商：当今掌握全球粮食运销的是四家跨国公司，即美国 ADM、美国邦吉、美国嘉吉、法国路易达孚，业内称之为"四大粮商"。

5.1.2 四川大豆产业发展势头强劲

过去四川并不是大豆的主产省份,但四川拥有独特的地理位置和气候条件,培育出了丰富的大豆资源。目前,在我国大豆品种资源目录中,四川大豆地方资源达到了 2 000 多份,居全国第二位。如表 5-1 所示,2000年,四川大豆种植面积 254.4 万亩,居全国第 16 位;2005 年种植面积 319万亩,居全国第 13 位;2021 年种植面积达到 665.1 万亩,居全国第四位。四川大豆产量从 2000 年的 37.4 万吨、全国第 12 位上升到 2010 年的 61.1万吨、全国第 7 位;2021 年大豆产量达到了 104.4 万吨、全国第三位。从2000 年到 2021 年,四川大豆种植面积上升了约 161.44%,大豆产量上升了 171.14%。由此可见,四川大豆无论是在种植面积上还是在产量上,都呈快速增长态势,四川大豆在我国大豆产业中的地位变得举足轻重,已经成为我国大豆产业的重要组成部分。

表 5-1　2000—2021 年四川大豆种植面积及产量

年份	面积/万亩	居全国位次	产量/万吨	居全国位次
2000	254.4	16	37.4	12
2001	281.1	15	38.6	12
2002	290.6	15	42.5	11
2003	302.3	13	46	10
2004	301.4	13	49.1	9
2005	319.1	13	52.6	7
2006	307.9	9	40.3	8
2007	328	7	49	7
2008	344.7	7	50.7	7
2009	365.4	6	57.3	7
2010	391	6	61.1	6
2011	414.6	6	66.2	6
2012	428.3	5	68.8	5
2013	443.1	5	69.1	5
2014	468.6	5	74.5	4
2015	494	5	77	4
2016	526	4	80.5	4
2017	554	4	85.9	4
2018	565.5	5	88.8	5
2019	603	4	94.7	5
2020	649	4	101.2	3
2021	665.1	4	104.4	3

数据来源:笔者根据公开资料整理。

根据我国大豆生产的阶段性特征，本书选择五个有代表性的年份，分别是 2000 年、2003 年、2008 年、2014 年、2018 年，针对这五年四川大豆的发展变化进行更详细分析。在 2000—2021 年这 22 年之间，从 2000 年我国大豆以黑龙江、内蒙古和山东为主要产区，到 2021 年四川也成了大豆主产省份之一，空间上的大豆产量变化呈现出"东北集中，西南扩散"态势，但各地区之间的大豆产量仍存在较大差距。具体来看，在 2000 年，东北区域作为大豆生产的主力军，其产量遥遥领先于其他区域，其中最有代表性的是黑龙江，其大豆产量遥遥领先于其他各省份；在 2003—2007 年之间，国家对大豆实行补贴政策，各省份的大豆产业都得到了不同的发展，其中东北区域的大豆产量始终领先于其他区域，内蒙古的大豆产量也得到了增长，相较于以上两个省份，四川大豆产量呈波动式增长且增长缓慢；在 2007 年，黑龙江、吉林、辽宁及内蒙古四省份的大豆产量占全国总产量的 50% 以上；在 2008—2014 年之间，四川加大了对大豆产业的扶持力度，扩大了大豆的种植面积，从 2000 年的全国第 16 位上升到全国第五位，随之而来的就是四川大豆产量的快速上升，此时四川成为我国大豆产业的新生力量。过去几年内，中国的大豆主产地主要集中于东北、长江流域以及黄淮海和西南各区域，其中东北与长江流域的生产潜力较大，相较之下，黄淮海区域的生产潜力则相对较小。作为西南地区大豆生产的主力军，四川省后来居上，基于"十三五"规划和乡村振兴战略，抓住了国内大豆发展转变过程中的机会，扩大了大豆种植面积，提高了大豆产量，对大豆种植进行技术创新，大力发展大豆产业，在大豆产量和播种面积上双双翻倍，首次全国增长速度名列榜首，成为国内大豆产业不可忽视的力量。

5.2　四川大豆的生产优势

　　依托国家大豆振兴计划，2022 年四川大豆发展势头强劲，拥有优秀的大豆科研团队，还研发出新的大豆品种。此外，近年来四川大豆的种植面积和年产量快速增加，成为我国大豆主产省份之一，为我国大豆产业的发展做出了巨大贡献。

5.2.1　拥有强大的科研团队

　　四川省有优秀的大豆科研团队，包括南充市农业科学院、四川农业大学等。

南充市农业科学院大豆研究所从事大豆研究始于 20 世纪 90 年代。经过近 30 年的发展，南充市农业科学院大豆研究所已经成为我国西部地区研发实力雄厚的科研单位，在耐阴套作大豆和超高蛋白质大豆品种选育两个方面居于国际领先水平。

　　2021 年底，南充市农业科学院大豆研究所有科技人员 10 人，其中研究员 2 人、副研究员 2 人，助理研究员 2 人；博士 2 人，硕士 4 人；国家产业技术体系试验站站长 1 人，四川省创新团队岗位科学家 1 人，四川省农作物审定委员会副主任委员 1 人，四川省学术及技术带头人后备人选及南充市学科带头人 1 人、南充市果州万人计划入选者 2 人。

　　南充市农业科学院大豆研究所现已培育成功大豆新品种 41 个，其中国家审定品种 2 个（"南豆 5 号""南豆 11 号"），农业部主导品种 2 个（"南豆 12 号""南夏豆 25 号"），四川省主导品种 5 个（"南豆 5 号""南豆 8 号""南豆 12 号""南黑豆 20 号""南豆 22 号"）。其中育成强耐阴超高蛋白质品种 5 个："南豆 12 号"粗蛋白质含量 51.79%，"南豆 14 号"粗蛋白质含量 50.84%，"南豆 16 号"粗蛋白质含量 50.28%，"南黑豆 20 号"粗蛋白质含量 50.70%，"南夏豆 25 号"粗蛋白质含量 50.09%。"南豆"系列品种在四川、重庆及我国南方地区累计推广种植面积达 5 200 万亩，新增粮食 5.8 亿千克，新增社会效益 29.14 亿元。南充市农业科学院大豆研究所为农业增效、农民增收做出了重大贡献。

　　南充市农业科学院大豆研究所目前已获成果奖共 13 项，其中获省部级成果奖 7 项："玉米大豆带状复合种植技术体系创建与应用"成果获 2019 年度四川省人民政府科技进步一等奖；"超高蛋白质抗倒高产大豆新品种选育与应用"成果获 2019 年度四川省人民政府科技进步二等奖；"耐阴高产高蛋白质套作大豆新品种选育及配套技术研究与应用"成果获 2014 年度四川省人民政府科技进步二等奖和 2015 年度农业部中华农业科技二等奖；"突破性高产优质大豆新品种'南豆 5 号'的选育与应用研究"成果获 2008 年度四川省人民政府科技进步三等奖；"绿豆新品种'南绿 1 号'选育与应用"成果获 2002 年度四川省人民政府科技进步三等奖；"亚蔬绿豆鉴评、创新与应用"获 1999 年度农业部科技进步三等奖[①]。

---

　　① 佚名. 大豆研究所［EB/OL］.（2021-07-07）［2025-03-28］. http://www.ncnky.cn/onews.asp？ID=711.

5.2.2　拥有具有竞争力的大豆成果

在四川省重点项目和国家相关项目的支持下，四川省耐阴高产且超高蛋白质大豆品种的选育和研究处于国际领先水平。如表 5-2 所示，在 2022 年，四川审定通过了多个大豆新品种，由此可见四川省在大豆新品种的培育上具有较高的水平。农业农村部龙头品种"南豆 12 号"和"南夏豆 25 号"具有很强的耐阴性，含有丰富的蛋白质，也具有高产量的特点，目前已推广栽培。同时，周春彦等人根据丘陵地区的特点，开发了适用于当地的大豆生产机械化全程操作技术和实用的大豆人工播种技术，保留了四川及华南地区大豆生产的高水平成果和技术。

表 5-2　2022 年四川省第一批主要农作物审定品种

序号	作物	品种名称	品种来源	育种者
1	大豆	南春豆 43 号	南豆 5 号/南豆 7 号	南充市农业科学院
2	大豆	齐黄 34 号	诱处 4 号/8657316	四川省农业科学院经济作物育种栽培研究所
3	大豆	川豆 155 号	辽豆 15 号/K 丰 74-1	四川省农业科学院、铁岭市维奎大豆科学研究所、开原市雨农种业有限公司
4	大豆	南春豆 41 号	南豆 5 号/9605-1-5	南充市农业科学院
5	大豆	贡春豆 27 号	天隆 1 号/浙 57001	自贡市农业科学院
6	大豆	川农夏豆 1 号	南 F044 号/简阳黄豆	四川农业大学
7	大豆	贡夏豆 18 号	贡秋豆 4 号/贡秋豆 5 号	自贡市农业科学院
8	大豆	贡夏豆 46 号	南农 513 号/通 9806-6	南充市农业科学院
9	大豆	贡鲜豆 4 号	贡豆 22 号/K 丰 74-3	自贡市农业科学院
10	大豆	川鲜豆 4 号	奎鲜 1 号/沪 29-9-3	四川省农业科学院、铁岭市维奎大豆科学研究所、开原市雨农种业有限公司
11	大豆	浙农 2 号	浙农 8 号/JP-3	浙江省科学院蔬菜研究所、四川省农业科学院经济作物育种栽培研究所

资料来源：笔者根据四川省农业农村厅 2022 年公开资料整理。

此外，在地方开展技术培训时，自贡市农业科学院大豆育种专家杨华伟向村民推荐了一种耐阴性很强，适合间种套作的大豆品种，即"贡秋豆5号"。"贡秋豆5号"是热带亚热带高蛋白质品种的夏大豆，夏天播种平均生育期为103天。"贡秋豆5号"的株形是半开张形，有限结荚习性。它的株高可达0.57米并且主茎的节数为13.6节，有效分枝2.0个，其底荚的高度为0.169米，单株有效荚数34.6个，单株粒数63.3粒，单株粒重量为15.9克，百粒重量为26.9克。"贡秋豆5号"的籽粒呈椭圆形，种皮呈黄色、微光，种脐呈黑色。接种鉴定，中抗花叶病毒病①15号株系，抗花叶病毒病18号株系。籽粒粗蛋白质含量45.46%，粗脂肪含量19.89%。自贡市农业科学院自主开发的"贡秋豆5号"，已于2017年成功通过国家级品种审查，取得了四川省首个夏季种植大豆获得国家级别认证的成就，其特性包括产量高、蛋白质含量高、适合多种混作方式以及强大的环境适应能力等。自贡市农业科学院研发的"贡豆"系列和南充市农业科学院研发的"南豆"系列，在四川省的大豆种植规模扩张和产量提升中起到了极为关键的品种支持作用。

　　四川省气候条件温和，雨量充沛，太阳辐射适宜，昼夜温差较大，夏季气温较高，冬季气温较低，这种气候条件非常有利于大豆的生长。大豆种子发芽的最佳温度为25 ℃左右，这就要求种植地的气温在15 ℃~30 ℃之间。四川地区适应大豆种植的条件极佳，尤其是适宜通过混合耕作的模式进行栽培。对于"南豆"系列的"南夏豆30号"属于夏大豆的晚熟品种。夏季播种的作物平均生长周期达124天，植株的平均高度为69.5厘米，一般主茎上有16.2个节点，分枝平均有3个，每棵植物平均能结出38.6个成熟的果荚，而且整体上，单株拥有61.5个果荚。成熟的果荚呈棕褐色，果荚完整，脱落好，粒型椭圆，百粒重26.6克，完全粒率

---

　　① 花叶病毒病：由蚜虫传播的一种在植物上寄生的病毒所引起的病害。花叶病毒病和坏疽（环斑）花叶病通常在同一植株上作为并发症发生，危害十分严重。花叶病毒病，最初表现为叶片部分或整体萎蔫，呈黄白色斑驳的花叶状，并出现皱缩。由大豆花叶病毒（Soybean Mosaic Virus，SMV）引起的花叶病是危害我国乃至世界大豆种子产量和品质的重要病害之一，该病害也是我国大豆品种审定环节中的必检病害，且品种"感病一票否决"。发掘和利用抗病基因、合理布局抗病品种是防控该病害的经济、绿色及有效方法。大豆花叶病在长期与寄主、环境互动过程中发生致病性分化。我国目前SMV分化为22个株系，其中，SC9是我国南方大豆产区的优势株系，且为强毒株系，可侵染10个鉴别寄主中的9个，对大豆生产危害较大。因此，发掘大豆对该株系的抗病位点、找到抗病基因并加以利用至关重要。

91.5%。经过对"南夏豆 30 号"SMV 系列的药物耐受性评估，我们发现 2016 年该系列中 SC3 变种的患病比例达到了 63.86%，其病情严重程度指标为 26.57，显示出中等的抗药性。同年，SC7 变种的感染率为 66.72%，其疾病严重度评分为 31.28，抗药性同样判定为中等。2017 年，"南夏豆 30 号"经 SC3 接种后的发病率上升到了 71.26%，而疾病严重度指标攀升至 36.91，显示出中等的药物抵抗力。然而，接种 SC7 后的感染率飙升至 100%，疾病严重度指数更是高达 57.97，表明其对药物极为敏感。纵观两年度的数据，"南夏豆 30 号"针对 SMV 的 SC3 与 SC7 敏感系列的耐药性表现出显著的年际波动，这可能与四川地区在大豆生长季节高温多湿的气候条件密切相关。2016 年，"南夏豆 30 号"含蛋白质 51.6% 及脂肪 16.7%，蛋白质与脂肪的总占比为 68.3%。2017 年，其蛋白质含量降至 48.6%，脂肪含量增至 18.3%，二者加总的含量达到 66.9%。"南夏豆 30 号"属于优质和超高蛋白质品种，蛋白质含量比普通大豆品种高 10.1%～11.6%，比高蛋白质的大豆品种高出 5.1%～6.6%[①]。

我们致力于推广"南夏豆 30 号"这一优良大豆品种，它比现有的主流作物"公选 1 号"等本土变种成熟得更早，约提前 10 天，通常在每年 10 月的月半时分即已成熟，其豆粒丰满并且成熟度较高，非常适合运用机械进行收割。这样的品种不仅能够迎合豆制品加工行业对高蛋白质、效益良好大豆的需求，同时也是复兴四川大豆产业的有力支持。

如表 5-3 所示，2021 年，四川的相关团队培育了 11 个豆科作物新品种，研究、集成、示范和推广了一系列豆科作物生产技术，通过果园间作大豆获得显著效益。2022 年，该团队已经对 1 311 个豆科作物包括但不限于大豆、蚕豆、绿豆和豌豆资源进行了收集和评估，并培养出 162 个新的品种组合，这些新品种兼具高品质、高产量和适应阴凉环境的特性。同时，四川的相关团队还成功研发了 11 个新型水稻和蚕豆品种，其中包括 6 个适合南方夏季种植的大豆新品种、2 个名为"成胡 24 等级"的蚕豆新品种以及 3 个被命名为"川渝绿 1 号"的绿豆新品种。

---

① 相关数据由笔者通过公开资料整理获得。

表 5-3　2022 年四川省第一批大豆审定品种

序号	作物	品种名称	审定编号
1	大豆	南春豆 43 号	川审豆 20220001
2	大豆	齐黄 34 号	川审豆 20220002
3	大豆	川豆 155 号	川审豆 20220003
4	大豆	南春豆 41 号	川审豆 20220004
5	大豆	贡春豆 27 号	川审豆 20220005
6	大豆	川农夏豆 1 号	川审豆 20223001
7	大豆	贡夏豆 18 号	川审豆 20223002
8	大豆	贡夏豆 46 号	川审豆 20223003
9	大豆	贡鲜豆 4 号	川审豆 20223004
10	大豆	川鲜豆 4 号	川审豆 20223005
11	大豆	浙农 2 号	川审豆 20223006

资料来源：四川省农业农村厅关于第五十九次农作物品种审定结果的公告（2022 年第 004 号）。

5.2.3　耕地面积大，增长速度快

根据四川省第三次全国国土调查主要数据公报，四川省耕地面积为7 840.75 万亩，其中旱地 4 359.33 万亩[①]。在旱地种植模式中，主要为玉豆、油豆、麦豆、柑橘幼林间作和单季大豆模式。大豆种植面积潜力在1 000 万亩以上，高蛋白质大豆年产量 120 万 ~130 万吨，能够满足四川本土市场对食用大豆的需求和工厂、企业对豆制品加工的需求。近 20 年来，四川省大豆种植面积在不断扩大。2000 年，四川大豆种植面积仅为 254.4万亩，2010 年扩大到 391 万亩。2021 年，四川大豆种植面积稳步扩大到665.1 万亩。四川大豆种植面积扩大的原因如下：

一是在 2008—2013 年原农业部和四川省各级政府的支持下，随着国家大豆体系新模式、新技术的推广，四川省大豆间作技术迅速发展。

二是 2014—2016 年，大量农村劳动力进入城市，导致农村劳动力严重短缺，间作大豆劳动强度高，间作大豆种植面积急剧下降。

三是 2017 年以来，玉米退出国家政策保护目录，玉米价格低，比较效

[①]　自然资源调查监测处. 四川省第三次全国国土调查主要数据公报［EB/OL］.（2022-01-18）［2025-03-28］. https://dnr.sc.gov.cn/scdnr/scsdcsj/2022/1/18/3e1bc5eb55db44628498b5db740eac5b.shtml.

益差，除了近年来种植业结构的重大调整外，旱地优种等双季新种植制度已成为主要模式。夏玉米种植面积超过玉米种植面积的50%。但由于夏季高温、秋季干旱、连续降雨等不利天气，夏玉米产量不稳定，产量不高。因此，许多农民转向种植大豆。新的双季种植制度，如油豆和小麦豆已经出现，大豆单一种植面积迅速扩大。

四是从2019年起，政府对四川农民给予大豆种植补贴政策，大大提高了四川农民种植大豆的积极性。

5.2.4　气候条件独特

四川具有盆地气候特征。在大豆生长期间，夏秋多雨，光照条件差，昼夜温差小。大豆种子发育期的生长温度影响成熟籽粒的蛋白质含量。大豆蛋白质含量随温度的升高而增加。高凤菊在《影响大豆蛋白质形成和积累的因素研究》中提到，"在温度超过28℃时，蛋白质随着温度的提高而直线上升，但超过35℃时蛋白质含量下降。成熟籽粒中的高蛋白质含量是在高温（31℃）条件下获得的，而种子发育过程中快速的蛋白质积累是在中温（24℃）条件下获得的。24℃是蛋白质积累的最佳温度。而蛋白质合成的最低温度是25℃"。四川的气候条件有利于大豆蛋白质的形成和积累。四川大豆的蛋白质含量比中国其他地区高2到3个百分点。四川是中国高蛋白质非转基因大豆的主要产地。

5.2.5　大豆种植模式新，积极推广新品种

近年来，四川大力推广"大豆+玉米"套作种植技术，这为四川大豆产量的提升提供了巨大的帮助。玉米与大豆套作技术有效利用了两种作物形态和生理功能的互补性，提高了养分的利用效率，能有效避免种植单一作物带来的病虫害，减少了对土壤环境的污染。

首先，从生物学角度来看，它们在形态上属于高秆作物和低秆作物的组合，在物种上属于单子叶和双子叶豆科植物的组合，这种组合模式对光能的利用和营养物质的互补利用是最有利的。大豆+玉米套作种植技术还能确保所有玉米都受到边际效应的有利影响，玉米植株之间的大豆有更多的生长空间。

其次，大豆是一种固氮作物，可以利用空气中的氮，在大多数情况下，它不需要我们施氮。同时，玉米的生长需要氮肥，大豆根部固定的氮

肥可以被玉米有效利用。大豆+玉米联合种植不仅能实现光能的高效利用，还能更好地利用土壤养分，提高土地利用效率和养分利用效率，大豆和玉米的产量和品质都有明显的提高。

再次，在土壤方面，四川长达几十年耕种玉米和小麦，导致土壤养分单方面流失。其主要原因是禾本科作物肥料需求方向单一，使用单一的除草剂，特定病虫害长期积累，威胁农作物生长。土壤中某些营养物质的流失，导致土壤贫瘠，病虫害防治困难，施肥效率大大降低，土壤内部生态系统严重失衡。大豆和玉米套作在土壤改良中起着极其重要的作用。大豆是一种可耕种的作物，它可以改善土壤结构，使土壤变得更松软，从而培养和平衡土壤中的有益菌群。同时，可以去除许多长期固定物质，释放养分，从而消除土壤硬化，平衡土壤 pH 值，减少土壤盐渍化。总之，玉米与大豆套种不仅保证了农业收入的增加，而且提高了化肥的利用率，大大提高了土壤各方面的质量，有利于农业的长期可持续发展。这是一种"1+1>2"的种植模式。

最后，国家现代农业产业技术体系四川豆类杂粮创新团队改进了一系列大豆种植技术，包括青贮玉米+青贮大豆带状间作机械化技术、高粱+大豆套作种植技术、柑橘园间作+大豆综合提质增效技术等。这些种植技术得到广泛推广，目前已成为四川省主要的农业种植技术。该科研团队还在仁寿县、金堂县、西充县等县区建立示范种植基地，该基地的核心示范面积 32 295 亩，技术辐射面积 695 400 亩。豆类与谷物交错种植的混作新方法，即是从经典的套种技术演变而来的。大豆+玉米复合种植背后的想法是利用玉米植物优势，通过让优质高秆作物来扩大对低秆作物的光照空间，这使大豆可以获得更多的光照，从而实现大豆与玉米的复合种植。该种植模式适合机械化操作，是一种作物和谐共生的双丰收种植模式。四川省的仁寿县和荣县这两个县目前正在推行带状种植技术，玉米年产量与当地作物的净产量持平，大豆平均产量分别为 123.6 千克/亩和 129.9 千克/亩，最高年产量为 165.4 千克/亩。柑橘幼林间作模式可使大豆亩产平均增产 120 千克。四川省金堂县是四川省的粮食生产大县，全县全年粮食种植面积 74 万亩①。现在，为了增加金堂县的粮食种植面积和总产量，在推广柑橘套种大豆种植模式的同时，也充分利用了这些套种大豆基地。

---

① 程思瑜. 全国百强县四川金堂交出县域经济高质量发展答卷［EB/OL］.（2023-12-07）［2025-03-28］. https://cqcb.com/chengdu/2023-12-07/5442871.html.

四川大豆品种有"南夏豆25号""贡秋豆5号""南黑豆20号""贡选1号""南豆12号"等。2019年，早熟大豆品种"南夏豆35号"和"南夏豆25号"产量和收入较高，解决了四川大豆长期霉变率高、种子质量差、货源短缺等问题，同时也解决了机械化采收和春茬衔接等难题。早熟高产大豆品种的推广应用，大大提高了农民种植大豆的积极性。晚大豆"南豆12号"和"贡选1号"等本地品种成熟收获期天气晴朗，种子品质好，商品品质好，豆类的价格比往年高出10%左右，大多数种植大豆的农民都获得了好收成。

5.3 四川大豆的生产劣势

5.3.1 良种繁育体系不健全且病虫害严重

第一，为了提高产量，四川多采用间种套作模式，这要求大豆的耐阴性、耐密性、抗倒性极好。目前，四川大豆的一些品种仍存在叶片偏大、分枝较多等问题，这导致在采用套作种植模式后形成荫蔽，通风透光性降低，对作物生长产生不良影响。第二，四川大豆种子繁育依靠科贸种业、同路种业、天美种业3家公司分别开展。由于发展时间较短，三家公司规模较小，种子基地建设落后，生产积极性不高，四川良种繁育发展缓慢。与此同时，大豆原种、原原种基地建设缺失，导致科研院所研发的高产优质良种未能发挥作用。第三，繁育基地均由种业公司自行建设，存在基地繁育条件差、位置不固定等问题。在生产过程中，公司需要承担县、乡、村三级地方人员和种豆农户的补贴，这使豆种的生产成本上升。据调查，四川省现有大豆种子生产基地5个，每个基地面积只有500~1 000亩，全省一共只有5 000亩左右大豆种子生产基地，年产优良豆种仅500余吨，占全省总需求量（3万吨豆种）的1.67%。豆种数量缺乏，不能满足大豆产业发展的需要。此外，四川大豆容易遭受根腐病、豆秆黑潜蝇和蚜虫等病虫害的影响，其中为害最重的是豆荚螟，其危害程度高达60%以上，严重年份甚至会造成绝产无收①。

---

① 梁建秋，冯军冯，曾召琼，等. 四川大豆良种繁育体系存在的主要问题与发展对策［J］. 大豆科技，2020（4）：32-33，36.

5.3.2　豆种成熟期不理想

一方面，在四川大面积生产上，农民使用的品种主要是"南豆 12 号" "贡选 1 号" "南黑豆 20 号"，以及当地地方品种"十月黄"等晚熟品种。"南豆 12 号" "贡选 1 号"具有耐阴性好、抗逆性强等优点，但同时其生育期较长，大豆在 10 月下旬至 11 月上旬才能收获。此时，四川地区已进入秋冬季节，阴雨天气频繁，温度低、湿度大、光照少，不利于大豆的收获和晾晒，造成其发霉变质、品质差等问题，对农民增加收入造成了极大影响。以 2008 年为例，前期遭受了 6 月至 9 月连续阴雨的危害，造成大豆普遍空长秆而倒伏，产量大减。到了收获季节，又遭受低温绵雨危害，50%以上的大豆霉烂变质，失去了商品价值。另一方面，10 月下旬至 11 月上旬为油菜、小麦等作物的高产播期。大豆的晚熟直接影响了油菜、小麦的播种，作物之间茬口衔接困难，农民需要同时完成收获与播种两件事，负担较重。

相较于大面积种植的"南豆 12 号" "贡选 1 号"等，"南夏豆 25 号" "南夏豆 35 号"具备成熟期早、蛋白质含量高等优点，其有效解决了作物茬口衔接难、阴雨季节收获豆种质量差等问题。但其推广年限短、繁育基地缺乏，造成其原种扩繁速度慢、推广力度不够，未能满足大面积种植的要求。

5.3.3　植保机械发展落后

四川是我国的农业大省，大部分耕地为旱地，是我国多熟旱作物农业的典型代表。四川山区多为丘陵、山地等地形，耕地面积小且不平坦，土地肥力不足等问题突出。加之道路过窄且崎岖不平，大型高效植保机械通行难度大，作业局限大，从而造成大豆的收获与种植基本依靠人工劳作，劳动强度大，劳动效率低，回报率低。四川的耕作地普遍播种豆科类作物，大豆的种植面积排第三名，种植面积落后于玉米与小麦。2018 年统计数据显示，四川大豆产量约为 50.7 万吨，其耕作地多集中在川东的丘陵区域，此地区的大豆种植面积占到了省内总面积的 70%以上[1]。然而川东丘陵地带因土地狭小、田块碎片化、土地肥力不足以及作物品种繁多、农业

---

[1]　唐鹏，吕小荣. 四川丘陵大豆机械化种植的发展现状与趋势 [J]. 农业科学，2020，10 (10)：8.

规模小型等条件限制,高效的大型农机难以投入使用。加之四川山区农业基础设施尚待完善,道路狭窄且建设不全,机械化传送困难,运作成本高,产出比低,现代农机难以在丘陵地带广泛普及,这一状况严重阻碍了该地区植保机械化的进程。因此,当地农民依旧多依赖传统人力来为豆科作物提供必要的养护。如果同一块土地种植多种农作物,那么就会要求植保机械更加多样化。提升自动化操作水准,将有助于减少生产费用,增进生产收益,进而提升山丘地带大豆的产出及其品质。

我国农药有效利用率偏低。我国提升植物保护机械施药技术研发尚处萌芽阶段。当前,包含 GPS(全球卫星定位系统)技术、GIS(地理信息系统)技术及 RS(遥感系统)技术的 3S 技术等尖端电脑科技已在发达国家广泛应用于山丘地区植保的制造过程中,确保了喷洒过程的效率、安全性、智能化及精准度,同时也落实了相关规范,以安全且不造成危害的方法处置过期农药及其容器。相比之下,我国在植保设备的技术开发上仍处于初级阶段,从事这一领域的企业规模不大,产能不高,技术力量不足。截至 2016 年底,成都与泸州有四家厂商通过了 3C 认证,但仅成都的两家厂商能保持正常的生产状态,它们的核心产品依然以手提式的手动或电动喷雾器为主。

四川许多地区仍在使用农药利用率低下的喷雾装置。比如,绵阳市等广大丘陵地区还在采用人工喷雾与电动喷雾投放农药防治害虫,效率低下,成本较高。自贡市采用背负手动式喷雾器和背负机动式弥雾机两种喷药机械,同样存在农药利用率低下的问题。此外,四川也缺乏针对农民的用药规范指导教育,农民主要依靠自身经验用药,经常造成农药浪费、环境污染等问题。与美国和德国相比,目前,在中国的农田中,每亩地使用的农药量只有对方的一半,但是土壤中残余的农药却是它们的好几倍,特别是在一些极端案例中,其超标的倍数更是高得惊人。而且农药的利用效果并不理想,其实际作用率大概只有 30%,还有超出一半的农药并未发挥作用,而是白白浪费了,还造成了环境污染。四川丘陵山区大豆植物保护也以手动喷雾器喷洒农药为主,最常用的机具包括单管、压索、背负式喷雾器等,市场占有率达到 80%,且 90% 以上的喷雾器仍使用圆锥形雾喷头。这种老式喷雾器在作业时存在跑、冒、滴、漏现象,形成极大浪费。同时,泄漏的农药对于当地的生态环境以及居民身体都会造成伤害。

5.4　四川大豆发展的机遇

2022年，四川省实施七大科技支撑行动，推动四川大豆产业振兴，促进大豆产业的发展，提升大豆产业的竞争力，这都为四川省大豆产业的发展和复苏带来了难得的机遇。

5.4.1　四川大豆被纳入国家大豆振兴计划

基于我国乡村振兴战略和"十三五"规划，农业农村部决定从2019年开始，大力实施大豆振兴计划，该计划的主要内容包括：提高大豆优势区的生产能力，推进科技创新，推动国内大豆生产实现"扩面、增产、提质、绿色"的目标。其一，扩大大豆的种植面积。2019年，农业农村部重启大豆振兴计划，确定了"到2020年，全国大豆种植面积力争达到1.4亿亩"的目标。随后，2020年、2021年，农业农村部继续实施大豆振兴计划，并再次确认了这一目标。大豆播种面积，2019年为1.40亿亩、2020年为1.48亿亩，同比增幅分别为10.9%、5.9%。然而，到了2021年，大豆播种面积仅1.26亿亩，比2020年减少2200万亩，下降14.8%[①]。近些年大豆种植面积的增长，主要应归功于种植模式的调整，通过将大豆和玉米等套作种植从而增加了大豆的种植面积。而且推行了土地激励政策，推进土地集中规模化经营，增加了大量的大豆种植面积。其二，每亩大豆的产量得到提高。在2020年的时候，我国大豆平均产量达到了135千克/亩。2022年，我国大豆平均产量每亩提高了5千克，达到了140千克/亩。其三，大豆品质得到提升。在2020年的时候，我国国产食用大豆蛋白质含量提高了1%，榨油用的大豆脂肪含量也提高了1个百分点。到2022年的时候，食用大豆蛋白质含量和榨油大豆脂肪含量又分别提高了1个百分点[②]。

大豆振兴计划以习近平新时代中国特色社会主义思想为指导，以实施乡村振兴战略为总抓手，振兴农村产业，同时大力推动质量兴农和绿色兴

---

① 邵海鹏. 播种面积降至1.26亿亩 大豆振兴计划任重道远 [EB/OL]. (2021-12-07) [2025-03-28]. https://www.yicai.com/news/101251588.html.

② 佚名. 时评｜"大豆振兴"的农资任务 [EB/OL]. (2019-02-14) [2025-03-28]. https://www.sohu.com/a/294791893_676151.

农，大力扶持建设大豆生产优势区，推动科技创新、技术创新和示范推广，扩大大豆种植面积，提高大豆亩产，改善大豆品质，提高我国大豆自给自足的能力，加快构建以粮豆轮作模式为主导的绿色种植制度，逐步形成国内农业种植结构与国际农产品市场变化动态衔接的格局。国家的大豆振兴计划，有利于四川大豆的发展。

其一，大豆振兴计划能够完善对大豆生产者的补贴政策。为实施大豆振兴计划，国家出台了对大豆生产者的相应补贴政策。四川省结合自身实际情况，出台了本省的大豆补贴政策，合理安排对四川大豆和玉米生产者的补贴，按照总量稳定、结构优化的原则，结合各方面因素，合理确定对大豆生产者的具体补贴，通过调动农民的大豆种植积极性，提高大豆产量。

其二，随着大豆振兴计划的实施，各地加快建设大豆高标准农田。大豆振兴计划要求建设一亿亩用于生产大豆的储备用地。在该计划下，高标准农田建设能够为大豆生产提供更有效的保护并且也能改善大豆生产的基本条件，建设一批大豆生产基地，确保旱涝保收。例如，进入 2023 年夏季之后，四川很多地方都遭遇了极端的高温天气，接着就引发了严重的干旱问题。据了解，2023 年四川荣县种植了 25 万亩大豆，其中绝大部分为 7 月初种下去的夏大豆。荣县种植业服务中心副主任邓榆千说："还没有播的播不下去，已经播下去的长不出来，这就是高温带来的问题！如果迟迟不下雨，这样下去也不是办法。"在这种情况下，许多农民耕种的粮食等农作物也遭受了非常严重的影响，四川多地区的农作物出现了大量减产的情况。因此，建设大豆高标准农田能解决大豆在种植生产过程中所面临的一系列问题，如大豆播种期易受干旱影响出苗的问题，应加强高效节水灌溉设施建设，提高防灾减灾、稳产增产能力。

其三，大豆振兴计划加强了对大豆优质品种的繁育和推广。国家加强对大豆育种创新的投入，像四川省自贡市农业科学院培育出的"贡秋豆 5 号"，其大豆具有高蛋白质、高产量、适宜套作等特点。此外，大豆振兴计划要求继续奖励大豆种子生产的重点县，提高农民种植大豆的积极性；开展种子净化复壮和种子推广，推进良种繁育激励政策落实，调动科研育种积极性。

其四，大豆振兴计划加快了新成果新装备推广应用。其具体措施为：组织现代农业产业技术体系专家，以大豆主产县为主战场，加快大豆新成果和新技术的应用与推广。依托基层农业技术推广、新型专业农民培育项目等，加强对基层农业技术促进人员和大豆种植大户的技术培训。增加大豆农机具购置补贴，对先进适用的大豆机械化技术和装备全程全域推广，提高大豆生产技术水平。

5.4.2　国产大豆市场需求巨大

从大豆消费情况来看，2000—2021 年，中国的大豆消费量持续增加。从 2000 年消耗 2 841.81 万吨大豆增长至 2021 年消耗 10 900 万吨大豆，大豆消耗增长率为 283.56%，年平均增长率为 12.89%。但与大豆消耗量不断上升不同的是，大豆生产量增长缓慢。2000 年，我国大豆产量为 1 541.42 万吨，到了 2021 年，我国大豆产量为 1 640 万吨，增长率仅为 6.40%。由此可见，我国大豆产量无法满足市场需求。

从大豆消费结构来看，我国的大豆消费主要包括食品消费和大豆榨油，这两种消费合计占大豆总消费的 95% 以上。据大豆网站统计，中国进口的所有大豆几乎都被用于榨油。2000—2021 年，中国大豆压榨消费量呈上升趋势，从 2 015.09 万吨增至 8 767 万吨。大豆被用于食品消费，主要是将大豆加工成豆制品和其他食品。在过去 21 年中，大豆被用于食品消费的消费量从 2000 年的 648.3 万吨，增加到了 2021 年的 1 700 万吨，增长率为 162.22%。此外，国内许多饲料的原材料都是大豆。其中大豆榨油后得到的一些副产品，比如豆粕，正是饲料蛋白质的主要来源。最近几年畜牧业高速发展，仅 2017 年一年，我国为生产饲料消耗蛋白质类原料就达到了 10 500 万吨，其中仅豆粕就达到了 7 230 万吨，占比 48.2%。我国畜牧业的快速发展带动了饲料行业的快速发展。随着我国饲料行业的快速发展，饲料加工企业对原材料的需求也越来越大，豆粕作为饲料加工的主要原材料，市场需求量巨大。

从大豆进口量来看，目前我国大豆进口量居世界首位。2000—2021 年，中国从国外购买的大豆累计数量急剧上升，自 1 040.9 万吨逐步增至 9 652 万吨，增加了 8 611.1 万吨，增幅达到惊人的 827.27%。在此期间，每年大豆平均增加进口量达到 410.5 万吨，年均复合增速为 39.39%。中国主要依靠来自美国、阿根廷和巴西的大豆，这几个国家的大豆出口加起来占了中国大豆进口总量的 90% 以上。2013 年以前，美国为中国提供的大豆数量最多，约占中国进口总量的 40%。但 2013 年以后，巴西成了中国大豆进口的主要国家，其供应量大约占到了中国总进口量的 50%。2018 年，受中美贸易摩擦的影响，我国减少了对美国大豆的进口，对巴西大豆的进口量显著增加。2018—2019 年，美国大豆进口量由 3 285.28 万吨减少到 1 664.32 万吨，降幅为 49.34%。2021 年，我国从巴西购买的大豆数量达到了 5 815.1 万吨，占我国当年大豆进口总量的 60.2%，而从美国购买的大豆数量为 3 231.2 万吨，为我国当年大豆进口总量的 33.5%。此外，加拿大大豆以及俄罗斯大豆的进口量在这一时间段也有显著增加。

综上所述，我国大豆缺口严重，大豆产量严重不足。四川具有独特的地理位置和气候条件，四川生产的大豆不同于其他地区的大豆，四川大豆具有高蛋白质的特点，这是四川大豆最大的优点。四川培育出的大豆普遍富含蛋白质，其中大多数大豆的蛋白质含量达到了 45%，有些大豆的蛋白质含量更高。最近几年四川大面积推广种植"贡秋豆 5 号""南豆 12 号""南黑豆 20 号""南夏豆 25 号""贡选 1 号"等品种的高蛋白质大豆，其平均蛋白质含量达到了 50% 左右，蛋白质含量极高。四川的高蛋白质大豆成为西南产区的优势品种，其高蛋白质含量为豆制品加工企业提供了更好、更优质的原材料，在市场上大受欢迎，具有较强的竞争力和较好的销售前景。

5.4.3　大豆种植补贴提高了豆农的生产积极性

2019 年，我国出台了对玉米和大豆种植者的相应补贴政策，其标准是按照总量稳定、结构优化的原则，充分考虑玉米和大豆之间的收益关系，平衡两种作物的种植收益。相关补贴政策的出台是对生产者补贴和轮作休耕补贴制度的完善，平衡大豆和玉米间种植的收益，这充分调动了农民种植大豆的积极性。

2022 年，四川省积极扶持特殊的大豆与玉米间作播种技术对应机械的推广使用，并对此类型播种设备实施了最高 10 000 元的资助，相较于此前预计的 5 000 元资助额度翻了一番。此举标志着四川首度对大豆与玉米带式混合种植的播种机具予以补偿。2022 年，四川计划完成 310 万亩的大豆与玉米条带混播示范工程。为确保目标实现，农用机械的配备显得尤为关键。四川特殊的山地和丘陵地貌加上大豆种植难度，机械化应用水平不高，同时机械设备成本高企，价格昂贵，限制了其普及使用。为推动农业进步，减少农民的机械设备投入成本，四川省实行了对种植机械的财政补贴措施，此次批准的补贴水平在原先公开的基础上提档增额，大幅度提升了补贴金额。"加大支持力度，让补贴更精准。"据四川省农机化技术推广总站站长张小军介绍，"四川已将档次细分为播种行数6~10行和播种行数11行及以上两大档次进行补贴。播种行数11行及以上的播种机具最高可获得10 000元补贴"①。

5.5 四川大豆生产面临的新挑战

自中、美发生贸易摩擦以来，大豆产业的发展受到巨大影响，美国增加关税影响了我国大豆产业的发展，四川省作为大豆主产省份之一，也受到较大的影响。

5.5.1 受进口大豆低成本冲击

进口大豆在种植和运输两个方面具有低成本优势，整体价格明显低于国产大豆。比如美国、巴西等国，大豆种植基本实现了大规模的机械化生产，成本比较低。从运输成本来看，美国等主要的大豆出口国以海路运输模式连通我国，尤其是连通大豆加工企业比较集中的地区，对应的运输成本也远远低于我国陆路运输模式的成本。

5.5.2 农村劳动力流失严重，出现断代危机

随着经济的发展和城镇化建设的推进，为了提高收入，农村青壮年大多选择外出务工，留在农村的多为60~80岁的老人和14岁以下的留守儿童。留守群体文化素质低下，不能很好地理解新品种的种植方法。加之其劳动力弱，无法大量种植大豆。近年来，受人口老龄化加剧、城市化率提高和生育意愿下降等共同影响，农村劳动力总量持续下降。

目前，四川农村劳动力正处于断代危机之中。很多农村年轻人选择外出打工而不是留在农村务农。大量年轻人外出，就会导致从事农业生产的劳动力减少，从而导致农业生产的劳动力成本提高。实现农业现代化、促进乡村振兴，需要基层农业技术推广人才参与。但是，近年来，农村基层

---

① 史晓露. 四川扩种大豆的农机补贴定了！最高补1万元 [EB/OL]. (2022-03-25) [2025-03-28]. https://sichuan.scol.com.cn/ggxw/202203/58479398.html.

农业技术队伍也出现了断代现象，主要表现在以下几个方面：一是技术人员老龄化，农业新技术推广困难。以四川省金堂粮油工业站为例，在2019年的机构改革中，整合了农业技术站、种子站、植保站和土壤肥料站的部分功能而形成，2021年有16名员工（其中两名将在2022年退休）。在过去5年间，该站没有招聘任何新员工。乡村农业综合服务中心共有119人，其中贷款服务中心22人，有65人年龄在40~50岁之间，占54.6%；38人年龄在50岁或以上，占31.9%。二是农业大学毕业生很少从事农业产业和农村基层工作。此外，农村管理人才已经出现断代现象。农村经济经营者是连接城市要素资源和农民之间的桥梁，对促进土地流转和产业发展具有重要作用。但近年来，农村人才大量外流，本地人才严重短缺。一是基层管理人员缺乏。据了解，村干部普遍年龄较大，在农村生活时间较长。他们的文化水平较低。他们的经营管理经验也集中在传统农业生产上，引导和推动乡村振兴的力量不足。近年来，四川省大力推动大学生进入农村服务基层，就业期一般为三年，但大多数大学生在就业期结束后仍然离开了农村。二是农村实用型人才缺乏。农村人才类型单一，特别是现代农业发展所需要的投资管理、电子商务营销和资本管理人才缺乏。

5.5.3 缺乏龙头企业且本土企业缺乏竞争力

四川省地方油脂加工企业规模普遍偏小，实力弱，生产大豆油的地方企业更是少之又少，基本上都是从外地有进口资质的大企业那里购买所需豆油。在四川省，豆制品加工企业以中小型企业为主，其中又以作坊式企业为多。虽然豆制品加工企业多，豆制品加工与制造企业多达170多家，但这些企业规模偏小，它们中的大多数为私营独资企业，企业的技术设备陈旧，自动化程度低，无法保证产品质量。而即使是市级龙头企业广安三兄弟食品有限公司，该公司年加工大豆能力在1万吨左右，大豆来源于公司与该地区的农户签订购销合同或在当地临时进行收购，对于当地大豆的生产和发展推进力也有限。龙头企业的缺失，大豆收购的不稳定，导致农民种植大豆的积极性不高。此外，四川缺乏蛋白质深加工企业，如浓缩蛋白质、分离蛋白质、多肽等高附加值产品生产企业几乎没有。

四川省大豆加工企业缺乏竞争力主要有以下两个原因：第一是加工原料成本高。我国大豆加工主要依靠进口大豆原料，大部分是转基因品种，到岸价远远低于国内市场价格。大豆（包括豆油）的进口资质被少数大型粮油公司控制。其他企业采购进口原料（主要是豆油和豆粕）渠道有限，与有资质的大型企业相比，采购成本进一步提高。因此，国内原料加工成本很高，市场竞争力弱；中小企业进口原材料的加工成本高于有条件的大企业，这就进一步导致四川省加工大豆的中小企业缺乏竞争力，生存艰难。第二是加工产品缺乏特色。大豆的加工产品主要有两种：一种是加工成大豆油；另一种是做成传统豆制品。大豆油加工主要由具有进口资质的大型企业进行。一般来说，进口大豆主要被用来作为原料，通过萃取生产豆油，豆粕中剩余的油量较低，饲料品质普遍更好。如果以国产大豆作为原料，生产传统大豆油，在相关市场中，企业将不具备任何竞争力。因此，迫切需要开发营养、健康、具有风味特色等细分产品的市场，打造相关特色产品。传统豆制品主要由中小企业加工做成。一般用国产大豆加工的原料，产品有很多种，如豆腐、豆浆、豆粉、豆豉、干豆、豆沙等。

5.6　本章小结

四川省具有独特的地理位置优势、丰富的自然资源、强大的科研团队、庞大的市场需求等，为四川大豆产业提供了便利的发展条件。但是仍存在一些阻碍四川大豆产业发展的问题，如良种繁育不健全、病虫害多、缺少龙头产业等。本章在 SWOT 分析的基础上，绘制 SWOT 矩阵图，使其更加清晰地反映四川省大豆产业发展的优势、劣势、机遇和威胁，如图 5-1 所示。

（1）SO 战略。四川省应该充分利用其有利的土壤条件、耕地资源、基础设施以及良种等资源，并且在国家政策的不断扶持下积极发展大豆产业，提高大豆的单位面积产量和质量，提高豆农种植大豆的积极性，促进四川省大豆产业的发展。

（2）ST 战略。四川省相关科研部门应加强大豆新品种的培育，促进大豆产量和质量的提高，同时相关部门应该加大对大豆产业的补贴力度，形成产、学、研一体化的大豆生产体系，增强大豆的市场竞争力。积极将大豆的生产、加工、销售以及生产基地有效地联结在一起，形成一体化的产业结构，这样才能够生产出具有高质量、高价格、低成本的大豆，使豆农和企业等看到大豆所带来的经济价值，从而促进四川省大豆产业的发展。

（3）WO 战略。四川盆地属于中亚热带湿润气候，川西南山地属于亚热带半湿润气候，总体气候温暖，但水资源不足，因此应该加强水利设施建设，同时增设大豆储备设施。针对大豆的效益低、产量低等问题，政府应该采取有效措施提高农民种植大豆的热情，同时建立大规模的大豆种植基地，改变原有的种植方式，实现现代化、一体化、机械化种植，以提高大豆的经济价值。

（4）WT 战略。四川省位于我国西南部，拥有九寨沟、乐山大佛等丰富的旅游资源，因此应该充分利用旅游资源，将大豆产业与相关旅游资源结合，大力宣传四川省的高蛋白质大豆，提高大豆的知名度。并且，四川省作为大豆主产省份之一，应该尽可能地为豆农们争取利益，解决农村劳动力流失的问题。

图 5-1　四川省大豆产业发展 SWTO 矩阵

6 四川大豆农户生产成本收益分析

四川省是农业大省，主要作物有水稻、玉米、大豆、油菜等，而农户在一定的资源约束条件下，必须对生产何种作物进行选择，每做出一种选择就意味着放弃其他对生产者而言的利益。这要求农户在熟悉自然禀赋的前提下，对自身能力和资源进行准确判断和把握，从而选出最合适的作物进行种植。本章以四川的大豆产业为研究对象，通过对四川大豆生产成本数据的挖掘和分类，结合成本效益分析法，对四川大豆生产过程中的各项主要成本进行分析，揭示四川省大豆生产的成本和收入变化规律。

6.1 产值与产量分析

每亩主产品产量指四川省大豆生产每亩实际收获的大豆数量。2019年，四川省大豆主产品产量为 111.31 千克，2020 年大豆主产品产量为101.57 千克，大豆每亩主产品产量 2020 年比 2019 年下降约 9.74 千克，产量下降幅度为 8.7%。

每亩主产品产值指大豆作物的生产者通过各种渠道出售（包括网络销售和出售给大豆收购商）后每亩大豆主产品所得收入以及农户自留的大豆主产品折价后的收入之和。2020 年，四川省大豆产量比 2019 年有所下降，但 2020 年四川省大豆的平均出售价格上涨（从 2019 年的每 50 千克221.62 元上涨至 2020 年的每 50 千克 280.21 元），带动了四川省大豆产值的提高。四川省大豆产值从 2019 年的每亩 495.06 元上升到 2020 年的每亩570.82 元，平均每亩上涨 75.76 元，每亩产值环比提升 15.3%。其中，大豆主产品产值提升较大，每亩增加 75.66 元，产值上升幅度为 15.3%。而

大豆副产品产值增加值仅 0.1 元/亩,产值上升幅度为 6%。2019—2020 年
四川省大豆产量产值如表 6-1 所示。

表 6-1　2019—2020 年四川大豆产量产值

年份	主产品产量 /千克/亩	总产值 /元/亩	主产品产值 /元/亩	副产品产值 /元/亩
2019	111.31	495.06	493.36	1.50
2020	101.57	570.82	569.22	1.60

数据来源:《全国农产品成本收益资料汇编(2019)》《全国农产品成本收益资料汇编(2020)》。

6.2　大豆生产成本分析

　　人们在进行一定的生产活动时,必然会消耗一定的资源来获取另一种
资源,这种被消耗的资源在货币形式上就被称为成本。成本分析法是成本
管理的重要组成部分,它利用核算成本相关的内容和资料,系统地考察影
响成本上升和下降的因素以及成本水平和构成要素变化的原因,从而找到
降低成本的途径。四川省大豆的总成本构成如图 6-1 所示。

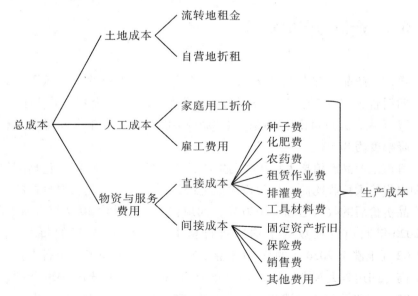

图 6-1　四川省大豆总成本构成

6.2.1 四川大豆总成本分析

大豆总成本主要包括生产成本和土地成本等：每亩大豆总成本＝每亩生产成本＋每亩土地成本。而每亩生产成本＝每亩人工成本＋每亩物资与服务费用。根据《全国农产品成本收益资料汇编（2020）》与《全国农产品成本收益资料汇编（2019）》，2020 年四川省大豆每亩总成本为 620.26 元，较 2019 年的大豆每亩总成本 603.96 元上升 16.3 元/亩，同比增长 2.7%。从总成本的构成结构来看，土地成本下降 8.89 元/亩，同比下降 8.20%，占总成本的比例从 2019 年的 17.9%下降到 2020 年的 16.1%；而生产成本增加 25.19 元/亩，同比增加 5.08%，占总成本的比例从 2019 年的 82.1%上升到 2020 年的 83.9%。具体如表 6-2 所示。

表 6-2　2019—2020 年四川大豆总成本　　　　　单位：元/亩

年份	总成本	土地成本	人工成本	物资与服务成本
2019	603.96	108.41	438.18	57.37
2020	620.26	99.52	457.20	63.54

数据来源：《全国农产品成本收益资料汇编（2019）》《全国农产品成本收益资料汇编（2020）》。

6.2.2 人工成本与土地成本

人工成本代表了在大豆生产活动中投入的人力资源费用，包括家庭用工折价（指生产者或生产者家庭自身耕地换算的等价劳动要素投入）和雇工费用的成本；土地成本，也被称作地租，反映了土地作为生产要素在生产过程中的经济价值，它主要由土地租赁费用和自有土地的折旧成本构成。2019—2020 年四川省大豆生产的具体人工与土地成本如表 6-3 所示。

土地成本与人工成本是四川省大豆种植成本的重要组成部分，通过对二者的比较，可以探索四川省大豆成本构成的短期变动要素与性质，从而发现四川省大豆总成本变化的主要原因及优化的方向。从表 6-3 中可以看出，在四川省大豆的总成本构成中，人工成本占比最大，占总成本的比重从 2019 年的 72.6%增加到 2020 年的 87.7%，提高 15.1 个百分点。人工成本的涨幅较大，2020 年同比 2019 年增长 4.34%。而土地成本占比重较小，占成本比重从 2019 年的 17.9%下降到 2020 年的 16.0%，下降 1.9 个百分点，2020 年同比 2019 年下降 8.2%。流转土地租金变动较小，每亩仅下降 0.04 元。这些数据说明，在短期内，在四川省，大豆种植所涉及的土地资源成本正逐渐降低，与此同时，劳动力成本，特别是家庭劳动力的折算成本，却在持续增长。这一变化趋势反映了随着国家城镇化和工业化的快速发展，大量农业劳动力正在从效率较低的农业领域转向效率更高的非农行业就业的现实情况。

表 6-3 　2019—2020 年四川大豆每亩人工与土地成本 　　单位：元

费用名称	费用类型	2019 年	2020 年
家庭用工折价	人工成本	431.9	457.2
雇工费用	人工成本	6.28	0
自营地折租	土地成本	108.41	98.48
流转土地租金	土地成本	1.08	1.04

数据来源：《全国农产品成本收益资料汇编（2019）》《全国农产品成本收益资料汇编（2020）》。

6.2.3 　物资与服务费用

物资与服务费用可以根据其性质不同分成直接费用和间接费用。直接费用涵盖了一系列项目，主要包括种子成本、肥料开支、农家肥支出、农药开销、农膜费用、机械租赁费、灌溉排水费、工具与材料费、设备维修保养费，以及其他直接相关支出。而间接费用则包括保险支出、财务管理费、行政管理费、所需缴纳的税费，以及固定资产的折旧费用等。由于四川省大豆的部分物资与服务费用为零，如直接费用中的农家肥费用和间接费用中的管理费等，因此这些数据不纳入统计，也不进行相关的成本分析。具体的四川省物资与服务费用如表 6-4 所示。

从物资与服务费用角度来看，2019—2020 年大豆直接成本变化较大，从 2019 年的 52.89 上升至 2020 年的 57.54 元，每亩增加 4.65 元。而物资费用的主要构成中，种子费用占据直接成本的大部分。种子费占物资与服务费用比例从 2019 年的 50.0% 下降到 2020 年的 47.7%。化肥费用从每亩4.57 元上升至每亩 6.06 元，每亩上升 1.49 元。农药费用从 2019 年的每亩4.53 元上升至 2020 年的每亩 7.81 元，上升 3.28 元，环比增长 72.41%。而租赁作业费从 2019 年的每亩 10.64 元下降至每亩 9.08 元，环比下降14.66%。这与 2019—2020 年燃油价格上涨有关，并且在 2019—2020 年，人工成本快速上升，对农机的需求也大大增加，从而增加了机械作业费用。可以预见，随着燃油费用的进一步攀升，今后租赁作业费也会进一步增加。四川省大豆种植生产的间接成本从每亩 4.48 元上升至每亩 6.00 元，每亩增加 1.52 元，上升 34%。

表 6-4 2019—2020 年四川大豆每亩物资与服务费用   单位：元

费用名称	2019 年	2020 年
种子费	28.65	30.29
化肥费	4.57	6.06
农药费	4.53	7.81
租赁作业费	10.64	9.08
排灌费	3.29	2.89
工具材料费	1.41	1.41
固定资产折旧	2.95	3.01
保险费	0	0.03
销售费	1.53	2.96

数据来源：《全国农产品成本收益资料汇编（2019）》《全国农产品成本收益资料汇编（2020）》。

6.3 大豆收益分析

6.3.1 每亩净利润

按照大豆等农作物产品收益的定义，大豆的生产收益是指在大豆生产、种植、经营等农业活动中可以获得的经济收益，可以用净利润以及现金收益来表示农户种植大豆的农产品收益，每亩净利润指每亩大豆的产值减去大豆在生产中投入的全部生产要素成本后的净值。大豆净利润表达公式为：大豆净利润＝大豆总产值－大豆生产中例如资本、劳动、科学技术、土地等全部生产要素，其表示获得的全部产值减去全部投入生产要素之差，可以用来反映大豆生产中消耗全部资源的纯收益。四川省大豆 2019 年净利润为每亩 -108.90 元，2020 年净利润为每亩 -49.44 元。虽然两年的净利润均为负，但是 2020 年比 2019 年每亩少亏损 59.46 元，这说明近年来农民种植大豆处于亏损状态，影响了农民种植大豆的积极性。在同等要素投入情况下，农民更愿意选择种植比较效益高的作物。具体情况如表6-5所示。

表6-5　2019—2020年四川大豆收益情况

年份	净利润/元/亩	现金成本/元/亩	现金收益值/元/亩	成本利润率/%
2019	−108.90	64.73	430.33	−18.03
2020	−49.44	64.58	506.24	−7.97

数据来源：《全国农产品成本收益资料汇编（2019）》《全国农产品成本收益资料汇编（2020）》。

6.3.2　现金成本与现金收益

现金成本是指大豆生产过程中以现金或类似支票或汇票和其他等价物支付的成本。四川省大豆现金成本从2019年的每亩64.73元下降到2020年的每亩64.58元，平均每亩下降0.15元，几乎无变动。而现金收益不同于净利润，现金收益能够反映四川省农户生产大豆能够得到的实在经济效益，其公式为：现金收益＝大豆总产值−大豆生产现金支出−大豆生产实物支出。四川省大豆生产扣除现金成本后的现金收益从2019年的430.33元/亩上升到2020年的506.24元/亩，每亩上升75.91元。

6.3.3　成本利润率

成本利润率是剩余价值与全部预付资本的比率，是大豆生产中耗费的全部生产要素所得到的所有报酬的净回报率，其含义为大豆净利润在大豆总成本中所占的比重。其计算公式为：成本利润率＝利润/成本费用×100%。2020年四川省大豆成本利润率为−7.97%，比2019年的−18.03%增长约10个百分点。2020年四川省大豆的总成本比2019年小幅增加，并且净利润有明显提高，因此四川省大豆成本利润率的增加主要受四川省大豆每亩净利润的影响。但从目前统计数据来看，农户的成本利润率为负值，即无法盈利。

6.4　与其他主要作物比较

四川省是农业大省，其主要农作物有水稻、玉米、马铃薯、大麦、大豆等。通过查询相关统计数据，我们可以发现，四川省播种面积、产量靠前的主要农作物有水稻、玉米、油菜等，本书选择上述作物开展比较研究。

6.4.1　产量与产值比较

四川是水稻种植大省，其常年种植面积约 3 000 万亩，约占全部粮食作物种植面积的 30%，水稻产量占粮食总产量的 40% 以上，是四川省第一大粮食作物[①]。2020 年，四川省中籼稻产量为 524.06 千克/亩，比大豆产量 101.57 千克/亩多 422.49 千克；中籼稻每亩产值为 1 436.88 元，比大豆每亩产值 570.82 元多 866.06 元。四川是玉米种植大省，2020 年，种植面积近 530 万亩，产量超过 760 万吨，居全国前十位，为四川省委、省政府重点打造的"川猪""川酒"等特色产业的发展提供了重要保障[②]。2020年，四川省玉米产量为 389.32 千克/亩，比大豆产量 101.57 千克/亩多 287.75 千克/亩；玉米每亩产值为 931.78 元，比大豆每亩产值 570.82 元多 287.75 元。油菜和大豆一样是四川省重要油料，2020 年，油菜种植面积 1 938.2 万亩，比 2019 年增加 104.3 万亩；2020 年亩产比 2019 年增加2 千克；2015—2019 年平均亩产 163.7 千克；总产量 31.7 亿千克，比 2019年增加 2.1 亿千克。2020 年，四川省油菜籽产量为 159.68 千克/亩，比大豆产量多 58.11 千克/亩；油菜籽每亩产值为 899.41 元，比大豆每亩产值570.82 元多 328.59 元。2020 年四川各类作物产量产值如表 6-6 所示。

表 6-6　2020 年四川各种作物产量产值一览

品种	中籼稻	玉米	油菜籽	大豆
产量/千克/亩	524.06	389.32	159.68	101.57
产值/元/亩	1 436.88	931.78	899.41	570.82

数据来源：《全国农产品成本收益资料汇编（2019）》《全国农产品成本收益资料汇编（2020）》。

[①]　王海丁. 四川水稻产业经济效益评价：以绵阳市为例 [J]. 经济师, 2019 (12)：151-153, 156.

[②]　廖桂堂, 崔阔澍, 乔善宝, 等. 四川省玉米生产发展的现状、问题及对策研究 [J]. 四川农业科技, 2021 (2)：57-60, 63.

6.4.2 成本比较

根据上述大豆成本分析，四川省大豆生产的每亩总成本、物资费用、人工成本和土地成本分别为620.26元、457.20元、99.52元、63.54元。

2020年，四川省中籼稻种植成本为每亩1 306.55元，比大豆种植成本高686.29元。从成本构成来讲，物资费用为每亩396.13元，占总成本的30.32%，比大豆的物资费用高332.59元。人工成本为每亩791.12元，占总成本的60.55%，比大豆人工成本高333.92元。土地成本为每亩119.3元，占总成本的9.13%，比大豆土地成本高19.78元。

2020年，四川省玉米种植成本为每亩1 240.72元，比大豆种植成本高620.46元。从成本构成来讲，物资费用为每亩304.92元，占总成本的24.58%，比大豆的物资费用高241.38元。人工成本为每亩823.59，占总成本的66.18%，比大豆人工成本高366.19元。土地成本为每亩112.21元，占总成本的9.04%，比大豆土地成本高12.69元。

2020年，四川省油菜种植成本为每亩1 146.27元，比大豆种植成本高526.01元。从成本构成来讲，物资费用为每亩263.63元，占总成本的23.00%，比大豆的物资费用高200.09元。人工成本为每亩777.51元，占总成本的67.83%，比大豆人工成本高320.31元。土地成本为每亩105.13元，占总成本的9.17%，比大豆土地成本高5.61元。从费用构成上来讲，四川省大豆生产的人工成本是几类作物中比例最高的，高达73.71%，而其他几类作物的人工成本所占总成本比例均未超过70%；与此相对，四川省大豆物资与服务费用所占比例是几类作物中最低的，仅占10.24%，而其他几类作物都超过了20%。2020年四川各类作物成本如表6-7所示。

表6-7　2020年四川各类作物成本　　　　　单位：元/亩

品种	中籼稻	玉米	油菜	大豆
总成本	1 306.55	1 240.72	1 146.27	620.26
物资与服务费用	396.13	304.92	263.63	63.54
人工成本	791.12	823.59	777.51	457.2
土地成本	119.3	112.21	105.13	99.52
物资费用	396.13	304.92	263.63	63.54

数据来源：《全国农产品成本收益资料汇编（2019）》《全国农产品成本收益资料汇编（2020）》。

6.4.3 收益比较

在上述大豆收益分析中我们得到了大豆的相关数据。2020年，大豆生产净利润为每亩-49.44元，现金成本为每亩64.58元，现金收益为每亩506.24元，成本利润率为-7.97%。

2020年，四川省中籼稻种植净利润为每50千克130.33元，比大豆种植净利润高179.77元。从成本构成来讲，现金成本为每50千克428元，比大豆的现金成本高363.42元。现金收益为每50千克1008.88元，比大豆收益高502.64元。中籼稻成本利润率为9.98%，比大豆高17.95%。

2020年，四川省玉米种植净利润为每50千克-308.94元，比大豆种植净利润低259.5元。从成本构成来讲，现金成本为每50千克315.74元，比大豆的现金成本高251.16元。现金收益为616.04元，比大豆收益高109.8元。玉米成本利润率为-24.9%，比大豆低16.93%。

2020年，四川省油菜种植净利润为每50千克-246.86元，比大豆种植净利润低197.42元。从成本构成来讲，油菜种植现金成本为每50千克268.62元，比大豆的现金成本高204.04元。现金收益为每50千克630.79元，比大豆收益高124.55元。油菜成本利润率为-21.54%，比大豆低13.57%。2020年四川各类作物成本收益如表6-8所示。

表6-8　2020年四川各类作物成本收益　单位：元/50千克

品种	中籼稻	玉米	油菜	大豆
净利润	130.33	-308.94	-246.86	-49.44
现金成本	428	315.74	268.62	64.58
现金收益	1008.88	616.04	630.79	506.24
成本利润率	9.98	-24.9	-21.54	-7.97

6.5 四川大豆与其他主产省份大豆比较

6.5.1 四川大豆与黑龙江大豆比较

黑龙江省作为中国最大的大豆生产、商品供给和出口基地，其大豆生产规模一直处于全国领先地位[①]。2020年，黑龙江省共计产出大豆920万吨，居于全国首位，其产出总量是第二位内蒙古自治区的近三倍。但是黑龙江省大豆主产品产量为每亩137.11千克，高于全国平均值的133.56千克，比四川大豆每亩产量多35.54千克。黑龙江大豆产量大，因此大豆的收购价格比较低廉，每50千克出售价格仅231.64元，低于全国平均价格的242.97元，比四川大豆出售价格低48.57元。因此，黑龙江省大豆每亩产值也低于全国平均每亩产值，却比四川大豆每亩产值多74.67元。从副产品产值来看，黑龙江大豆亩均副产品产值要比四川省大豆多8.68元。

从成本角度来看，2020年黑龙江省大豆每亩总成本为783.41元，高于全国平均总成本的720.52元，比四川省每亩总成本高163.15元。黑龙江省大豆主要分布于松嫩平原和三江平原两大优势区[②]。黑龙江大豆种植和收获的机械化程度高，因此其人工成本低于全国平均水平，比四川省每亩低263.84元。而黑龙江大豆土地成本高于全国平均水平，比四川省每亩高266.1元。其物资与服务费用与全国平均值相近，比四川省每亩高63.54元。

从净利润和现金收益来看，2020年黑龙江省大豆每50千克净利润为-137.92元，比全国平均净利润低77.59元，比四川省低88.48元。现金收益为每50千克-117.39元，低于全国平均水平，比四川省低303.76元。成本利润率为-17.61%，低于全国平均水平，比四川省低9.64百分点。黑龙江省与四川省大豆每亩成本收益对比如表6-9所示。

---

① 朱梓菲，刘鑫磊，薛永国，等. 黑龙江省大豆生产现状与发展建议 [J]. 中国种业，2020 (8)：18-23.

② 朱梓菲，刘鑫磊，薛永国，等. 黑龙江省大豆生产现状与发展建议 [J]. 中国种业，2020 (8)：18-23.

表 6-9　黑龙江省与四川省大豆每亩成本收益对比　　　　单位：元

项目	全国	黑龙江	四川	四川与黑龙江对比差值
主产品产量/千克/亩	133.56	137.11	101.57	-35.54
产值合计/元/亩	660.19	645.49	570.82	-74.67
主产品产值/元/亩	649.02	635.21	569.22	-65.99
副产品产值/元/亩	11.17	10.28	1.6	-8.68
总成本/元/亩	720.52	783.41	620.26	-163.15
生产成本/元/亩	432.28	417.59	520.74	103.15
物资与服务费用/元/亩	206.09	224.23	63.54	-160.69
人工成本/元/亩	226.19	193.36	457.2	263.84
土地成本/元/亩	288.24	365.82	99.52	-266.1
净利润/元/亩	-60.33	-137.92	-49.44	88.48
现金成本/元/亩	340.32	443.01	64.58	-378.43
现金收益/元/亩	319.87	202.48	506.24	303.76
成本利润率/%	-8.37	-17.61	-7.97	-9.64

6.5.2　四川大豆与内蒙古大豆比较

内蒙古处于我国大豆的优势产区，是我国高油大豆的重点发展区域。内蒙古大豆主要集中在东四盟市，包括呼伦贝尔盟、兴安盟、通辽市和赤峰市的 26 个县（旗、区）[1]。2020 年内蒙古自治区生产大豆 234 万吨，是中国第二大大豆主产省份。内蒙古大豆的亩均产量低于全国平均水平，比四川省多 7.95 千克/亩，但是其出售价格较低，低于全国平均水平，也低于四川省的平均出售价格，因此内蒙古大豆亩均产值低于四川，平均每亩低 11.08 元。

内蒙古自治区农业综合机械使用效率已超过 50%[2]，远高于四川省，因此，物资与服务费用（主要是农机租赁费与机械费用）远高于四川省，物资与服务费用是四川省的三倍，并且内蒙古的土地费用较四川省高，每

---

① 代海涛，杨露丹.内蒙古大豆产业发展现状及对策分析 [J].商业经济，2007（12）：80-81，106.

② 白春梅.内蒙古自治区农业机械化发展现状与思路 [J].世界热带农业信息，2021（3）：44-45

亩多 109.17 元。而内蒙古较少依赖农户直接播种、施肥、收获，因此其人工费用远低于四川省，仅占四川省的 15.47%。内蒙古大豆每亩生产成本比四川低 127.97 元。

内蒙古自治区的大豆出售价格较高，每 50 千克净利润为 29.83 元，高于全国平均水平，比四川多 54.1 元，但是其现金成本较高，导致其现金收益较低，每 50 千克比四川低 119.06 元。内蒙古自治区与四川省大豆每亩成本收益对比如表 6-10 所示。

表 6-10 内蒙古自治区与四川省大豆每亩成本收益对比

项目	全国	内蒙古	四川	四川与内蒙古对比差值
主产品产量/千克/亩	133.56	109.52	101.57	-7.95
产值合计/元/亩	660.19	559.74	570.82	11.08
主产品产值/元/亩	649.02	542.23	569.22	26.99
副产品产值/元/亩	11.17	17.51	1.6	-15.91
总成本/元/亩	720.52	492.29	620.26	127.97
生产成本/元/亩	432.28	283.6	520.74	237.14
物资与服务费用/元/亩	206.09	212.87	63.54	-149.33
人工成本/元/亩	226.19	70.73	457.2	386.47
土地成本/元/亩	288.24	208.69	99.52	-109.17
净利润/元/亩	-60.33	67.45	-49.44	-116.89
现金成本/元/亩	340.32	267.04	64.58	-202.46
现金收益/元/亩	319.87	292.7	506.24	213.54
成本利润率/%	-8.37	13.7	-7.97	-21.67

6.5.3 四川大豆与山东大豆比较

山东省地处黄淮海地区，气候条件有利于大豆生产，是我国优质蛋白质大豆的优势产区，也是我国的大豆加工、繁育大省，其大豆年加工量占全国的 20%，且可供应黄淮海地区和长江流域 50% 以上的大豆良种，在我国大豆产业中占有重要地位[1]。山东省 2020 年共产大豆 43 万吨，仅为四

---

[1] 王红梅，李丽霞，栾辉，等. 山东省大豆产业发展现状与可持续发展对策研究 [J]. 作物研究，2021，35（5）：483-486.

川的一半左右，但是它是全国大豆亩均产值最高的省份之一，每亩高达1 029.9 元，是四川的 1.8 倍。

从成本角度来看，山东省大豆亩均总成本为 763.62 元，比四川省每亩多 143.36 元。从成本构成来看，山东省大豆物资与服务费用为每亩219.46 元，与全国平均水平接近，比四川省每亩多 155.92 元。山东省大豆种收基本上还处于传统农业阶段，以人工种植为主，相关配套机械缺乏成为制约山东省大豆种植面积进一步扩大的瓶颈[①]，但人工成本仍比四川省少 92.89 元。

山东省有全国最高的大豆出售价格和全国最高的净利润，每 50 千克比四川省多赚 96.28 元。但是其现金成本较高，导致其现金收益较低，每 50千克比四川省低 31.56 元。山东省与四川省大豆每亩成本收益对比见表 6-11所示。

表 6-11　山东省与四川省大豆每亩成本收益对比　　单位：元

项目	全国	山东	四川	四川与山东对比差值
主产品产量/千克/亩	133.56	181.47	101.57	−79.9
产值合计/元/亩	660.19	1 029.91	570.82	−459.09
主产品产值/元/亩	649.02	1 010.75	569.22	−441.53
副产品产值/元/亩	11.17	19.16	1.6	−17.56
总成本/元/亩	720.52	763.62	620.26	−143.36
生产成本/元/亩	432.28	583.77	520.74	−63.03
物资与服务费用/元/亩	206.09	219.46	63.54	−155.92
人工成本/元/亩	226.19	364.31	457.2	92.89
土地成本/元/亩	288.24	179.85	99.52	−80.33
净利润/元/亩	−60.33	266.29	−49.44	−315.73
现金成本/元/亩	340.32	227.58	64.58	−163
现金收益/元/亩	319.87	802.33	506.24	−296.09
成本利润率/%	−8.37	34.87	−7.97	−42.84

---

① 毛瑞喜，王京京，王洪滨，等. 山东省大豆生产可持续发展建议 [J]. 种子科技，2016（1）：31-32.

6.6　本章小结

通过将四川省大豆与四川省其他主要作物的成本收益进行比较，我们可以得出以下几个结论：

就产值和产量来看，大豆的亩均产值和产量均低于其他作物，这主要是大豆生理特性导致的。在籽粒生产过程中，大豆对能量消耗相对较多。大豆的种子以其丰富的蛋白质和脂肪含量闻名，但碳水化合物的含量相对较低。相比之下，玉米和水稻的碳水化合物含量较为丰富，而在蛋白质和脂肪方面则不如大豆丰富。同时，亩均产量低也导致了大豆亩均产值较低。

从成本角度来看，大豆的各类亩均成本均低于其他作物，且人工费用比重较大。这是因为四川省中籼稻、油菜等作物的播种收割机械化程度较高，而大豆采用小型播种机、收割机而非大型机械播种收割，多采用人工播种和收割，因此大豆成本中的直接费用较低而人工费用较高。

从收益角度来看，在不计算政府补贴及其他收入的情况下，除水稻外，其他几类作物的净利润都为负数，处于亏本状态。但是大豆比油菜和玉米的净利润相对要高，成本利润率也更高，在大豆+玉米带状复合种植全程机械化技术支持下，通过复合种植，在一定程度上可以集约利用土地，增加玉米和大豆市场供给，增加农民经济效益，种植大豆的收益、净利润也会进一步提高。

我们将四川省大豆与全国其他省份大豆种植的成本收益进行比较可知，从单位面积产值和产量来看，四川省大豆生产的水平远低于黑龙江、内蒙古等大豆主产省份，也低于山东等大豆种植规模小于四川的省份，甚至低于全国大豆种植省份的平均水平。

从成本角度来看，四川省大豆人工成本较高。一方面，四川大豆产区大多为丘陵、山地和坡耕地，地块面积小而且不平坦，不适合使用黑龙江、内蒙古等平原上使用的大型农业机械；另一方面，适合四川省丘陵地区的小型播种机、收获机也比较缺乏，无人机灌溉、施肥、施药发展缓慢，四川省农业生产的机械化程度远远落后于其他几个大豆主产省份，大豆的种植与收割主要依赖人工进行，这导致其种植劳动强度较高，而生产效率相对较低。这导致四川省的人工成本远高于其他大豆主产省份。并且四川省大豆的副产品产值明显低于全国平均水平及其他几个主产省份，四川省大豆加工水平不高，这可能与四川省大豆加工企业匮乏有关系。

虽然四川省大豆总成本高于其他主产省份，是全国平均水平的 1.14 倍，但是四川省大豆的出售价格较高，是全国平均水平的 1.15 倍，因此四川省大豆的净利润与全国平均水平大致持平，甚至高于大豆主产省黑龙江省，这可能与四川大豆蛋白质含量高密切相关。

7 四川大豆加工产业战略分析

四川大豆加工产业普遍规模较小，集中化程度低，缺乏市场竞争力。作为全国大豆种植面积及产量居于前列的地区，分析四川省龙头大豆加工产业匮乏的原因具有现实意义。本章首先对大豆加工技术进行介绍并分析使用该技术的四川大豆加工产业状况，其次利用 SWOT 模型分析四川大豆加工业存在的优势、劣势、机遇和挑战，最后对四川大豆加工产业的发展提出相关建议和展望。

7.1 大豆加工技术分析

大豆加工技术主要是利用各类技术，如物理、化学、微生物处理等方式，将大豆加工成可以直接食用的食品或者作为配料使用的过程。本小节主要介绍大豆的油脂加工技术、大豆蛋白质加工技术、豆制品加工技术。

7.1.1 油脂加工技术

在油脂加工技术中，首先要进行预处理工作，预处理可以清除掉油料中的各种杂质，脱除油菜籽中的非油部分。预处理工序是各种提取油脂方式提高出油效率的先决条件和重要步骤。大豆的预处理包括大豆清洗、烘干、脱皮、破碎、软化、轧坯、蒸炒、膨化等工艺环节，之后再选择压榨法或是浸出法进行制油加工[1]。

虽然说大豆油脂加工（不包括压榨法制油）从效益分析方面来讲，对于一些小型乡镇企业已经没有实际生产价值，但是豆油是国计民生不可缺

---

① 周建民. 我国大豆油脂行业加工的技术发展 [J]. 农业机械，2013 (20)：38-41.

少的脂肪营养来源，豆粕是饲料加工企业的必备原料。四川大豆缺口巨大，油用大豆的缺口超过 600 万吨，所以推广大豆油脂加工技术是十分必要的。

大豆油脂加工的主要产物是豆油和豆粕。以豆油为例，为了加工出优质的豆油，在大豆的选择上应尽量选择高油脂大豆作为原料；如果是以豆粕为生产目的，则原料大豆中粗蛋白质含量不应小于 38%。

选取大豆时，考虑大豆的含水量是必要条件之一。当大豆含水量在20% 左右时，蛋白质变性起点温度为 50 ℃~55 ℃，因而高水分的大豆不利于生产低温豆粕。四川省本土的油脂加工企业规模普遍较小、综合实力偏弱，所需大豆油基本从有进口资质的大型企业购买。对于四川而言，农民大面积生产的品种主要是"南豆 12 号""贡选 1 号""南黑豆 20 号"以及当地地方品种"十月黄"等晚熟品种。其中，"南豆 12 号""贡选 1 号"在四川及广大西南地区大面积种植①，但是这两个品种的生育期相对较长，收获期在 10 月下旬至 11 月上旬之间，而四川在此期间恰好属于阴雨天气，比较潮湿，大豆的含水量普遍较高，常出现霉烂、变质、商品性差等问题，并不适合进行油脂加工，而从外省收购含水量适宜的大豆进行储存加工无疑又增加了成本。这是四川省油脂加工企业匮乏的原因之一。

7.1.2 大豆蛋白质加工技术

大豆蛋白质加工技术包含大豆浓缩蛋白质的醇法浸提技术等电点浸提技术、大豆分离蛋白质的碱溶酸沉技术、超滤分离纯化技术、大豆蛋白质的改性技术、大豆功能肽的提取纯化技术、大豆蛋白质挤压技术、大豆蛋白质仿真食品、大豆抗营养因子去除和利用技术以及大豆蛋白质化工产品加工技术等。

四川省缺乏蛋白质深加工企业，如浓缩蛋白质、分离蛋白质、多肽等高附加值产品产能严重不足。

大豆分离蛋白质生产技术在国内已有较多应用，但受技术水平限制，其加工能力普遍不高。以大豆分离蛋白质为原料制备的各种功能型产品，其生产技术也不是很成熟。目前国内主要产品是大豆分离蛋白质粉、大豆浓缩蛋白质粉和大豆分离蛋白质饮料，其中以浓缩蛋白质粉为最多。据中

---

① 梁建秋，吴海英，冯军冯，等. 大力发展四川大豆生产的优势与对策 [J]. 大豆科技，2018（1）：36-38.

国食品科学技术学会统计，我国的大豆分离蛋白质生产企业有 200 多家，但能够按照国家相关标准进行检测的只有 10 多家。目前国内生产的大豆分离蛋白质粉主要为传统工艺产品，其加工工艺还存在很多问题。

国内的大豆分离蛋白质生产商虽多，但品种较单一，仅生产用于火腿肠的高凝胶值分离蛋白质，而在国内广泛应用的类面筋蛋白质、冰制品中的乳化性分离蛋白质等产品，到目前为止还没有形成产能。

从现有技术的角度来看，我国大豆分离蛋白质技术主要以碱溶酸沉法为主，而在一些发达国家，比如美国、日本等，已经在尝试使用超滤膜法和离子交换法。研究表明，超滤膜法大豆分离蛋白质的吸水性和黏度低于碱溶酸沉法大豆分离蛋白质，超滤膜法大豆分离蛋白质的吸油性、乳化性、凝胶性均优于碱溶酸沉法大豆分离蛋白质，一定浓度下超滤膜法大豆分离蛋白质的起泡性和泡沫稳定性优于碱溶酸沉法大豆分离蛋白质。目前，我国也开始进行相关方面的研究工作。

7.1.3　豆制品加工技术

豆制品主要分为两大类，一类是以大豆为主的豆类制品，另一类是以其他豆类制品为主的豆制品。豆类制品主要是以大豆、黄豆、绿豆等豆类为原料制作的食品，常见的豆制品包括豆腐、豆浆、豆腐皮、豆腐干、豆腐脑、豆渣等。发酵性豆制品如天贝、腐乳、豆豉、酸豆浆等。本小节主要分析的是以大豆为原料加工而成的豆制品。

很多豆制品是由豆浆加工而成的，前期豆浆制作工艺流程一共有六个步骤：①选料，选择饱满圆润的优质大豆，皮薄、表面光滑、没有发霉、没有杂质；②浸泡，用水浸泡大豆，使其变软，吸饱水分，方便磨浆；③将浸泡好的大豆反复清洗干净；④选择合适的磨浆机进行研磨出浆；⑤煮浆，在煮浆之前一定要先消泡，防止豆浆假沸；⑥过滤，过滤出豆渣及杂质，得到纯正的豆浆。而豆浆的后期加工，根据 pH 值的不同可以得到不同的豆制品。豆浆：浓度调整到 5，这样可以直接喝，也可以与各种水果或蔬菜搭配出不同口味；豆腐皮：制作豆腐时形成的薄膜，可用来炒菜、包馅、做卷等，口感筋道，富含蛋白质；绢豆腐：豆浆浓度调至 9，烧至 90 ℃左右+复合凝固剂，用冲浆箱+豆制品箱+一次性无纺布加工而成；老豆腐：豆浆浓度调至 8.5，大概在 85 ℃点卤（食用氯化镁），用老豆腐箱+包布+压板等工具压制而成。

四川省豆制品加工企业数量较多，但以中小型企业为主，其中包括众多作坊式企业，其技术与装备较为老旧，自动化程度较低，产品质量难以保证等问题较为突出。笔者选取了两个比较有代表性的企业进行分析研究。

成都豆香食品有限公司是一家现代化、规模化豆制品生产企业，成立于 2010 年 12 月，总投资 5 000 万元，由两家立志改变四川乃至整个西南地区豆制品生产行业落后、粗放局面的公司整合而成，包括西南地区唯一的标准化豆芽生产企业成都安德蔬菜食品有限公司、优质豆腐生产企业成都光华食品有限公司。豆香公司拥有"安德""光荣""其辉"三大品牌，是四川地区豆腐生产企业中生产规模最大、生产水平最高、技术水平最先进的企业。公司位于中国川菜产业化功能区的一期豆腐生产车间已经建成，设计年产能 40 吨，能生产南豆腐、北豆腐、内酯豆腐等所有的豆腐品类。公司采用的生产工艺为国内先进的熟浆工艺，所有原材料均来源于东北地区非转基因大豆，生产用水为地下优质井水，并采用冷链方式配送销售。

成都市新东光食品有限公司是专业生产加工豆制品的公司，拥有完整、科学的质量管理体系。成都市新东光食品有限公司的诚信、实力和产品质量获得了业界的认可。公司主要生产牛肉干、酱卤肉、豆制品、方便食品等。该厂占地面积 20 亩左右，员工 150 余人。项目总投资 1 400 万元，其中固定资产投资 1 000 万元，年产值可达 3 000 万元，年利税上百万元。生产规模为年加工生产系列产品 3 000 吨以上。

上述两个企业为四川豆制品加工业提供了样本，但是绝大多数豆制品加工企业仍然存在生产规模小、集中化程度低、缺乏市场竞争力的问题。许多加工企业受到加工水平和技术水平落后的限制，产品缺乏创新性，产品更新换代缓慢，附加值不高，不具备品牌效应，更不用说进行广告宣传了。这些都严重制约了四川豆制品加工业的发展。

7.2　四川大豆加工业的优势

四川大豆加工业的优势为大豆研究团队实力雄厚，科研水平在国内属于一流；通过培育新品种提高大豆的产量和品质；采用玉米套作大豆模式，为发展四川及我国南方大豆生产提供了技术支持。

7.2.1　四川大豆科研团队综合实力较强

四川大豆研究团队实力强大，对大豆+玉米带状复合种植的理论、技术和机具研究有深入的理解。四川农业大学的研究团队在"大豆+玉米带状复合种植与循环利用"领域独具特色，它们是全球唯一的专注于此领域的理论、技术和机具研究团队。经过20多年的深入研究，该团队在大豆+玉米带状复合种植方面积累了丰富的专业知识和技术经验，为相关领域的发展奠定了坚实的基础。

四川大豆研究团队的领导者杨文钰教授是国家大豆产业技术体系南方区域高产栽培岗位科学家，他主持了多项国家级科研项目，并在国内外发表了80多篇论文，获得多项省部级科技进步奖。他的团队有多位优秀的科研人员，如雍太文教授等，他们在大豆+玉米带状复合种植氮素高效利用方面取得了重要成果。他们通过深入研究大豆+玉米带状复合种植的土壤氮素循环、根系可塑性及氮素吸收利用特性等内容，创建了"地上光照资源优先、地下养分资源协同"的氮素高效利用理论，并提出了大豆+玉米减量一体化施肥与播密协调等栽培技术。

南充市农业科学院大豆研究所承担了原农业部国家大豆产业技术体系南充综合试验站、国家重点研发计划七大农作物育种攻关、原农业部国家南方套作大豆科研育种创新项目、四川省农作物大豆育种攻关、四川省创新团队育种岗位及四川省农业厅、南充市科技局下达的大豆新品种选育等国家、省、市重大科研课题。大豆研究所建有农业农村部国家南方套作大豆科研育种创新基地、国家大豆产业技术体系南充综合试验站、农业农村部重点实验室川渝薯类与大豆科学观测实验站、科技部南充市农业科学院大豆育种创新中心等科研创新平台。

吴海英，女，现任南充市农业科学院大豆研究所所长、研究员、省豆类杂粮创新团队岗位科学家、四川省"科技下乡万里行"大豆10团首席、四川省大豆育种攻关项目主持人，入选果州优秀人才计划。她作为从事大豆育种与栽培技术研究的农业科技工作者，22年来，一直坚持以提高油料大豆自给率为奋斗目标，致力于成为国家粮食安全坚定的守护者，以创新推动农业科技自立自强。

总的来说，四川大豆研究团队在大豆领域的研究实力较强，他们的研究成果不仅在四川得到了广泛的应用，也为全国大豆研究提供了重要的参考价值。

7.2.2 积极培育新品种，助力四川大豆增产增效

在四川省攻关项目和国家相关项目的资金和技术支持下，四川省在耐阴高产超高蛋白质大豆品种选育研究方面取得了重要突破。研究团队成功培育出了耐阴性强、产量高且蛋白质含量超过50%的优质大豆品种，如"南豆12号"和"南夏豆25号"等，这些品种已成为农业农村部主导推广的优选品种。同时，针对四川省丘陵地区大豆生产的特点，研究团队还研发出了机械化全程作业技术，以及人工撒播轻简高效技术，这些技术的推广和应用极大地提高了大豆生产的效率和产量。2019年，南充试验站在国家大豆体系岗位科学家的指导下，在服务区域内开展了玉米间作大豆模式的高产高效生产技术示范，并成功实施了旱地新两熟制"个十百"大豆高产创建项目，这些实践活动不仅提升了当地大豆生产的效益，也为推动农业现代化发展做出了积极贡献，为川渝地区大豆发展提供了强有力的技术支撑[①]。

7.2.3 采用新技术促进四川大豆生产原料迅速增加

自2000年起，四川大豆得益于玉米套作大豆模式快速发展，2013年播种面积达到44.25万公顷。然而，随着城镇化的快速推进，农村劳动力大量外流，导致劳动力短缺问题日益严重。同时，玉米套作大豆模式因其技术复杂性和高劳动强度，种植面积逐渐减少，尤其是在川北大豆产区，超过95%的土地已被更为轻简高效的油+豆、麦+豆新两熟制大豆净作模式替代。针对南部山区的地形地貌特点以及推广旱地新两熟大豆所需的高产优质品种和轻简高效技术，南充市农业科学院以旋耕机为核心，进行了大

---

① 梁建秋，吴海英，冯军冯，等. 四川大豆生产现状、主要问题及发展对策［J］. 大豆科技，2020（3）：7-10.

豆撒播轻简高效播种与全过程机械化高效生产技术体系研究。这一研究旨在解决南方丘陵山区劳动力短缺和规模化种植的技术难题，从而为四川乃至全国南方大豆产业的持续发展提供有力的技术支持①。

7.3 四川大豆加工业的劣势

四川大豆加工业的劣势不仅存在于企业内部，而且存在于整个行业当中。

7.3.1 人工成本高

豆制品的生产门槛相对较低，相关生产设备人工智能化程度低，导致这个行业具有劳动密集型的特点。根据中国食品工业协会豆制品专业委员会统计数据，豆制品企业的劳动力成本在总成本中的占比高达 25%，这几乎是其他同类行业的三倍。更为不利的是，人工成本无法抵扣进项税额，这一现状对劳动密集型的国产大豆加工行业尤为不利。与进口大豆加工行业、乳制品行业和肉制品行业相比，国产大豆加工行业的税负差距进一步加大，成本负担进一步加重。

7.3.2 豆渣处理（销售）难

豆粕价格低廉，营养丰富，是一种常见的饲料添加物，但自从 2018 年起，受非洲猪瘟的影响，我国养猪产业遭受了沉重打击，再加上新出台的"泔水"政策，豆粕的应用受到了很大的影响。将潮湿的大豆渣烘干，使之达到商业标准，是一项成本十分高昂的工作。以每吨黄豆 1.2 吨的豆渣来计算，每吨豆渣的能源消耗在 1 400~2 000 元之间。如何发展豆渣资源化技术，是四川大豆加工企业面临的一大难题。

7.3.3 压榨产能严重过剩

我国大豆压榨产能严重过剩，国产大豆压榨产能过剩也非常严重，其中食用豆粕年产能约 140 万吨，市场需求量却仅在 40 万吨左右，各生产企

---

① 吴海英，唐琼英，梁建秋，等. 四川大豆生产技术建议 [J]. 四川农业科技，2021 (6)：5-6.

业达产率不足 30%，产能利用率较低，大量设备闲置。与此同时，国产大豆价格上涨，进口大豆价格倒挂，使国产大豆压榨量呈现极速萎缩态势。黑龙江省内的大豆压榨企业只能从事非转基因大豆压榨业务，不能加工进口大豆，而油脂生产设备具有极强的专用性特点，难以进行大豆食品加工用途改造，因此国产大豆压榨应用领域向食品领域的演进将进一步造成设备被动无效。上述问题使四川大豆压榨加工企业在转型过程中面临巨大的资产负担，也造成了资源的严重浪费。

7.3.4　缺乏"一条龙"供应链

一般来讲，一个优秀的企业都具备完整的供应链条。然而，四川大豆行业到目前为止还没有建立起"产—供—销""产—加—销"的完整产业链，也没有专业的大豆销售组织，就算农户种出了高品质的大豆，也因为流通渠道不畅而销售困难，在一定程度上影响了农户对高品质大豆的种植热情。

7.4　四川大豆加工业面临的机遇

四川大豆加工业面临的机遇巨大，利用非转基因大豆可研发出高营养、高附加值的大豆产品，能够更大程度地保留大豆原有的营养价值，绿色消费观的逐渐普及，也有利于健康的大豆加工产品长期发展。

7.4.1　非转基因大豆开发潜力大

在中国，非转基因大豆原料被视为食品加工企业的竞争优势，尤其是在健康食品和有机食品市场中。此外，中国政府也在努力构建大豆进口的多元化格局，不仅进口转基因大豆，也从俄罗斯、埃塞俄比亚等国进口非转基因大豆，以减少对单一来源的依赖。此外，一些中国企业已经开始深耕非转基因大豆种植，利用地理优势发展非转基因大豆产业。例如，黑河金禾农业科技股份有限公司就是一家在俄罗斯建立境外种植基地的中国企业，该公司利用背靠西伯利亚种植基地的地理优势，发展非转基因大豆。由于俄罗斯目前全面禁止在境内种植转基因植物及禁止转基因商品进口，金禾股份的种植基地接受了更为严格的安全审查，以保证生产的非转基因大豆食品质量和食用安全。

7.4.2　大豆产品营养价值与现代健康消费观高度契合

随着技术的进步，大豆加工产品能保留的大豆原先的营养价值也越来越多，在口感丰富的同时也愈发有利于健康。随着生活水平和文化素质的提升，中国公众的健康饮食意识也在不断增强，倡导科学饮食和营养均衡，减少高脂肪、高热量的肉类食品消费，增加绿色健康素食消费。这无疑将促进公众对豆制品的消费热情，有利于行业长期发展。

7.5　四川大豆加工业面临的挑战

四川大豆加工业面临的挑战主要有环保问题、税收问题、财政补贴问题。

7.5.1　环保压力大

随着双碳政策的落实，保护环境的呼声越来越大，按照国家新环保法的要求，企业必须投入大量的资金进行相应环保设备的升级换代，这些环保设备上的投入给企业带来了很大的资金压力。根据目前情况，废水处理已经成为豆制品行业可持续发展的瓶颈，对于污水处理后留下的污泥处理和用途，目前尚未有突破性进展①，环保问题也是企业要面临的难题之一。

7.5.2　税收制度不完善

近年来，税制改革频繁，豆制品加工的增值税虽已降至13%，但相较于进口大豆加工榨油，仍高出4%，国产大豆加工行业在竞争中处于劣势。与此同时，乳制品、食用植物油、肉类生制品等并列行业享受9%的农产品优惠增值税税率，进一步加剧了豆制品在同类市场竞争中的不利地位。除了行业之间的不公平，还存在着城市之间的不平衡，在这种情况下，在异地投资建厂时，就会出现行业之间以及同行业不同地区的企业之间不平等竞争的矛盾②。

---

① 徐玉环，吴月芳. 2019 大豆食品重点加工企业调研报告 [J]. 大豆科技，2019（6）：37-40.
② 吴月芳. 2019 中国大豆食品行业状况、趋势及建议 [J]. 中国豆制品产业，2019（4）：20-28.

7.5.3 对企业缺乏补贴

2022 年，四川省农业农村厅会同财政厅制定了《四川省大豆玉米带状复合种植专用播种机补贴额一览表》，这是四川省首次补贴大豆+玉米带状复合种植专用播种机，最高补贴额度达 1 万元。但是这些政策均没有体现在直接对大豆加工企业的补贴上面，大豆加工企业的发展并没有得到有效的重视。

7.6　本章小结

本章从大豆加工技术分析、四川大豆加工业优势、四川大豆加工业劣势、四川大豆加工业面临的机遇、四川大豆加工业面临的挑战等角度研究了四川大豆加工产业的发展战略。

在大豆加工技术方面，本章分析了油脂加工、大豆蛋白质加工和豆制品加工技术。油脂加工有预处理和制油方法，大豆蛋白质加工技术多样，但国内存在加工能力不足等问题。豆制品加工涉及多个步骤，四川企业数量虽多但规模都较小、技术也比较落后。就总体而言，我国大豆加工技术有待提高。四川大豆加工业优势：科研团队实力雄厚，培育出了优质品种，助力增产增效。采用玉米套作大豆模式，增加原料供应。积极研发新技术，如大豆撒播轻简高效播种技术。此外，还在品种选育和推广方面取得成效，为大豆加工业发展提供了有力支撑。四川大豆加工业劣势：人工成本高，企业成本上升，在市场竞争中处于不利地位。豆渣处理困难，增加了企业成本和环保压力。压榨产能严重过剩，设备闲置，资源浪费。缺乏"一条龙"供应链，流通不畅，影响产品销售。这些劣势制约了四川大豆加工业的发展。四川大豆加工业面临的机遇：非转基因大豆开发潜力大，满足市场对健康食品的需求。大豆产品营养价值高，与现代健康消费观契合，有利于市场拓展。随着人们对绿色食品的需求越来越多，大豆加工产品市场前景广阔。此外，政策支持和技术创新也为行业发展提供了有利条件。四川大豆加工业面临的挑战：环保压力大，需投入资金升级环保设备。税收制度不完善，增值税较高，加剧了竞争劣势。企业缺乏补贴，发展受限。此外，还存在市场竞争激烈、产品同质化、技术创新不足等问题，这些都阻碍了四川大豆加工业的进一步发展。

基于以上结论，对于四川大豆加工业的发展，笔者有以下建议：

第一，加快大豆加工企业数字化转型。做到资源配置优化，减少重复工作，解放更多人力，避免让具有真才实干的人才做一些仅仅是体力劳动的工作，让其更多地投入到创新性工作中，进而大大减少成本，增加企业的价值。第二，加强农田基本建设，研发培育早熟高产且优质的大豆新品种。建议依托国家大豆产业技术体系，成立专门的四川大豆育种攻关团队。团队应针对该区域的特定气候、耕作方式及机械化生产需求，集中力量研发早熟、高产、高蛋白质且具备抗逆性的大豆新品种，从而为四川大豆生产的持续发展提供坚实的品种支撑。保证大豆的质量是发展四川大豆加工业的前提。第三，扶持龙头企业，建立行业内标杆。龙头企业是一个行业内企业的标杆，四川大豆如果想走出四川，迈向全国乃至世界，必须有龙头企业，现在四川正是缺乏这样的龙头企业。第四，对大豆加工业实行一定的税收优惠。从日常生活中我们可以观察到，四川大豆加工产品的广告相对较少。广告是推广产品，增加产品曝光度知名度的有效方式。许多大豆加工产品缺乏有效的推广，销售量并不乐观，同时也打击了整个加工业的积极性。然而，广告费支出普遍较大，且税前扣除比例只有15%，这对大豆加工业的现金流冲击巨大，笔者建议为调动大豆加工企业的积极性，可以在一定程度上增加大豆加工业广告费的扣除比例，鼓励大豆加工业积极宣传产品的同时也能在一定程度上保证企业的现金流充足，降低企业资金周转的压力。

综上所述，四川大豆加工业未来的发展仍然面临诸多难题。现阶段经济下行也给四川省大豆加工业带来了巨大的冲击，产业结构正在面临转型。虽然这些企业需要补贴，但是政府对于方向的调控必须谨慎，毕竟现在哪方面出现大利好即为国家大战略的调整方向。政府号召科技强国，发展高新技术企业。或许大豆加工业并不会像高新技术企业那样发展得那么快，但是作为传统劳动密集型企业，笔者建议采用劣势加机遇（WO）战略，尽可能降低人工成本，加快企业数字化转型，在数字化上谋求转变和创新。完善员工福利政策，提高员工的工作积极性。加强技术研发投入，确保产品具有竞争力。

8　四川大豆加工企业行为分析

8.1　四川大豆加工企业原料采购行为分析

原料采购环节是加工制造业企业开展正常生产经营活动的重要环节，把控好企业的原料采购环节，对于加工制造业企业的长远发展有深远的意义。本小节主要对四川大豆加工企业的原料采购行为进行分析，通过梳理集中采购模式、联合采购模式、订单驱动采购模式下的大豆加工企业原料采购特点，分析四川大豆加工企业大豆原料采购的影响因素，进而提出四川大豆加工企业大豆原料采购决策优化建议。

8.1.1　四川大豆加工企业大豆原料采购模式

企业的原料采购行为是企业日常生产经营活动中重要的部分。采购是指企业通过购买、租借等形式获得商品或者服务的使用及占有的权利①。公司的采购业务是为其生产加工过程做准备的，在这个过程中会涉及公司采购部门、公司仓储部门、公司财务部门、公司销售部门等各个部门，同时需要专业的采购人员与供应商沟通，拟订采购合同，尽可能用最小的成本获得生产加工所必备的原料。研究四川大豆加工企业的大豆原料采购行为，可以从不同的采购模式来进行分析。采购模式不同，采购的具体业务流程会有一定的差别，涉及各个部门之间的配合，其管理方式也会

---

① ROBERT MONCZKA, ROBERT TRENT, ROBERT HANDFIED. Purchasing and supply chain management [M]. 3rd ed. Beijing: Tsinghua University Press, 2007.

不同。以下主要分析集中采购模式、联合采购模式以及订单驱动采购模式。

8.1.1.1　集中采购模式

集中采购模式就是企业经营所需的所有物品都集中交由采购部门进行统一采购，采购部门负责采购的相关事宜，对于采购原料的不同，选择最适宜的采购方案，同时控制采购成本。由于采购数量较大，采购方成为强势的一方，跟供应商进行谈判时往往具有比较强的议价能力，因此采购方也能够获得一些有利条件。这种采购模式对于大型企业、中小型企业都适用。在集中采购模式下，企业进行原料采购也要遵循一定的采购流程。一般来说，生产部门在生产加工过程中领用了生产加工所需原料后，仓储部门发现库存的原料储存量达到警戒线时，仓储部门就要与采购部门进行沟通。采购部门根据以往的采购情况进行原料的需求预测，确定好需要的原料用量后提交采购申请，经审批后生成采购订单，然后通过采购专员与供应商洽谈，双方同意后，签订采购合同。在此之后，供应商要按照采购合同上约定的发货时间发货并且要进行物流跟踪，同时告知原料采购企业货物已经发出。采购企业收到原料时，要由仓储部门进行原料入库检验，如果检验合格就及时将所采购的原料入库，再由采购部门进行对账并报送至财务部门提交付款申请。财务部门审核通过后向供应商打款。如果检验不合格，采购部门就要与供应商进行退换货沟通，供应商同意后，由仓储部门进行退换货处理。集中采购模式具体的原料采购流程如图 8-1 所示①。

---

① 桃燕. HT 公司原材料采购成本控制研究 [D]. 西安：西安电子科技大学，2019.

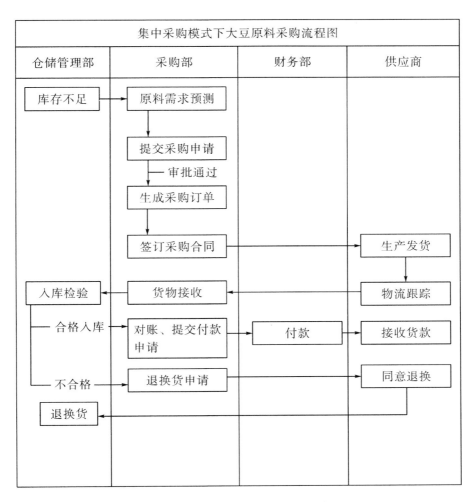

图 8-1　集中采购模式下大豆原料采购流程

8.1.1.2　联合采购模式

联合采购是指整合两家及以上公司的采购需求，获取由采购量、交付与供应链等方面的优势所带来的最优价格并降低管理时间与成本。联合采购模式主要存在于中小企业之间，某些中小企业对于有共同需求的原料会进行联合采购，这样所需物资的采购量将会明显上升，有助于增强采购企业的议价能力，原料采购企业在与供应商进行谈判时将会争取到更多有利的合同条款，这对于中小企业降低采购成本来说不失为一个有效的办法。联合采购更多的可以理解成一种战略性寻源的采购模式，它涉及多家企业之间的合作，利用多家企业之间共同合作所具有的竞争性来将购买力最大化，同时采购企业之间也可以共享优质的供应商。联合采购模式与传统的集中采购模式的主要区别就在于多家有着共同采购需求的企业之间有原料采购方面的合作，自然在采购流程上会有一些区别，前期各企业内部要评估联合采购项目及合同，在评估和各项检查通过、意见一致后才会进行采购。联合采购模式具体的原料采购流程如图 8-2 所示。

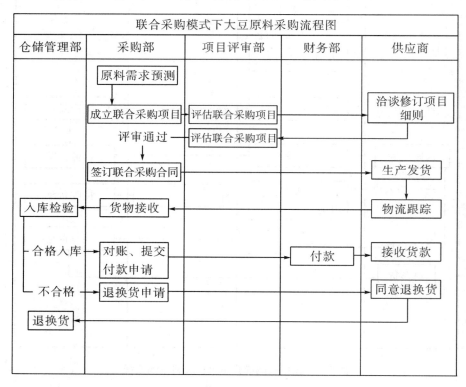

图 8-2　联合采购模式下大豆原料采购流程

8.1.1.3　订单驱动采购模式

随着新销售模式的出现，越来越多的生产企业尝试着改变原来"以产定销"的生产模式，更多地倾向于"以销定产"的生产模式，于是便催生出了以销售订单为驱动力的采购模式，这对于大豆加工生产企业来说也是一种新的思路。订单驱动模式下的生产加工量是由销售订单量决定的，自然生产原料的采购量也会受到销售订单量的影响。在订单驱动采购模式下，生产加工企业的采购需要及时且保证原料质量，否则将影响产品的生产加工，进而影响销售，所以，生产加工企业往往会与合作较好的供应商签订契约来保证企业需要生产加工原料的时候供应商能够及时地提供优质原料。除此之外，当生产加工企业订单量突增，原与供应商签订的产销合同中约定的原料量不够企业生产加工时，生产加工企业可能还会有随机收购大豆原料的行为，这时生产加工企业只能随行就市，其采购流程如同集中采购模式下的采购流程；当生产加工企业发展较好，销量可观时，生产加工企业也可能会与原料供应商进行深度合作，比如双方企业之间互相参股，形成战略伙伴关系，共同分享发展的机遇。订单驱动采购模式具体的原料采购流程如图8-3所示。

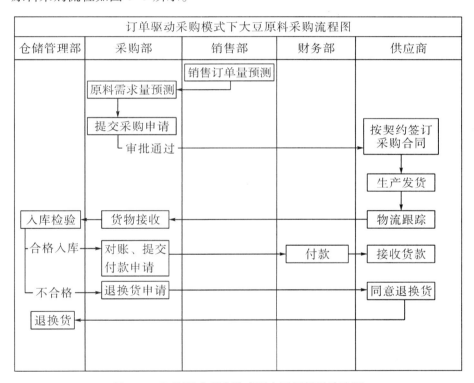

图8-3 订单驱动采购模式下大豆原料采购流程

8.1.2 四川大豆加工企业大豆原料采购的影响因素

原材料采购行为是生产加工企业日常生产经营活动中频繁发生的行为。在原材料采购过程中，要考虑多方面的影响因素，主要包括原料的供货渠道、付款条件、交货条件、采购数量、市场货源的供求状况、原料的品质、企业的规模、采购的成本①等。以下将对上述八大原材料采购影响因素展开具体分析。

8.1.2.1　供货渠道

对于四川大豆食品加工企业来说，其所采购原材料的供货渠道是非常关键的，为了保证连续生产，原材料的供应一定要及时、稳定。大豆是农产品，要考虑到不同的供货渠道提供的大豆品质、供货过程中大豆的储存环境、供货价格是不一样的。现实生活中可以将采购渠道分成直接采购渠道和间接采购渠道两种。直接采购渠道能够保证采购到的大豆原料的品质，但是需要大豆加工企业亲自筛选大豆货源的供应商，在该过程中可能会直接面对多家大规模种植大豆的农户同时进行收购。在间接采购渠道中，虽说采购双方会签订采购合同，也能在一定程度上保证大豆原料的品质，大豆加工企业在亲自选择一手货源方面会比较省心，但会存在中间商加价的环节，而且若要对所采购大豆原材料的品质溯源，会比较麻烦。

8.1.2.2　付款条件

在拟订采购合同之前，采购方和供应商都会洽谈关于采购的相关事宜，供应商往往会给采购方拟订一些付款的优惠条件，比如说现金折扣、期限折扣、分期付款的条件等，如此，供应商可以刺激采购方尽早地交付货款或是可以促进己方的原材料销售。因此，在四川大豆加工企业进行原材料采购时，要考虑付款条件的因素，不同的付款条件，能给企业带来不同的便利。

8.1.2.3　交货条件

交货条件主要是指货物交付的方式、货物交付的环境，包括运输货物的方式、交付货物的时间及地点、货物的包装物等。在采购时，如果采购方要求的交货时间比较紧，那么供给方可能会对货物提价。对于四川大豆加工企业来说，运输大豆原料多可以采用陆运的方式，陆路运输相对于航空运输来说花费会低一些，且如果采购的大豆由采购方承运，价格会更低一些。

8.1.2.4　采购数量

采购原材料数量的多少会直接影响采购价格的高低，如果采购方的采购数量大，那么其享受销售折让的机会就大。在四川大豆加工企业能够较

---

① 王海鹏，王绍辉. 原材料采购在农产品加工企业中战略地位研究 [J]. 安徽农业科学，2013，41（21）：9074-9077，9113.

好地保存大豆原料、合理安排大豆原料加工的情况下，可以考虑集中采购，用批量优势获得一定的价格优惠。

8.1.2.5 市场货源的供求状况

市场上原材料货源充足与否直接影响着原材料的价格，这是由供求关系决定的。当企业所采购的原材料供给大于需求时，采购方占据主动地位，拥有谈判价格的优势；反之，供应商处于主动地位，将会抬高原材料价格。对于四川大豆加工企业来说，大豆是其采购的主要原材料。大豆作为农产品，具有一定的特殊性，大豆的产量会受到气候、虫害、品种、种植技术等多方面的影响，而且大豆成熟收获后，其保存时间是有限的，保存环境也非常关键，这些都会直接影响大豆原材料的市场供给量，继而会影响大豆市场的供求状况。

8.1.2.6 原料的品质

原材料品质的高低会直接影响连续加工生产出来的产品的品质，而且现在人们越来越重视身体健康，自然对于食品安全也非常关心，所以，四川大豆加工企业在采购大豆原材料时要考虑大豆的品质。在市场上，原材料的品质与采购价格成正比例关系，优质的原材料价格确实要高些，采购的大豆原材料只要能够满足大豆加工企业生产加工的标准，可以在合理的价格下选择质量适度、质量保证的原材料。

8.1.2.7 企业的规模

企业规模的大小会直接影响企业的销售。一般来说，规模比较大的四川大豆加工企业在市场中更有竞争优势，规模较小的四川大豆加工企业要先生存才能谈发展，自然规模较大的四川大豆加工企业销售情况会比规模较小的四川大豆加工企业更好，从而规模较大的四川大豆加工企业的原料采购数量较规模较小的四川大豆加工企业也更多，而且规模较大的四川大豆加工企业往往资金更雄厚，在采购上也会更具优势，更有议价能力。

8.1.2.8 采购的成本

采购成本应包括采购过程中所耗费的全部成本，这里不仅仅指原材料的购买价款，还涉及进货、运输、验收入库、维护保管等环节中一切必要的开支；采购成本也可以理解为置办企业生产加工过程所必需的原材料，洽谈、购买、包装、运输、装卸、储存等各个环节所耗费的人力、物力、财力的总和。影响四川大豆加工企业原材料采购成本的因素比较多，也可以将其分成企业内部影响因素和企业外部影响因素两部分。内部因素比如采购频率、采购数量、支付周期、谈判能力等，外部因素比如原材料市场供求状况、与供应商的合作关系、原材料品质等。原材料采购数量及市场供求状况会直接影响进货时所需支付的原材料价款，这往往也是企业最为关心的，因为原材料价款占采购成本的比重较高；采购频率需要与采购数量结合在一起分析，若是高频率少量采购会使得运输成本增加，若是低频率大量采购会使仓储成本和保管成本增加；支付周期长，则采购行为带给采购企业的资金压力较小，短期内，企业的采购成本会相对低一些；如果采购方谈判能力强，则采购方拿到优惠条件的机会就大，能够为企业在一定程度上降低采购成本。

8.1.3 四川大豆加工企业大豆原料采购决策优化建议

在集中采购模式下，大豆原料的采购量会比较大，但是在现实采购的过程中还存在"以产定销"的思路，而且加工企业采购回来的大豆原料需要有较好的储存条件，以免大豆原料发生变质、腐坏等现象。虽然集中采购模式下采购方会有比较强的议价能力，但是在这种模式下采购方企业与供应商之间的关系不如订单驱动采购模式下的采购方与供应商之间的关系，还可能出现每一次集中采购时都会重新挑选供应商的情况。当企业大豆原料库存不足又急需生产时，这时可能会出现短时间内采购不到足够的大豆原料的情况。联合采购模式对于中小型企业来说也是一种提高自身议价能力的不错的方法，通过多家企业之间的合作，能够为自身企业争取到更多的优惠条件，而且在互相有合作的企业之间可以塑造友好的竞争关系，对于中小企业的发展来说也是有利的。订单驱动采购模式需要企业能够预估其产品的销售量，而且企业要拥有与供应商相当的谈判能力，这需要企业具备一定的综合管理能力和较雄厚的实力，通常较大型企业会考虑采用这种采购模式，因为供应商往往会与企业签订长期的供销合同，供应商的货源会先满足这种有长期稳定合作关系的企业，从而采购企业与供应商之间的关系会更加紧密，供应商也会在一定程度上保持稳定。

综合上述分析来看，四川大豆加工企业在进行大豆原料采购时可以从企业自身的规模、企业的综合管理能力、与竞争者的关系、产品销售情况、供应商的资质等多方面来进行综合考虑，利用企业的优势条件，选择适合企业自身的、有利于企业生存发展的采购模式。建议大型企业向订单驱动采购模式进行转型，与供应商形成战略伙伴关系，企业与供应商互利共赢、共同发展，这对于企业持续健康发展来说是有利的。小型或是中型企业可以考虑进行联合采购，如此既可以为企业获得一定的有利条件，也能在各企业之间形成友好竞争、互相合作、共同发展的伙伴关系。

8.2 四川大豆加工企业产品定价行为分析

要分析企业的定价行为，就要先看企业所处的市场，市场中企业的数量、企业的相对规模、企业进入或退出行业的难易程度、消费者的需求都会影响现有企业的生存和发展，不同的行业也有不同的市场结构，这就需要企业管理者做出不同的决策。一般地，我们将市场结构分成完全竞争市场、垄断市场、垄断竞争市场、寡头垄断市场四种类型。在完全竞争市场中，所有企业技术相同且产品同质，不存在更具优势的企业；垄断市场则是指在相关市场上只有一家企业提供产品，卖方常会利用其垄断地位来限制产量从而制定高于边际成本的价格；垄断竞争市场中的每家企业的产品与其他企业的产品都略有差异，而且市场上有很多企业和消费者；寡头垄断市场上则会存在几家大企业作为主导，如果一家企业改变其价格将影响自己及行业内其他企业的利润①。由于完全竞争市场中的企业对其产品定价不具备控制力，产品价格完全由市场供求来决定，市场上各企业的同类产品定价都相同，只有具备一定市场势力的企业对其产品定价才有一定的影响力，而且现实中也很难找到完全竞争市场，加之四川大豆加工企业也并未形成一家独大的垄断局面，所以四川大豆加工企业产品定价行为是基于垄断竞争市场下的分析。

8.2.1 四川大豆加工企业产品定价模式

8.2.1.1 利润最大化定价模式

在市场中，具有一定的市场势力的企业面对的需求曲线是一条向下倾斜的曲线，产品价格定得越高，企业销售的产品数量将会越少，如此一来，企业就需要在低价销售大量产品和高价销售少量产品之间进行权衡。学者迈克尔·贝叶和杰弗里·普林斯在他们的著作《管理经济学》中说，

---

① 迈克尔·贝叶，杰弗里·普林斯. 管理经济学（原文第 8 版）[M]. 王琴，译. 北京：中国人民大学出版社，2017：198-293.

在垄断竞争市场下，企业的产品产量设定在其边际收益（MR）等于边际成本（MC）时，能够获得利润最大化的价格，但这就要求企业管理者能够估计出产品的需求函数和成本函数。下面举例说明：假设某企业生产产品 X，产品 X 的反需求函数是 $P = a - b * Q$（其中 Q 表示产品 X 的产量，P 表示产品 X 的价格，a 和 b 都是常数系数），那么该企业销售产品 X 的收益就表示为 $R = P * Q = a * Q - b * Q^2$，则产品 X 的边际收益就为 $MR = a - 2b * Q$；假设该企业的产品 X 的成本函数为 $C(Q) = d * Q$（其中 C 表示产品 X 的成本，d 是常数系数），那么产品 X 的边际成本就为 $MC = d$；由 $MR = MC$ 即可求出利润最大化时的产量 $Q = (a - d) / 2b$，带入产品 X 的反需求函数中就可以求得利润最大化时的价格为 $P = (a + d) / 2$。

如果企业的管理者无法估计出产品的需求函数和成本函数，也可以采用学者迈克尔·贝叶和杰弗里·普林斯在他们的著作《管理经济学》中所提及的一种简化的估计方法，即大多数企业对其所销售产品的边际成本（MC）都会有一个估计，此时只需要知道企业销售的产品的需求弹性价格（EF）就可以简单估计出利润最大化时的价格，此时 $P = EF / (1 + EF) * MC$。这种方法简单易算，也好理解。

8.2.1.2　整包定价模式

整包定价模式是另一种可以增加企业利润的定价模式，在这种定价模式下，企业会将商品进行打包销售，以固定数量的产品为一件或者一包，消费者将会在购买整件或整包产品和不购买之间做出选择。按照整包价或整件价算下来的单件商品价格往往会比零售单件商品的价格低，因此消费者也会认为购买整件或整包商品是有利可图的。通过这种定价模式，企业一方面能够增加产品的销售量，另一方面企业也能够获得比单一定价模式更多的利润。

8.2.1.3　商品捆绑定价模式

商品捆绑定价模式是指企业将其销售的两种或是两种以上的不同产品捆绑在一起以单独的捆绑价格来进行销售。四川大豆加工企业运用商品捆绑定价模式来销售其商品，在一定程度上能够促进企业多种产品的销量提升，也能够增加企业的利润。这是因为企业管理者利用了消费者对同一家企业的不同商品有着不同的支付意愿，从而通过商品捆绑销售模式来增加企业的利润。现实生活中也有常见的例子，比如旅行社提供的一揽子服务（住宿、餐饮、车票、景点讲解），超市里不同种类的商品以同一价位在同一个柜台进行销售等。

8.2.1.4　竞争导向定价模式

竞争导向定价模式的关键点就是看企业的竞争对手对于同类商品的价格的反应。如果企业的竞争对手提高或者降低某种商品的价格，那么企业就要相应地对同种产品的价格做出调整，从而在保持企业某种产品市场占有率的前提下尽可能地提高该产品的市场占有率。这种定价模式并不是把企业产品的成本或是消费者的需求放在第一位，而是企业对于竞争对手产品的价格调整更为敏感。在实施这种定价模式时，四川大豆加工企业还需要结合自身的竞争实力、企业的总体经营目标、市场的需求等来进行考虑，同时还要配合一些营销手段。

8.2.2　四川大豆加工企业产品定价的影响因素

8.2.2.1　企业的成本对定价的影响

对于四川大豆加工企业来说，大豆是其主要的加工原料，从企业采购大豆原料开始到将大豆原料加工成产成品，再到出售产成品收回产品货款，这一系列过程中所发生的成本都是企业需要考虑的。大豆原料价格会直接影响企业完工产品的成本。大豆作为加工原料的同时也是日常生活中常见的食品，市场上也存在着诸多替代品，比如豌豆、绿豆、花生、葵花子、玉米、小麦等，大豆原料价格会受到其替代品的影响。如果市场上对大豆原料替代品的需求较多，那么对大豆的需求就要减少，此时大豆原料的价格可能会降低；反之，则会升高。大豆原料价格的高低还会受到其种植成本的影响，种植成本较高时，大豆原料的售价也会偏高。除此之外，企业还需要考虑生产加工的辅料成本、人工成本、销售成本等，对原料采购入库、产品生产加工、产品销售出库等整个采购、生产、销售一系列流程中的成本都要予以考虑。当企业成本较高时，企业制定的产品售价过低，会使得企业利润空间比较小，甚至从长期来看，企业出售产品的利润不足以支持企业持续经营，这样的话，企业就难以生存，更不利于企业的发展。当企业成本比较低时，企业制定的产品售价就有更多的选择调整空间，在出售产品的过程中，企业还可以使用一些促销手段来促进产品的销售，从而企业的利润空间会比较大。所以，企业的成本对于企业制定的销售价格来说尤为重要。

8.2.2.2　消费者需求对定价的影响

消费者对某种产品的价格越敏感，则该种产品轻微的价格变化都会影响消费者对其的需求量，当该种产品的价格提升时，其需求量会明显下降；当该种产品的价格降低时，其需求量会明显上升。看消费者需求对产品定价的影响，除了看消费者自身对某种产品的价格敏感度外，还需要看市场中产品的替代品是否丰富，如果某种产品的替代品比较多，那么消费者的选择就多，此时提升产品的价格就会促使消费者去选择该产品的替代品，因此，如果某产品市场上的替代品比较多，那么产品定价不宜与替代品相差过大。产品质量也会影响消费者对某种产品的需求，如果产品质量佳，产品定价不过分高，那市场上部分消费者还是愿意购买质优价美的产品的。

大豆加工企业的大豆原料，经生产加工后可以生产成豆腐、腐乳、豆干、腐竹、豆皮、豆油、饲料等产品，其中一些是满足人们的日常生活消费的食品，而饲料主要是满足畜牧养殖户的需要，因此，这两大类消费者对大豆产品的需求将会对其产品的定价产生影响。一般来说，大豆产品作为人们的日常食用消费品，其需求会相对稳定，那这类产品的定价也会相对稳定；当大豆原料加工成饲料之后，由于市场上畜牧养殖户养殖牲口会承担较大的风险，养殖周期也比较长，所以养殖户们每年的养殖情况会有所不同，因此，饲料类产品的定价受市场供求的影响更大。

8.2.2.3 市场竞争者对定价的影响

企业在市场中生存，在市场中发展，而市场中往往还会存在属于同一行业的其他企业或是消费同类的跨行业发展型企业，它们都是一个圈子里的竞争者。企业想要发展壮大，就不可避免地要学会在适应市场竞争的前提下谋求生存与发展，所以，在企业制定定价策略时要关注竞争者的定价行为。企业要将自己生产的产品成本、产品质量、加工技术等与竞争者的产品成本、产品质量、加工技术等进行比较，从而了解到自己与竞争者的差别，判断自己在哪一方面存在优势，哪一方面存在劣势，从而制定出一个合理的销售价格。如果企业的加工工艺、产品质量优于竞争者，那么定价可以稍高于竞争者，结合一些宣传手段辅助，突出自己产品的优势，扩大产品的市场份额；如果企业的产品与竞争者的产品几乎没有什么差异可言，那么定价可以略低于竞争者或是与竞争者持平，这样一来企业就要尽量地保证自己产品的销售额，稳住自己产品的销售市场。

8.2.3 四川大豆加工企业产品定价决策优化建议

四川大豆加工企业对其豆类产品的定价需要综合考虑多方面的影响因

素。在产品成本方面，企业定价要站立在整体的流程化视角上来考量，从采购到生产加工再到销售出库整个连贯的流程上产生的成本都要加以考虑，因为流程中的各个环节之间的工作效率会相互影响，进而需要从整体上把控原料加工生产过程，这样对于成本的分析才会更全面，对于成本的把控才更精准。在消费者需求方面，企业定价要结合不同产品种类在不同的市场上的供求状况进行分析。作为居民日常生活消费品来说，大豆产品消费者对其需求比较稳定，一般来说消费者对这类产品的价格不是那么敏感，但是当市场上的替代品比较丰富时，消费者的选择增多，大幅提升这类豆制产品价格就不可行。大豆产品作为畜牧养殖的原料时，就要考虑省内外养殖户养殖的情况，当养殖户多、养殖牲畜量大时，市场上对饲料需求量就大。但是牲口养殖周期长、养殖风险大，所以如果四川大豆加工企业能够和具有一定规模的养殖场合作，签订长期合同，定价稳定一些，也有利于企业长期的盈利和可持续发展。在竞争者方面，四川大豆加工企业要分析竞争者的优势与劣势、生产加工的同类产品，找到自己与其产品有差异的地方，从而为改进工艺或是宣传自己产品的优势做一些准备。关注竞争对手的同类产品价格也很重要，以便做出提价或是降价的反应。当市场竞争激烈时，企业可以考虑采用商品捆绑定价模式或是整包定价模式，针对不同消费者不同的购买意愿，企业可以提前策划组合商品出售的种类搭配，制定出有益于满足消费者需要、扩大市场份额、提升企业销量、增加企业利润的产品定价策略。

8.3 四川大豆加工企业市场营销行为分析

在分析企业的市场营销行为时，要关注企业对于市场营销理念的理解、关注企业对市场营销的定位。企业要进行有效的市场营销，就要关注产品销售的目标市场以及目标市场中的消费者及竞争对手的反应，做到比竞争对手更有效地满足消费者的需求，让消费者满意，从而实现企业的营销目标。以下论述将从四川大豆加工企业的营销定位、市场营销手段、营销策略优化建议三个方面展开。

8.3.1 四川大豆加工企业的营销定位

现代企业的市场营销管理哲学可归纳为六种，即生产观念、产品观念、推销观念、市场营销观念、客户观念和社会市场营销观念①。生产观念认为消费者喜欢随处可以买到并且价格低廉的产品,因此,企业要在提高生产效率、分销效率,扩大生产,降低成本的同时拓展自己的产品市场。产品观念认为消费者喜欢高质量、多功能、具有某种特色的产品,因此,企业要不断地改进自己的工艺、技术水平,致力于生产高价值的产品。推销观念认为消费者具有购买惰性和抗衡心理,因此,企业需要通过积极推销和大力促销自己的产品,刺激消费者来购买企业生产加工的产品。市场营销观念认为,实现企业各项销售目标的关键,就是要正确确定目标市场的需要和欲望,并且要比自己的竞争对手更有效地传送目标市场上所期望的物品或服务,从而能够比竞争对手更有效地满足目标市场的需要和欲望。即企业想要实现其制定的营销目标就需要明确自己的目标市场,了解目标市场中的消费群体的需求和购买欲望,顾客需要什么样的商品和服务,企业就提供什么样的商品和服务。客户观念则认为客户需求及客户的满意度已经逐渐成为营销战略成功的关键所在,企业通过准确地了解和满足客户的需求,给客户提供优质的商品和服务,与客户建立起良好的关系,进而实现企业的目标。社会市场营销观念要求市场营销者在制定市场营销政策时,要统筹兼顾企业利润、消费者需要、社会利益三个方面的利益。

四川大豆加工企业在进行产品生产加工与出售时,要兼顾成本与收益,要重视消费者需求,要关注竞争者战略,还要兼顾社会利益,通过对市场环境的调研、竞争对手的分析、相关行业政策的解读、未来行情的预判,企业会确定自己的目标市场和产品定位。在市场上,一般来说,产品的价格、质量、品牌会对消费者的购买意愿产生比较大的影响,对于价格高但质量好又具有比较深厚的品牌文化的产品来说,人们一般愿意支付高价购买。如果企业再举办一些促销、打折等活动,一般会刺激消费者前来购买,也会进一步扩大产品的市场以及提升品牌的影响力。

从四川大豆加工企业的市场需求者来看,四川大豆加工企业面对市场中不同的豆制品需求者,企业需要生产加工出符合不同的消费者需要的不同种类的豆制产品,比如,入驻到各大商超的豆腐干小吃、大豆植物油、黄豆酱、豆腐乳等,贴近人们日常生活的菜市场中的豆腐、豆干、豆皮、

---

① 郭国庆. 市场营销学 [M]. 武汉:武汉大学出版社,2004:159.

腐竹等豆类食用品，各种奶制品中的豆类植物蛋白质，供应养殖户的饲料等。规模较大、发展较成熟的豆制品加工企业往往会有自己的品牌以及商标设计，甚至有自己独特的加工工艺、保密配方等，某些即使在菜市场中零售的豆制品也会印上企业相应的标记。因此，四川大豆加工企业的目标市场主要涉及有日常豆制品需求的居民消费市场、豆制品小吃爱好者的消费市场、豆制品饮料的消费市场、养殖饲料消费市场。

8.3.2　四川大豆加工企业的市场营销策略

企业在分析、确定了自己的目标市场后，为了实现产品的销售、打开产品在市场上的销路或是维持现有的产品市场份额，不可避免地就要采取一系列的营销手段。在组织、策划、开展营销活动的过程中，企业需要有明确的目标，即企业营销策略的开展需要针对选定的目标市场，要结合企业自身拥有的资源和条件进行考虑，同时要对外界的相关信息进行处理和分析，以便企业了解到目前的市场营销状况，包括市场状况、产品状况、分销状况、宏观环境等。企业在进行营销的时候，也可以采取多种营销手段相结合的方式，以便达到更好的营销效果。

8.3.2.1　产品组合策略

产品组合是指企业生产或销售的全部产品大类、产品项目的组合。产品大类又称产品线，产品线中的产品具有密切关系，它们或经由共同的商业网店销售，或同属于一个价格区间。产品项目是指某一产品品牌或产品大类内由尺码、价格、外观及其他属性来区别的具体产品。产品组合涉及四个维度：宽度、长度、深度、相关性。宽度是指企业的产品组合中拥有的产品线的数目，长度是指企业的产品组合中产品项目的总数，深度是指企业产品线中的每一产品项目所含有的产品品种，相关性是指各条产品线在最终用途、生产条件、分销渠道或其他方面相互关联的程度①。不同的产品组合状况会直接影响企业的销售额及企业的盈利额，所以企业往往会对产品大类的销售额和利润进行分析、评价，最后决定是否要加强或是剔除部分产品项目。根据产品组合的四个维度，企业可以自由地选择产品组合，拓展产品组合的宽度，可以实现多样化的经营；增加产品组合的长度，可以使得产品线更为丰富；加深产品组合的深度，可以占领同类产品

---

①　郭国庆. 市场营销学［M］. 武汉：武汉大学出版社，2004：159.

更多的细分市场，更好地满足市场上对细分产品的需求，提升企业竞争力；强化产品组合的相关性，可以使得企业在特定的市场领域内具有较强的竞争力和知名度。

因此，四川大豆加工企业可以根据市场对产品的需求、企业经营业务的发展情况、企业竞争力等综合考虑，对企业加工生产、用于出售的大豆类制品在产品组合的广度、深度、长度、相关性方面做出调整，做出扩大大豆类产品组合或是缩减大豆类产品组合的决策，以适应企业不同的发展阶段、不同的战略目标的需要。

8.3.2.2 品牌与商标策略

一个企业的品牌代表着卖方对交付给买方的产品的特征、利益、服务等做出的承诺，因而品牌蕴含着一个企业的价值、文化、个性，也凝聚了消费者对企业产品认可的态度与信任。商标实质上是一个法律名词，是指已获得专用权并受法律保护的一个品牌或一个品牌的一部分。商标也是企业的无形资产，好的商标往往会有其独特性，能够让消费者容易辨识，也具有简洁和便利的特点。企业有了自己的品牌和商标，其生产的产品就得到了法律的保护，可以防止别人模仿、抄袭，也能够帮助企业在其细分市场上树立起企业的良好形象，从而吸引更多的品牌忠诚者。如今的市场之中，品牌竞争愈演愈烈，有实力的竞争者都会积极地塑造自己企业的品牌，让消费者记住其产品和商标，打造品牌效应，让自己在目标市场上立于不败之地。

四川大豆加工企业也是如此，市场上发展比较好的四川大豆加工企业，都会有自己的品牌和商标，比如成都香香嘴食品有限公司、五通桥豆腐乳、四川徽记食品股份有限公司等。企业的品牌和商标是企业身份的象征，也是与消费者建立信任的桥梁，比如豆干这类豆制小吃食品，其品牌更具地方特色，就算是菜市场中日常售卖的豆腐，有些商家也会用专用的模具给豆腐印上自家的标识，这些都是品牌和商标策略在实际中应用的体现。

8.3.2.3 包装策略

包装是企业进行产品生产加工的重要环节，进行商品包装对于企业营销来说会起到保护产品、促进销售、提高价值的作用。包装后的产品在储藏或是销售过程中不至于轻易地损坏、变质、散落，还有一些富有创意、有品牌标识的包装可以吸引客户注意力，销售人员也会利用这类包装来向顾客宣传介绍产品。随着人民生活水平的提高，市场上还会存在一类愿意为精美包装支付更多价款的消费者，这类消费者注重包装带来的美感、便利、质感，所以企业往往会把包装精美的产品定价定得高些，因为包装提高了产品的附加价值，能够满足特定类型的消费者的需要。

中国自古以来就是礼仪之邦，遇上节日的时候，亲朋好友间会互相赠送一些礼品以表达心意，这时候往往会有些消费者愿意购买包装精美的产品，而且，在日常生活中，适当的包装对于产品的保存是有益的，消费者携带产品也会更方便，所以，包装策略也是企业常常会采取的营销手段。

8.3.2.4　价格营销策略

价格营销策略也是企业通常采取的策略。在某些时候，政府为了扶植某行业的生产、保护消费者权益、调控资源配置等，会对市场中的一些产品设立价格上限或是价格下限，企业可以根据市场中产品的需求状况，在一定的程度内，自由灵活地设定产品价格。产品价格的高低直接关系到消费者产品购买意愿，进而会影响企业的销售收入。企业在采取价格营销策略时要关注影响企业产品定价的因素，除了企业自身加工生产产品的成本、产品销售目标等，还要关注竞争对手是否对同类产品进行调价，以便企业根据竞争对手的市场反应做出价格应对策略。企业通过多方面考虑，灵活地对产品进行调价处理，既能够适应产品市场需求的动态变化，也能够促进产品的销售，进而实现企业的营销目标。

8.3.2.5　绿色营销策略

绿色营销策略源自人们对绿色食品的追求、环境保护的重视、生命健康及安全的关注，也是近些年所发展起来的绿色营销理念的产物。现在的消费者越来越重视产品的质量、食品的安全、饮食习惯的健康，特别是在选择食品的时候，消费者倾向于选择天然的、无害的、无添加的、质量上乘的食品，这样的食品更有益于人们的生命健康。成都香香嘴食品有限公司、五通桥豆腐乳、四川徽记食品股份有限公司等部分代表性四川大豆加工企业在生产加工豆制食品时，不仅选材优质，而且采用传统工艺与现代工艺相结合的制作方法，保证食品安全又独具风味，这便是绿色营销策略在企业营销过程中的体现。

8.3.2.6　促销组合策略

促销的过程涉及买卖双方，信息需要通过在买卖双方之间传播，循环往复，最终达成一致的意愿，完成促销订单的销售。在这个过程中，卖方是信息的发出者，买方是信息的接收者。企业进行促销是需要花费时间和资金的，促销组合需要解决的关键问题就是企业为促销所花费的资金和时间应怎样来分配。在不同的生命阶段，企业促销的重点有所不同。在企业成立之初，促销主要是为了介绍产品、让消费者认识产品、建立起消费者与企业之间的信任感；在成长期，企业促销是为了扩大产品市场份额、快速抢占市场；在成熟期，企业促销是为了让消费者加深品牌印象，形成品牌偏好，保持一定的产品忠诚度；在衰退期，企业促销是为了保住市场份额、增强消费者信任。而企业在不同的时期生产的产品也不尽相同，面对各阶段需要主推的产品，企业往往会采取促销组合策略来促进该种产品的销售和推广，为主推的各种产品分配各自的促销预算，以承担产品宣传、促销的销售费用，从而达成阶段性的营销目的。

8.3.2.7　广告策略

四川大豆加工企业在进行产品推广销售时，应借助媒体或是网络来宣传推广自己的产品，通过广告将产品的优点告知消费者，加深产品在消费者心目中的印象，绿色食品、传统工艺、先进技术等都是产品的宣传点，甚至在大型超市还会有一些免费试吃、免费品尝活动，企业通过打广告，让消费者尝试接受产品、认可产品，也可以提高产品的美誉度。

8.3.2.8　人员推销策略

人员推销是指企业通过派出销售人员与市场上的购买者进行交谈，实现推销商品、促进销售的目的。采用这种方式，有助于销售人员了解市场，也更为灵活，更有针对性。如果市场竞争激烈，那么企业会采用这种方式，因为人员推销中推销员起到了关键作用，这是广告和宣传所不具备的优势。

8.3.3　四川大豆加工企业营销决策优化建议

四川大豆加工企业在采取营销策略时，可以根据市场上豆类产品的竞争情况、替代品情况、消费者的消费理念、企业自身的竞争优势等考虑综合采用多种营销策略，从而提升企业产品的销量。已经有一定知名度的大豆加工企业，要用好品牌与商标策略，提升品牌的知名度，维护好老客户，同时，对于不同购买能力的顾客，可以适当采用包装策略，提升产品附加值的同时促进产品的推广。如今的食品市场上，绿色食品理念深入人心，只要四川大豆加工企业有优质的货源、精细的加工，产出的产品质量有所保证，就可以利用绿色营销策略突出企业产品优点、打开产品销路。除此之外，企业在采用了各种营销策略后，还要对营销策略的效果进行评价，以便于在以后的营销过程中进行策略调整或改进，从而更好地达成企业的战略目标。

8.4　四川大豆加工企业产品增值行为分析

农业问题始终是党和政府关注的重点问题，也是民生的基本保障。农村经济想要发展、农民生活要逐渐变得富裕、贫富差距要逐渐缩小，就离不开农业的现代化。根据如今国内市场经济的发展情况以及经济全球一体化发展进程的推进，农业的发展将与更多的因素融合在一起，相互影响，比如资源、环境、现代工业技术、经济等。农业现代化不仅仅是指作物种植技术的现代化，还包括农业产业化，涉及农业产业链的构建和优化。农业实现产业化经营，对于促进农民收入水平提升、国家粮食产量稳定、科学技术实践应用、食品安全等都有积极作用。美国学者迈克尔·波特提出了价值链理论。波特认为，与企业相关的竞争活动可以分为基本活动和支持活动。基本活动包括生产、营销、运输和售后服务等，支持活动包括物料供应、技术、人力资源或支持其他生产管理活动的基础功能，通过企业中各种活动的相互协调、配合，使得价值链所表现的价值远远高于单个内部生产经营活动的总和，在这个过程中就实现了价值创造。将波特的价值链理论应用到产业上，产业价值链的价值就反映了各个产业环节中的价值转移和创造，通过构建一条完整的产业链，并不断地优化各个环节，就能实现价值增值，这对于我国农业现代化具有现实指导意义。

目前四川大豆加工企业大都把大豆原料加工作为其中一条加工生产线，近几年四川养殖户明显增多，对于高蛋白质饲料的需求量比较大，这也成为四川大豆加工企业的一个业务经营方向。根据不同豆制品的特点，可以将其分成两类，一类是主要供应各地区区域内部或是邻近区域的居民日常豆制品需求的，这类豆制品需要保鲜的储藏条件且储存时间有限，比如豆腐、鲜豆浆、鲜豆干、作为蔬菜类销售的大豆原产品等，这类豆制品的制作工艺往往是一些传统的加工工艺，需要加工者具备一定的加工制作经验。另一类是可以实现跨区域销售推广的豆制品，比如日常生活中常见的豆腐乳、干豆皮、小吃类豆腐干、大豆植物油、豆奶粉、豆油等，其中一些豆制品是以传统的加工工艺制成的，另一些豆制品是融入了现代的植物蛋白质提取技术、榨取技术等食品加工技术而制成的，或者是将传统工艺与现代加工工艺、现代食品技术结合而制成的。下文将从饲料类豆制品、跨区销售日常消费类豆制品、鲜货类豆制品三类豆制品分类展开分析，以分析各类产品现有盈利点、主要困境、所处的产业链及产品增值途径。

8.4.1 饲料类豆制品

8.4.1.1 产品盈利点分析

西北农林科技大学教授高玉鹏曾对第一财经表示，中国的粮食安全本质上是饲料粮食安全，"粮食安全"是现代养殖业面临的"卡脖子"难题之一①。对于畜牧行业来说，让畜禽都吃上中国粮食是未来努力的方向，这也是饲料类加工企业未来经营的机遇。近几年，四川的养殖户有逐渐增多的趋势，因而对饲料类豆制品的需求也有所增加。中国工程院院士、中国农业大学教授谯仕彦表示，在我国主要畜禽饲料配方结构中，能量饲料原料占比一般为 65%，其中玉米约占 50%；蛋白质饲料原料占比一般为30%，其中豆粕约占 20%。一般的家禽或畜牧养殖户用于养殖的饲料原料需要含有高蛋白质，以满足家禽或是牲口生长过程中对于蛋白质的需要，而高蛋白质的饲料原料有大豆、豆粕、蚕豆、小豆、鱼粉、骨粉等，其中豆粕是大豆提取豆油后得到的一种副产品，由此可见大豆对于生产饲料的加工企业来说是重要的原材料，这些饲料加工企业通过将初级的大豆农产品加工成饲料原料或是以便宜的价格收购提取豆油后的豆粕再进行加工。大豆原料经过加工之后，原料的营养成分按后续加工产品的需要得到提取和分离，加工成的饲料易于储存和运输，然后批量出售给养殖户。在这个过程中，大豆原材料得到了增值，饲料加工企业也从中获取了盈利。

8.4.1.2 主要困境

作坊式的生产方式还在部分四川大豆加工企业中存在，规模化、标准化程度还不够，而且近些年，人们对食品质量的要求不断提高，饲料行业对于豆粕的需求不断增加。面对这些变化，四川大大小小的饲料加工企业没有形成产业化的经营，经营比较分散，加工的技术优势还不明显，也没

---

① 邵海鹏. 中国推动"饲料粮减量替代"：饲料增产，大豆进口量下降 [EB/OL]. (2022-09-12) [2025-03-28]. https://www.yicai.com/news/101534070.html.

有形成较理想的规模效应，企业风险控制能力、成本控制能力还比较低，当大豆原料价格走高时，企业会承担较大的经营风险，盈利空间会比较小。

8.4.1.3　产业链及产品增值途径

饲料类豆制品是四川饲料加工企业进行加工生产的主要原料。四川饲料加工企业通过前期的原料采购、贸易物流运输到货后，开始对搭配的各种原材料进行加工，加工成饲料成品后出售给养殖户。养殖户购买饲料后投入养殖，待养殖户养殖的禽畜达到出售标准时，养殖户就将其所养殖的禽畜出售。经过屠宰场对禽畜的第一次加工后送至食品精加工企业，之后再进行分销、品牌推广等，最终送达消费者手中。四川饲料类豆制品所处的产业链及产业链中各环节如图8-4所示①。

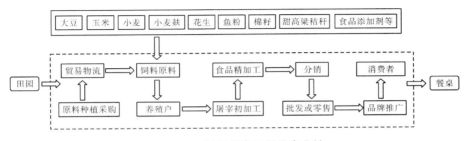

图8-4　四川饲料类豆制品产业链

通过四川饲料类豆制品产业链图示结合上述分析可以看出，四川大豆加工企业在加工饲料类豆制品方面还处于从加工饲料原料到出售饲料原料给养殖户这一环节，整体的产业链效应还比较弱，产品增值方面的能力还有待提升。四川饲料原料加工企业可以考虑实施后向一体化战略，将原料种植和贸易物流两个环节纳入企业自己的经营范围，这样可以扩大生产，保证原料质量，更好地控制原料价格和适时调整盈利空间。除此之外，也可以考虑和大豆种植企业签订长期合作合同，形成战略合作伙伴关系，增强企业对原料成本的把控能力和风险应对能力，从而使得饲料类豆制品能较稳定地增值。在销售饲料时，可以考虑进行跨区域产品推广，走出四川，拓宽企业的销售渠道，增加饲料类豆制品的增值空间。

---

①　赵帅，李亚城，李文立，等. 平台型企业的商业模式创新及其内在机理：以斗南花卉产业集团为例 [J]. 管理案例研究与评论，2019，12 (2)：192-209.

8.4.2 跨区销售日常消费类豆制品

8.4.2.1 产品盈利点分析

跨区销售日常消费类豆制品的特点包括容易保存、便于长途运输、具有地方特产属性、需要一定的加工工艺进行加工处理，像小吃豆干、豆腐乳、干豆皮、腐竹、豆奶粉、植物蛋白质饮料、大豆植物油、酱油等佐料都属于这一类豆制品。这类豆制品并不局限于在生产本地或是邻近生产地附近进行销售，因而四川大豆加工企业通过将豆制产品销售到其他地区这种方法，可以促进产品的推广、提升产品的知名度，从而也可以提升产品的盈利额。除此之外，可以跨区销售的日常消费类豆制品，通过特殊的加工工艺进行处理后，大豆本身的营养价值将被进一步开发。根据市场的需要，初级大豆农产品将作为加工的原材料，加工后的产成品的市场价值与大豆原材料相比是翻倍地增长，而且销路也更加广，能够体现出原料深加工的价值，如此，四川大豆加工企业也能够实现更多的盈利，种植大豆的农户或是大豆生产基地也能更有意愿去进行大豆种植。对于四川大豆加工企业来说，风土特产、传统加工工艺结合现代食品技术制作的具有地域性特点的小吃类豆制品，像豆腐乳、品牌豆干、豆豉这类豆制品，地方特产、地方名小吃这类宣传也是其盈利点之一，赋予了产品地方故事、地方风土文化，再搭配以成都、绵阳等地方特色的包装，产品的定价就能较大豆原料提升一个档次，这就使得产品的价值增值，也是产品的盈利点。

8.4.2.2 主要困境

传统豆制品加工行业的准入门槛比较低，使得潜在的进入者很容易模仿现存豆制品加工企业，因而豆制品行业产品同质化现象严重，市场竞争也越来越激烈。产品的同质化使得开发新产品和新市场的难度不断增加，四川大豆加工企业的利润空间也越来越窄，已有的市场份额随时都有被瓜分的威胁；加之传统豆制品的生产工艺越来越成熟，这虽然使得加工豆制品的成本降低，但是在企业下调豆制品售价时，单品的利润也会变薄。面对激烈的市场竞争，部分生产规模较小的四川大豆加工企业，其集中化程度低，难以形成较强的核心竞争能力。过于分散的经营也使行业标准的建立比较困难，从而部分大豆加工企业的产品品质难以保证，而且现有品牌的影响力度还不够。在开发新产品的过程中，不仅需要规范的加工工艺，还需要引入先进的科技指导和先进的生产设备。如果四川大豆加工企业的豆制品想要在跨区销售的路上走得更远，那么品牌塑造、品牌推广、新品开发是未来必须要突破的难题。

8.4.2.3 产业链及产品增值途径

四川跨区销售的日常消费类豆制品大都是经过了多个加工工序、精加工后才制成的产成品。进行大豆精加工的企业采购大豆原材料后，通过贸易物流运输大豆原材料到大豆加工企业，企业验货、收货、简单处理后得到大豆加工原料，开始进行大豆精加工，加工完成后得到可以跨区销售的日常消费类豆制品成品。之后再经过分销、产品品牌推广等，让产品进入消费者市场，供消费者选择和购买。四川跨区销售日常消费类豆制品所处的产业链及产业链中各环节如图8-5所示①。

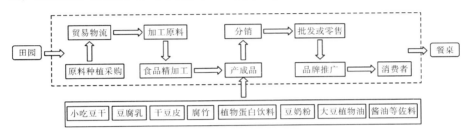

图8-5 四川跨区销售日常消费类豆制品产业链

结合上述分析，在四川跨区销售日常消费类豆制品产业链图中可以看出食品精加工是形成产成品、使产品增值的关键一环。在这个环节中，大豆加工原料的营养价值被进一步有效利用，产成品的增值空间得到大幅提升。如果涉及新产品的开发和加工，新老产品的加工差异也将在这个阶段体现。所以，如果要使产品价值进一步增值，就要重视这个食品精加工环节。可以通过优化加工工艺、采用先进的加工设备、进一步提取大豆原料有效营养成分开发新品等方式来扩充产品的增值途径、提升产品的增值空间。除此之外，要让跨区销售日常消费类豆制品在川外地区畅销，就要积极应对产品同质化问题，要注重产品的品质检验、新品开发以及品牌推广。四川大豆加工企业可以通过赋予产品地方传统文化故事、积极宣传地方特色、塑造产品品牌文化等，使得产品在其他地区更有知名度。四川当地知名的大豆加工企业可尝试联合多家企业一起推行豆制品品质行业标

---

① 赵帅, 李亚城, 李文立, 等. 平台型企业的商业模式创新及其内在机理: 以斗南花卉产业集团为例 [J]. 管理案例研究与评论, 2019, 12 (2): 192-209.

准，可以尝试采取新的销售方式，充分利用线上+线下销售渠道来促进产品的销量提升，打开其他地区的销售市场，从而促进产品增值和推广。

8.4.3　鲜货类豆制品

8.4.3.1　产品盈利点分析

豆制品富含人体所必需的矿物质和维生素，也契合当下注重健康与美食平衡的消费者对营养性和美味性的需求，所以在市场中，鲜货类豆制品是家家户户餐桌上常有的食物，而鲜货类豆制品最主要的特点就是新鲜、耐储存时间短、满足消费者对豆制品的即时需求、不含添加物。所以，鲜货类豆制品一般不能经受太长时间的运输，即使要长途运输，运输距离也有一定的范围限制，而且还必须有适当的包装或是在运输途中有良好的存储条件，因而鲜货类豆制品的销售往往受到区域的限制，但是在主要的供应销售区域内，还是有比较大的消费市场。四川省内加工、销售鲜货类豆制品的企业中有许多是个体工商户，它们的销售区域大都在门店位置的周边地区，所以销售量一般会维持在一个比较稳定的范围内。这些企业通过为鲜货类豆制品需求较稳定的市场提供各种鲜货类豆制品来赚取利润。鲜货类豆制品的制作工艺并不复杂，而且作为日常消费类的产品，零散的消费者是多数，所以零售的鲜货类豆制品在生活中占据的比例比较大，其市场定价不会过高。对于这类鲜货类豆制品加工销售企业来说，薄利多销往往是常见的盈利方式。

8.4.3.2　主要困境

鲜货类豆制品主要受到跨地域销售条件的制约，所以客户群体的范围受到了地域的限制，而且在地域范围内，如果产品同质化现象严重、大豆加工企业多，那么鲜货类豆制品的消费市场将被进一步分割，甚至会出现低价竞争的情况，加之本来鲜货类豆制品定价就不高，如此，每一家大豆加工企业赚取的利润就会变少。除此之外，要实现有一定距离的邻近地区的销售，运输成本会比较高，在这个过程中，产品的存储、包装也是一个难题。另外，鲜货类豆制品加工企业经营更为分散，市场上的鲜货类豆制品的品质各有区别，鲜货类豆制品的品种比较固化，新品开发不足。

8.4.3.3　产业链及产品增值途径

生产鲜货类豆制品的四川大豆加工企业，在经过大豆原材料采购、贸易物流运输、原料验收入库各环节后，就进入生产加工鲜货豆制品环节。

在这个过程中，企业的生产加工工艺并不复杂，更多的是一些重复性的、经验性的工序，在加工完成后得到鲜货成品，成品经过批发或是零售的销售方式到达消费者手中。四川鲜货类豆制品所处的产业链及产业链中各环节如图 8-6 所示①。

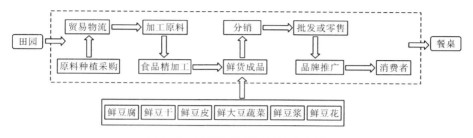

图 8-6　四川鲜货类豆制品产业链

结合上述分析，可以了解到四川鲜货类豆制品的生产加工较其他两类豆制品来说会简单一些，而且产品品种在日常的生活消费中是很常见的，鲜货成品定价也不高，消费者大都通过零售的方式购买鲜货成品。如果鲜货类豆制品要进一步增值，就要在开发新品、分销、品牌推广方面下功夫。可以根据消费者的不同喜好，尝试开发更多的新产品；或是在当地成立鲜货豆制品专卖店，积极塑造品牌形象，做鲜货豆制品的精细化销售，满足特定消费群体的需要。也可以在当地积极寻求合作机会等，比如与当地大型商超合作，拓展销售渠道，促进鲜货豆制品的销售，从而提升产品盈利能力。

8.5　本章小结

本章从企业的原料采购行为、产品定价行为、市场营销行为、产品增值行为四个方面研究了四川大豆加工企业的经营行为。在原料采购行为方面，分析了四川大豆加工企业大豆原料的采购模式，说明了集中采购模式、联合采购模式、订单驱动采购模式下的采购流程和各采购流程的特点；分析了四川大豆加工企业大豆原料采购影响因素，主要包括供货渠

① 赵帅，李亚城，李文立，等. 平台型企业的商业模式创新及其内在机理：以斗南花卉产业集团为例 [J]. 管理案例研究与评论，2019，12（2）：192-209.

道、付款条件、交货条件、采购数量、市场货源的供求状况、原料的品质、企业的规模、采购的成本，并在此基础上提出了四川大豆加工企业大豆原料采购决策的优化建议，总的来说企业可以根据自身的规模大小、所具备的优势、发展的战略来选择不同的大豆原料采购模式，从而把握好原料采购这关键一环。在产品定价行为方面，分析了四川大豆加工企业产品定价模式以及各种定价模式的特点，包括利润最大化定价模式、整包定价模式、商品捆绑定价模式、竞争导向定价模式；从企业成本、消费者需求、市场竞争者三大方面研究了其对于四川大豆加工企业产品定价的影响，在此基础上提出了四川大豆加工企业产品定价策略的优化建议，四川大豆加工企业产品定价要站在整体的、流程化的视角上考虑，把握流程中各环节对产品加工的影响，对内重视成本管理，对外关注竞争者行为变化、消费者需求变化，这样才能制定出更适合企业拓展产品销售量、提升产品竞争力、促进企业持续发展的产品定价。在市场营销行为方面，首先分析了四川大豆加工企业的营销定位，指出了四川大豆加工企业的目标市场主要涉及有日常豆制品需求的居民消费市场、豆制品小吃爱好者的消费市场、豆制品饮料的消费市场、养殖饲料消费市场；其次，分析了四川大豆加工企业所运用的一些市场营销策略的特点及其实际运用的情况，包括产品组合策略、品牌与商标策略、包装策略、价格营销策略、绿色营销策略、促销组合策略、广告策略、人员推销策略，并在此基础上提出了四川大豆加工企业营销策略优化建议，企业除了综合运用各种营销策略外，还要重视对所运用的各种营销策略的效果进行评价，这对企业以后调整应用各种营销策略具有重要的参考意义，也便于企业更好地达成战略目标。在产品增值行为方面，重点分析了饲料类豆制品、跨区销售日常消费类豆制品、鲜货类豆制品，对三类豆制品盈利点、主要困境、所处产业链及产品增值途径展开了分析，并绘制了四川各类豆制品的产业链图。四川大豆加工企业想要打开大豆类产品的销售市场、提高大豆类产品的竞争力，还需更加精细地打造产品，不断地挖掘原料价值，运用先进的加工工艺或生产技术提升大豆类产品的价值，同时关注市场中消费者的需求变化、竞争对手的反应，综合运用各种营销策略，合理定价，努力突破各类豆制品所面临的主要困境。

9 四川大豆消费市场分析

9.1 大豆流通制度与渠道

《四川省〈粮食流通管理条例〉实施办法》于 2006 年 12 月 11 日以四川省政府令第 206 号公布，这一政策的出台为四川大豆的流通提供了很大的便利，有利于提高大豆的产销量，培养更多的购销主体，完善粮食流通的物流链建设。

9.1.1 流通与消费

9.1.1.1 流通

流：像水一样流动；通：来往交接；流通：流转通行，不停滞。社会再生产过程是由生产、分配、流通（交换）、消费四个环境构成的，这是一个相互联系、相互制约的具有统一性的过程：生产→分配→流通（交换）→消费。流通①是社会产品从生产领域进入消费领域所经过的全部过程。由不断进行着的交换所构成的流通，是社会化大生产的一个客观经济过程，包括商流、物流、资金流和信息流。

9.1.1.2 消费

消费是一种经济活动，它涉及人类如何通过购买商品来满足自己的需求。这种行为可以分为三个部分：首先，我们需要了解消费者的需求是如何产生的；其次，我们要探讨消费者如何利用他们的消费需求来满足他们对产品的渴望；最后，我们需要研究影响消费者做出消费决策的相关因素。消费是社会再生产过程的关键环节，其重要性不言而喻。它既包括生

---

① 何立. 市场经济辞典［M］. 北京：学苑出版社，1999：61.

产消费，也包括个人消费。生产消费是指在物质资料的生产过程中，生产资料和生活劳动的消耗和使用；个人消费则是指将生产出的物品和精神产品用于满足个人生活的需求，这是"生产过程之外进行的生活功能"，是恢复人类劳动力的必要条件。

在20世纪30年代之前，有关消费理论的研究相对较为简单。那个时代的主导理论是约翰·马歇尔提出的需求理论。这一理论的核心观念是：当消费者的收入保持稳定时，他们购买的商品数量会根据价格的变化而反向变化。然而，从30年代开始，凯恩斯将消费问题引入了宏观经济研究领域，他认为消费是国民收入循环的基础形式之一。消费支出，即个人为满足生活需要而支付的费用，是衡量一个社会整体消费水平的重要指标。从宏观角度来看，每个个体的消费行为都与他人的收入息息相关，形成了一个动态平衡的循环。换句话说，每个人的支出构成了另一个人的收入来源，从而使得整个社会的总支出与总收入保持一致。在两个部门的经济模型中，我们通常将社会的需求分为消费和投资两部分，并认为它们的总和代表了社会的总需求。然而，如果我们剔除投资这一项，那么剩下的部分就完全由消费构成，这也就是所谓的消费支出。值得一提的是，英国经济学家约翰·梅纳德·凯恩斯在其著作《就业、利息和货币通论》中，通过深入研究消费的本质，不仅构建了消费理论的基本框架，还引入了一系列新颖的消费观念，如平均消费倾向和边际消费倾向等，这些创新性的理论发展极大地丰富和深化了消费理论的内容。

9.1.1.3　流通与消费的关系

在对消费与流通的关系进行分析时，需要综合分析生产到消费全过程中涉及的各个环节，包括消费和流通，从而确定它们相互之间的关系。

首先，流通与消费都是被生产决定的。因为社会再生产的过程包括生产、分配、流通（交换）、消费。而其中的生产对后三个环节起着决定性的作用，即生产决定流通和消费。具体来说，生产决定了流通的产生和发展的程度以及流通的规模，没有生产过程的社会分工，就不会产生产品的流通，生产规模越大，流通的规模也就越大。生产也决定了消费的对象和消费的方式，消费的对象都是在生产过程当中生产出来的，人们生产什么，消费的对象也就以什么方式消费。

其次，流通和消费也对生产产生了反作用。流通对生产的反作用表现为：在产品流通的快与慢，对生产的发展起着促进或者阻碍的作用。而消费对生产的反作用表现为：第一，消费使得生产出来的产品成为最终产品；第二，消费为生产与再生产创造劳动力。

最后，流通与消费也存在着相互作用、相互制约。在现实中，基于商品产生的环境，消费者与生产者之间不存在直接联系，而商品是维持两者之间关系的关键，生产者提供消费品，经过流通环节传递给消费者，这样就决定了流通会对消费产生较多的制约。具体来说：第一，流通是联系生产和消费的桥梁和纽带，商品的流通承担着商品实现的职能，是制约生产和消费发展的重要环节；第二，各种流通方式是实现消费需求的基本条件，在将生产出来的商品由生产环节转入消费环节并转化为商品的过程中，需要流通环节作为媒介；第三，消费通过流通来实现生产→消费→再生产的良性循环。

9.1.2 流通制度

大豆被国家列为粮食作物，因此，大豆流通制度的变化可以以我国粮食流通体制的改革演变轨道为标的物，主要包括五个阶段：第一阶段是国营粮食商业领导下的粮食自由购销阶段（1949—1952 年），第二阶段是高度集中的粮食统购统销阶段（1953—1984 年），第三阶段是粮食购销和价格"双轨制"时期（1985—1997 年），第四阶段是粮食购销市场化改革阶段（1998—2004 年），第五阶段是粮食实行市场收购价格"三放开"阶段（2005 年至今）[①]。

第一阶段：高度集中的粮食统购统销阶段（1949—1952 年）。在市场领域，我国建立了由政府主导的国有粮食经营体系和管理组织架构，以强化国家粮食机构及团队的建设。这一举措逐步推动了粮食管理的集中化和统一性。此外，针对私营粮食企业，我国采取了限制和改革策略，认可并尊重其合法且合理的运营模式。并且，政务院也在 1950 年建立了全国粮食管理总局。

第二阶段：高度集中的粮食统购统销阶段（1953—1984 年）。实施粮食计划收购政策以确保农民获得充足的粮食供应。此外，对城市居民和农村贫困人口也实施了粮食计划供应政策。与此同时，严格执行国家对粮食市场的监管，禁止私人商贩自由交易。

[①] 杨树果. 产业链视角下的中国大豆产业经济研究 [D]. 北京：中国农业大学，2014.

第三阶段：粮食购销和价格"双轨制"时期（1985—1997年）。调整粮食价格政策，搞活粮食的流通经济。取消粮食统购制度，保留了粮食统销制度。在粮食交易领域，政府实施了强制性的低价购买和定量供应政策，同时市场上的正常交易也在进行。此外，政府和非政府的粮食管理机构也共同参与粮食的运营活动。

第四阶段：粮食购销市场化改革阶段（1998—2004年）。粮食开始由市场的供求关系决定，以市场为导向，循序渐进，并且提高了粮食的收购价格。

第五阶段：粮食实行市场收购价格"三放开"阶段（2005年至今）。从开放收购、市场和价格的粮食政策开始，我们经历了激烈的粮食流通体制改革，这场改革以"国有粮食购销企业的全面改革"为主导，最终取得了决定性的成功。改革不仅改变了制度，还激活了机制，使富余人员得到了妥善安置，同时也解决了"三老"（老人、老粮、老账）问题，这标志着半个多世纪的计划经济体制的结束，也意味着我们已经攻破了计划经济体制的最后一道防线，正式踏上了粮食市场经济体制的道路。这项改革对国家的粮食安全做出了重大贡献，为确保军事需求和民众生活提供了坚实的支持。

9.1.3　流通渠道

四川大豆的流通方向主要包括：生产者（豆农）→运输者（粮食贩子，也可以称为经销商）→消费者（豆制品加工厂家、个体户、家庭消费者），主要有以下几条渠道：

（1）豆农→火车站粮食贩子→豆制品加工企业。

在火车站有很多买卖粮食的贩子，他们收购各种粮食，其中就包括玉米、大豆。他们就相当于中间商，把豆农手中的大豆收购起来，集中处理，再卖到需要以大豆为原材料的加工企业中，生产豆干、豆乳等。

（2）豆农→大豆收购厂家→豆制品加工企业。

一些豆制品加工企业规模大，粮食贩子并不能满足它们对大豆的需求，它们自己联系固定的原材料厂家，也是长期合作伙伴，即大豆收购的经销商。经销商在全国各地收购大豆，然后以各种形式再出售大豆给加工企业。有时候，大豆收购厂家自己也有加工厂，可以实现大豆"一条龙"服务。他们就会把大豆榨成豆油、豆粕等，再以豆粕作为饲料原料卖给一些养殖场。

（3）火车站粮食贩子→小作坊。

在需求量大于产出量的地区，一些豆干小作坊会与火车站的粮食贩子合作，从他们手里购买大量大豆，实现上游原材料的补给，以获得制作豆干的材料。火车站粮食贩子的大豆也是来自全国各地，甚至在需求量极大的情况下，火车站的粮食贩子还会通过各种渠道收购国外的大豆，比如美国、巴西、阿根廷的大豆。火车站粮食贩子的大豆也有的是通过国有大豆集中经销商再次倒卖而实现的，因为小作坊的资源有限。

（4）豆农→个体户→家庭消费者。

在没有联系上大豆收购厂家和火车站粮食贩子或者没有与大豆收购厂家和火车站粮食贩子有合作的情况下，一些豆农也会通过直接与消费者接触而买卖自己手中的大豆，比如在农村集市上、在农贸市场摊位上卖大豆，或者拉着车在喧嚣的村镇上进行贩卖、菜市场卖豆、超市卖豆等，个体户、家庭消费者就是通过这些渠道买到大豆的，再把大豆榨成豆浆、豆腐等。

9.2 四川大豆流通格局

四川省大豆种植遍及全省。受气候和地理条件的限制，大豆主要是与玉米进行间种套作，分布地区广泛，全省各个区县都有种植。

9.2.1 四川大豆流通相关政策

四川省陆续出台了多项相关的政策和规划来推动大豆产业的发展，从大豆的种植、加工等多个方面推动省内产业的前进，为四川省大豆产业发展做好支撑。2014 年 6 月 27 日发布的《四川省食物与营养发展实施计划》指出，要重点发展奶类和大豆食品，依靠外调大豆和本省套作大豆确保大豆及其制品供应稳定，推动大豆精深加工发展。加快大豆营养保健功能产品的发展，推进大豆制品的规模化、集群化生产。挖掘大豆增产潜力，扩大优质高蛋白质含量大豆的种植面积，推动科研、生产、经营、加工、外贸一体化大豆产业发展。2015 年 5 月 26 日出台的《四川省调整完善农业三项补贴政策实施方案》提出，从 2015 年开始，在四川省范围内开展农业补贴制度改革，政策目标调整为支持耕地地力保护和粮食适度规模经营，补贴对象为主要粮食作物（包括小麦、水稻、玉米、马铃薯、大豆等）的适度规模生产经营者。2015 年 10 月 13 日发布的《关于加快转变农业发展方式的实施意见》指出，要注重农业科技创新能力基础建设，着力突破农业资源高效利用、生态环境修复、"互联网+"现代农业等共性关键技术，集成一批绿色高产高效技术模式，因地制宜推广玉米+大豆间种套作种植。2017 年 9 月 6 日发布的《全国农业现代化规划（2016—2020 年）四川实施方案》提出，要着力推进农业转型升级，对大豆等重要农产品划定生产保护区，实行重点保护。在评估农民的实际收益和政府的财政负担的同时，我们还需要考虑到农业产业链的协同发展能力，从而调整完善大豆目标价格政策。2018 年 4 月 17 日发布的《关于将耐阴性大豆和高原极早熟玉米作为特殊品种类型公开征求意见的通知》提出，将适宜于特殊栽培类型的耐阴性大豆和适宜于特殊性生态类型的高原极早熟玉米作为特殊品种类型。2020 年 2 月 14 日发布的《关于安排 2020 年四川省大豆新品种区域试验和生产试验的通知》提出，要鉴定新育成的大豆品种的丰产性、适应性以及抗病性，为四川省大豆品种审定、推广提供科学依据[1]。

这一系列政策都是为了扶持四川省大豆产业发展，这也表明了四川省大豆在全省范围内的流通格局的发展状况。从过去十几年的情况来看，四川省大豆的主产区主要在十大区域（广元、巴中、达州、南充广安、遂宁、资阳、成都德阳绵阳、内江、眉山乐山、宜宾泸州自贡）内，与此对应的是，四川省大部分的大豆加工行业也位于这些区域内，比如说 2009 年在达州市成立的四川绿香食品有限公司、2010 年在成都市成立的四川徽记豆匠食品有限公司以及 2012 年在广安市成立的华蓥美味享食品有限公司等。这种类型的生产加工流通格局相近的方式极大地增强了大豆的近距离供应能力，促进了大豆产业的发展。

9.2.2 四川大豆流通格局现状

经过十几年的发展，四川省从以前的大豆非主产省份变成了现在全国范围内的主产省份之一，产量从几十名开外变成全国前三名之一。这离不开这十几年来政策的大力支持，也离不开四川省对南方大豆种植技术的研究。四川省大豆流通格局的现状，可以分为两个方面：一是省内的大豆流

---

① 此处数据由笔者从四川省粮食和物资储备局获得。

通格局，二是省外的大豆流通格局。

9.2.2.1 省内大豆流通格局现状

在四川省境内，大豆主要流通在豆农和加工企业之间，当然，除了豆农自主种植大豆外，也有省农业农村厅带领着种植大豆，这样才使得四川省成为全国的大豆主产省份之一。不过，这类大豆一般都是可食用的大豆，也叫作非转基因大豆，加工企业也是把大豆用来当作豆制品的原材料，比如说豆干、豆腐、豆浆等一系列豆制品。而以这些豆制品销售的企业就有四川徽记食品股份有限公司、成都香香嘴食品有限责任公司、四川五子良将食品有限公司等。

9.2.2.2 省外大豆流通格局现状

而对于省外大豆的流通来说，由于四川省对大豆的需求量大，四川省有些豆制品加工企业的大豆来自东北，而四川省种植的大豆也会卖到附近省份，比如重庆、贵州、云南、湖南等。四川省是我国的养猪大省、我国最大的猪肉供应省、全国猪出栏最多的省份。根据国家统计局的数据，2019 年，四川省猪肉产量 353.45 万吨，全国份额占比 9.31%，列全国第一位。而大豆作为一种种子含有丰富植物蛋白质的作物，对于鸡、猪以及奶牛、肉牛等家畜来说，都是优质的蛋白质饲料，所以当把大豆加工成作为饲料原料的豆粕后，可以满足家畜的日常喂养需求。四川省内的豆油和豆粕一般是由转基因大豆加工制作而来的，这类大豆是进口大豆，主要来源于美国、巴西、阿根廷等国。

四川省本土豆制品加工企业对于非转基因大豆的需求量很大，再加上四川省家畜的饲料原料需求量也大，这就使得四川省大豆种植业的发展有了更加广阔的空间。根据四川省粮食与物资储备局的资料，2022 年四川大豆种植面积比 2021 年大豆种植面积多 100 万亩。而四川农业农村厅种业发展处相关负责人也表示，从最新调查情况来看，四川省大豆种源能基本自给。

9.2.3 四川大豆运输方式与运输成本

9.2.3.1 运输方式

四川省大豆运输方式很多，以铁路运输为主，公路运输为辅。铁路运输即长途运输，也是省际运输，公路运输即短途运输，也是省内运输。近些年来慢慢地也在发展起一种铁海联运的运输方式。

（1）铁路运输。对于大豆的运输方式来说，目前铁路运输是最普遍的、最主要的运输方式。一方面，铁路运输对于长途运输来说有保障时效性、安全性高的优点；另一方面，2020年提出的免征大豆铁路建设基金的相关政策促进了大豆铁路运输的发展。特别是从东北运输大豆到四川省境内和进口大豆的运输，百分之八九十是通过铁路运输来完成的。

（2）公路运输。大豆的公路运输在几年前是一种主要的运输方式，但公路运输的缺点比如超载严重等一系列容易引起交通事故的现象层出不穷，所以目前公路运输也只是作为铁路运输的伴生品而存在，或者说一些短途运输可以以公路运输来进行。毕竟在四川省境内很多豆制品加工企业的加工厂就在大豆产地附近。公路运输更加方便快捷，节约成本。

（3）铁海联运。随着经济的发展，国内外联系越发紧密，船舶交通运输业也逐渐在大豆运输中留下了痕迹。四川省是养猪大省，对于大豆制成的豆粕的需求巨大，而国外的转基因大豆的蛋白质含量远远高于国内非转基因大豆的蛋白质含量，由此，这种大豆的进口率十分高。而在运输业上，一般先通过远洋轮船运到国内码头，然后再通过铁路运输到达目的地，这就是铁海联运交通运输。

9.2.3.2 运输成本

大豆的运输成本指的是由大豆生产地到大豆消费地中间所需的一切费用，一般包括运输、装卸、储存、管理、工资等费用，而其中运输所占的比重最大。相关调查研究发现，近年来，四川省的大豆产量跃居全国前三，大豆运输成本也稍微发生了变化。我们走访相关大豆经销商发现，由东北由经铁路运输到达重庆武隆的大豆运输费用为每千克3.89元，一吨运费390元，而一千克大豆的进货价格为6.76元，批发出售价格为每千克7元。大豆商贩介绍说，若是把大豆卖给大型豆干企业，批发出售价格每千克可以再便宜两分钱。由此可知，大豆的运输成本高低主要决定于大豆产销地的距离远近，而对于四川大豆而言，情况也差不多。

9.2.4 四川大豆在运输中遇到的问题及其解决措施

9.2.4.1 运输中遇到的问题

对于铁路运输来说，受天气影响，可能导致运输不能及时到达，再加上西南地区多山地丘陵，铁路运输会导致运费成本高涨、运力紧张等问题。而且在火车站也需要仓储，因为铁路运输普遍为长途运输，运输量大，就可能在运输到达之后，装卸货物不能及时全部装走，一些粮食贩子就会在火车站附近租赁仓库储存他们的粮食，其中就包括玉米、大豆等常见的粮食。这都大大增加了运输成本。

对于公路运输来说，货车经常出现严重超载的现象，导致公路运输很危险，不能保证货源及时到达，有可能还会有被扣货罚款的情况发生。而且超载的现象越演越烈，政府部门治理力度加大，也会导致公路运输的成本增加。再加上西南地区多山地丘陵，地形崎岖，有的山路不好走，使得车辆驾驶困难，这也会导致大豆的运费增加。

对于水路运输来说，受自然气象条件因素影响大，一年中中断运输的时间较长。同时，运营范围受到限制，如果没有天然航道则无法运输，航行风险大，安全性低，运送速度慢，准时性差，经营风险增加。但水运运能大，导致了装卸作业量很大，从而导致搬运成本与装卸费用较高。

9.2.4.2　相关解决措施

从调研情况来看，火车站仓储成本必不可少，但可以通过提高周转率来减少火车站的仓储成本。因为在火车站，货物的储存一般按照日租地或者月租地向火车站负责部门申请批准，而增加周转率可以减少对租地的占用时长，同时提高周转率也增加了大豆销售量。而对于省内省际公路运输来说，大豆运输成本都是以吨位为标准，根据流通地的距离远近规定价格，量多适当讲价。总之，大豆运输中存在的问题，都是可以设法避免的，比如长途尽量选择铁路运输或水路运输，短途则选择公路运输，选择经验丰富的运输公司，行驶指定的路线，按时到达，钱货两清交易，并且要求避免雷雨天气运输，要求出发前多看天气预报，需有运输发票保证，到地验收货物，严格要求司机不准超载，违者责任自负，与司机随时保持联系，到点发送行驶路况等。

9.3　四川大豆物流建设

四川省作为全国粮食的生产、交换、流通、消费场地，被称为西部唯一的粮食主产省，也被称为全国第二大粮食调入省[①]，在保障国家粮食安

---

① 张书冬，吴晓玲，王亚南，等. 四川省现代粮食物流发展战略研究 [J]. 粮食问题研究，2013（6）：7-15.

① 张书冬，吴晓玲，王亚南，等. 四川省现代粮食物流发展战略研究 [J]. 粮食问题研究，2013（6）：7-15.

① 张书冬，吴晓玲，王亚南，等. 四川省现代粮食物流发展战略研究 [J]. 粮食问题研究，2013（6）：7-15.

① 张书冬，吴晓玲，王亚南，等. 四川省现代粮食物流发展战略研究 [J]. 粮食问题研究，2013（6）：7-15.

9　四川大豆消费市场分析 | 183

全与补给充足中有着举足轻重的地位。为此，在四川省建设粮食物流十分重要，而大豆的物流建设也成为其重要内容之一。

9.3.1　四川大豆物流建设现状

9.3.1.1　基本情况

（1）大豆消费刚性增长，产需缺口逐年上涨

从大豆的生产来看，受国家政策支持与四川省农业农村厅对四川种植大豆的技术支持和优惠政策扶持，四川省大豆产量连续增产。根据国家统计局数据，四川省大豆产量一直处于上升态势，从 2001 年的 39 万吨大豆上升至 2018 年大豆产量达 89 万吨。2001 年，四川省大豆产量在全国占比仅为 2.5%，到 2018 年，四川省的大豆产量占比翻了一倍多，达到 5.6%。而 2022 年，大豆的种植面积超过 650 万亩，产量也呈现出稳步上升趋势，平均每亩产出 160 千克的大豆，总产量达到 105 万吨。这意味着四川省的大豆自给率提高了 5 个百分点。如今四川省大豆产量已经居全国第三位。

从大豆的消费来看，受人口增加、消费递增、居民生活水平提高的影响，对于植物蛋白质摄入量的需求也在上升，再加之四川是养猪大省等的影响，四川省对于大豆的消费需求也在逐年增长。其中，在消费结构上，四川省本土的大豆属于非转基因大豆，一般用于人类对于植物蛋白质的摄入需求，加工制造成豆制品食物，而作为饲料原料的豆粕由进口大豆制作而来。两种豆制品的需求量都在逐年增加。但是四川省的大豆产量远不及需求量的增长速度快，所以很大一部分大豆仍需依赖东北大豆和国外进口大豆。

（2）省外入川大豆数量大，跨省流通增速十分明显

四川大豆的产消结构不平衡，本土大豆的产量远不能满足饲料原料的使用需求，所以省外调入情况十分明显。即使在这十年来四川大豆的产量已经居全国前三位，但需求增长更快，还是要从东北或者国外购入大量大豆。

目前省外流入大豆 80% 以上采用铁路运输，省内大豆的运输基本上以公路运输为主，水路运输比例会有小幅度增加。结合四川大豆运输的实际情况来看，四川大豆调入量在快速递增。而且，在大豆流向上，东北、华北等地区的大豆会经过宝成、达成以及襄渝等铁路进入成德绵眉地区。成德绵眉地区每年还会从湛江、防城港等地调入进口的大豆来满足四川本地

油脂市场的需求。而在四川省内的大豆流向上，主要是四川东部地区的大豆流向成都等城市。

四川大豆的产量虽然在逐年递增，但是四川每年的自然灾害频繁发生，所以大豆的产量继续增产的难度也在增大。为了实现大豆的继续增产，迫切需要大豆专家的技术研发和指导，也需要大豆产业链更加发达，为大豆的增产提供保障。

（3）大豆流通基础设施完善，现代物流建设形成雏形

大豆现代物流已具备完整链条。以成都、广元、乐山大豆加工产业带为主要区域，从广元—绵阳—德阳—乐山、达州—南充—遂宁—成都等城市形成了进出四川的通道，成都—遂宁—广安—重庆川渝经济区的大豆物流通道如今也取得了很好的成效。一大批重要的物流节点项目已经比较完善，如位于成都新津的中粮成都产业园已建成投产，四川省粮油储备调控中心已经建设完成，成都市粮油储备物流中心也已投入使用，这两者都为四川大豆的储存和运输提供了便利；攀枝花、眉山的现代大豆物流中心也已建设完成。以各种大中型粮食企业为主，四川省积极开展了大豆的产销对接活动，以市场化的原则逐渐推进了大豆现代物流的发展，在省外大豆调入中发挥了相当重要的作用。四川推行的散粮特种箱在内陆铁路长途运输中独树一帜，并且已在松源—青白江铁路进行了试点运行；部分企业在现有铁路敞车基础上，采用包压散的大豆半散装模式，明显提高了运输效率。

9.3.1.2 发展优势

（1）经济的快速发展给四川大豆的物流建设打下了基础

四川省的经济在最近几年来平稳增长，人民生活水平逐步提高，城市幸福指数日益上升，成都已经成为新一线城市中的第一名。2020 年，四川省地方生产总值达到了 48 599.8 亿元，社会消费品零售总额为 20 824.9 亿元，同比减少 2.4%，但是仍在平稳发展中；全年完成全社会固定资产投资 30 226.97 亿元，同比增长 9.9%，投资规模保持平稳上升。

四川省以工业化和城市化发展为目标，在综合考虑了"十四五"期间的发展目标影响因素后，相信在未来很长一段时间内，四川的粮食物流肯定会保持更快的发展速度，同时大豆物流也是如此，会保持较高发展速度。当然，四川的城镇化进程也很迅速，在 2020 年，城镇化率已经达到了 56.73%，这说明四川全省农村居民渐渐减少，城镇居民渐渐增多，而从事

大豆生产的人也在减少，更多的人变成了大豆消费者。

（2）交通的便利给四川大豆的物流流通提供了保障

交通可以说是大豆物流流通中的一大重要媒介。随着四川公共交通的日趋完善和交通条件的日益改善，形成了贯通南北、连接东西、通江达海的一个完整的西部交通枢纽，这为四川省大豆物流流通提供了基本路线和连接点，使得大豆的铁路运输和公路运输条件得到良好的改善。

在四川省，已经建立起一个庞大的铁路网络系统，其主要由五条主干线路构成，包括了从宝鸡到成都的路线。此外，还有八条辅助线路以及四条地方性铁路，共同构成了这个复杂而又高效的铁路系统。其中，宝成复线电气化铁路尤为引人注目，它是中国首条成功实现电力电气化的铁路，并通过连接陇海线，成为一条重要的交通动脉。同时，襄渝铁路也同样重要，它不仅连接了四川与湖北，而且还与达成铁路相连，使得两省之间的联系变得更加紧密。成渝铁路连接了成都和重庆两个重要的城市，同时也是四川通向贵州以及华南地区的核心路径。此外，成昆铁路还延伸到了南昆线，这使得成都到北海、到港口的距离变得更近。内江至昆明、遂宁至重庆、达州至万州、达州至巴中等铁路线路交通网络将进一步提升四川与周边省份的铁路交通水平。

同时，成兰、成贵、成渝、成西高速铁路即将动工开建。在公路方面，共有 18 条进出川高速公路，这些公路的开通使得四川省与甘肃陇南、陕西汉中以及重庆等地的联系更加便捷。在水路方面，据《四川省航运规划报告（2001—2050）》，四川省内的主要目标在于通过"一横两纵"的发展策略来提升长江、岷江、嘉陵江的高级航道水平，同时，也致力于构建渠江、沱江、涪江、金沙江以及赤水河等区域性的主干航道网络。2010年，嘉陵江昭化段以下的整个水域已经实现了全面的渠化改造，而渠江也同样完成了全线的渠化工程。同时，四川还成功建立了泸州枢纽港、宜宾枢纽港、南充港以及乐山港这四大重要港口。2020 年，四川又进一步加强了区域性的主要航道、水库航道以及港口设施的建设。值得注意的是，自然岸坡作业的码头在四川省内的使用将会逐渐减少，取而代之的是更加完善的航运主网络系统。这一系列的举措使得四川的内河航运状况发生了翻天覆地的变化，基本上满足了四川经济发展的需求。四川内河航运规划分三层：主通道、主枢纽港口；重要支流、重要港口；其他支流航道、区间通航河流等。第一层次水运主通道：长江、岷江、嘉陵江。主枢纽港口：

泸州枢纽港、宜宾枢纽港、南充港、乐山港。第二层次重要支流：渠江、沱江、涪江、金沙江、赤水河等。地区重要港口：成都港、广元港、达州港、广安港及富顺港等。第三层次含其他支流航道及其配套的港口。这样一来，通过铁路运输、公路运输以及水路运输的发达系统，四川省大豆物流业务蒸蒸日上。

（3）产业发展的需求为四川大豆的物流发展开拓了市场

四川省的豆制品企业颇多，这得益于四川大豆产量的逐年增产，而同时作为养猪大省的四川也对豆粕需求极大，这也对四川大豆的产量形成了一个迫切要求，随着大豆需求量的增加，需要一个大型的物流系统来满足大豆的运输需求。根据《四川统计年鉴》，四川省居民人均豆类食品消费量在 2019 年为 9.04 千克，在 2020 年为 9.09 千克，这表明人均大豆消费量也在增长，所以四川的豆制品加工企业多。四川大豆物流顺势而为，不断成长并发展壮大。

9.3.2　四川大豆物流建设中的困难及其解决措施

9.3.2.1　四川大豆物流建设中的困难

虽然四川大豆的物流建设在目前来看算是取得了一定的成绩，并且发展态势明朗，但是同国内其他大豆物流发达地区如黑龙江、山东等地相比，随着大豆的国际国内发展形势，还有一些问题比较突出：

（1）在当前的社会环境下，基础设施建设的进展相对滞后，这导致交通运输设施无法有效地满足日益增长的运输需求。特别是在一些重要的农业区域，如大豆种植区，这种问题尤为明显。这些地区的交通状况不佳，其交通运输能力与实际运输需求之间的差距愈发显著。这种情况不仅影响了当地居民的生活质量，也阻碍了农产品流通和经济发展的步伐。因此，解决这一问题的关键在于加快基础设施建设，提高交通运输效率，以适应不断变化的市场需求。

（2）当前，我国的物流信息网络建设仍存在诸多问题，其中最主要的是覆盖范围有限。尽管我们已经拥有了如四川农业信息网、四川交通运输网等一系列的信息服务平台，但是，在农资信息网和农产品加工仓储网方面，我们仍然面临着巨大的空白。更为严重的是，这些不同的网络之间缺乏一个统一的平台，这使得它们无法有效地协同工作，形成一股强大的力量。

（3）当前的大豆运输、储存以及装卸技术是相当落后的。以运输为例，我们主要依赖敞篷车辆来完成这一任务，然而这些车辆却存在着许多问题，如能源消耗过大、载货量有限、工作效率低下等。而在储存环节，专门用于存放大豆的仓库数量明显不足，更不用说那些专为特殊用途而设计的仓库了，这些问题的存在使得整个大豆供应链面临着巨大的压力。

（4）当前的大豆物流配送系统建设存在着明显的不足，主要表现在缺乏长期规划和整体协调性上。这主要是由于大豆的数量庞大，分布广泛，涉及的部门和工作人员众多。各级政府在制定和实施大豆物流建设系统方案时，需要充分考虑到这些因素，以确保整个系统的稳定性和协调性。

（5）在当前的大豆物流行业中，面临着严重的人才短缺问题，这主要体现在物流配送理念上的滞后性。这种人才的匮乏，无疑为四川省推动大豆物流产业的发展带来了巨大的阻碍。具体来说，缺乏专业的人员来管理和运营大豆的物流和配送环节，导致整个行业效率低下，无法满足市场需求。同时，这也反映出物流配送理念的陈旧，未能跟上现代物流业发展的步伐。解决这一问题需要从多方面入手，包括加大对物流人才的培训力度，提高他们的专业技能和素质，以适应不断变化的市场环境。此外，还需要更新物流配送理念，引入先进的管理模式和技术手段，以提升整体物流配送效率。

9.3.2.2 相关解决措施

首先，我们需要提高公众对于大豆产品的认知度，通过有效的引导策略来推动这一领域的发展。为此，我们需要加大大豆物流基础设施建设投资力度，以构建一个完善的大豆物流配送中心。这个中心将实行标准化管理，确保大豆物流配送高效运行。

其次，我们需要强化大豆物流的信息导向和服务功能，以此来优化大豆物流建设体系。并培养一支专业素养高的团队，以便重新塑造大豆物流建设的良好形象。建立起一种长期且稳定的大豆贸易伙伴关系，推动大豆物流标准化和信息化进程。最终将整个大豆的流通链条整合起来，优化其供应链，并确保相关法规得到完善。

最后，我们还需通过各种措施来支持那些在行业中具有领导地位的企业，例如提供政策上的优惠和资金支持，以帮助它们更好地发展壮大，从而构建一个覆盖全省范围的市场网络，更有效地推广和销售大豆产品。

9.3.3 四川大豆物流建设展望

发挥市场机制的作用，注重引导发展，进一步树立开放理念和竞争意识，充分尊重市场规律，发挥市场配置资源的基础作用和企业投资主体作用。

推行现代流通方式，注重创新发展。推进管理创新、技术创新和制度创新，使得四川省大豆物流建设体系更加完善，并形成优势产业链，加强物流园建设，提升流通服务功能。

拓展社会服务功能，注重协调发展。建立健全大豆物流的社会化服务网络，加快建设面向全省的流通服务平台，丰富服务内容，改进服务方式，使得大豆物流业也能为缓解就业压力，增加再就业机会做出贡献。

9.4 四川大豆市场发展分析

9.4.1 四川大豆市场发展现状

四川大豆种质资源丰富，随着"十四五"战略规划的实施，以及在2016年以来大豆优势区东减西增的现象越来越明显，四川成为全国少数大豆规模种植优势省份，四川的大豆种植面积越来越大。作为大豆种植新发展地区，最近几年，四川大豆的总产量居全国前三位，这得益于四川省以成都、南充、自贡三个地方的农业科研所和高校为核心，建设的国家大豆产业技术体系南充综合试验站、国家南方套作大豆科研育种创新基地、农业农村部重点实验室川渝薯类与大豆科学观测站。

我国对高蛋白质大豆的需求巨大，这为四川省大豆产业的发展带来了巨大的商业机会。近年来，我国的畜牧业迅速扩张，对高蛋白质大豆的需求持续增长。四川省以其优质的高蛋白质大豆（大部分品种的蛋白质含量超过45%，其中一些甚至达到50%），成功地填补了这一市场空缺，并展现出深厚的发展潜力。自2008年以来，四川省已成为我国大豆种植面积和产量增长最快的地区之一。具体来说，四川省的大豆种植面积从2001年的19.74万亩，上升到在2022年达到665.1万亩。同时，产量也从2001年的30万吨，上升到在2022年达到104.4万吨。早在2019年，大豆振兴计划指出，西南大豆产区将会是重点发展区域。

而随着四川大豆种植业的发展，四川大豆加工业也在发展，在生产销售大豆油方面的企业有：四川大地油粕有限公司、成都市五粮丰农业开发有限公司、都江堰市欣源食用油有限公司、都江堰市杨建伟粮油经营部、成都市鸿科粮油有限公司、崇州小粮仓食品贸易有限公司、成都中储粮收储经销有限公司、崇州田菜农商贸有限公司、成都晨至诚贸易有限公司、成都特矫食品贸易有限公司等。这些公司的主营业务都是大豆油。而在生产销售豆干类方面的加工企业有：四川玉臻食品有限公司、四川徽记食品股份有限公司、四川品品食品有限公司、成都友伦食品有限公司、四川张飞牛肉有限公司等，其主营产品是豆腐干。

如今，四川大豆产量跃居全国前三位，得益于每亩地可增收 100～150 千克大豆、高蛋白质品种更适合食用两大优势以及形成的"南北通吃"（四川大豆更抗压、更有适应性、实行大豆和玉米间种套作）和"自给自足"（健全的川豆良繁体系，加快了油脂种子的繁殖和供给，提高了自给率，减少了进口依赖）两大潜力，从而使得全国大豆有望走出去以及减少进口依赖。根据 2022 年《四川日报》①的报道，有人说：本地大豆口感好，磨豆腐、做豆花嫩滑软糯。还有人说：在四川省，人们对于豆制品的热爱是无与伦比的。从富顺豆花到剑门关豆腐，再到乐山的豆腐脑，这些美味佳肴随处可见。这种对豆制品的喜爱不仅体现在日常饮食中，更深入到了文化传统之中。而这种热爱的背后，离不开四川独特的地理环境。四川的大豆蛋白质含量在全国范围内名列前茅，这主要应归功于四川特有的气候条件。四川大部分位于丘陵山区，这里的昼夜温差较大，尤其是在夏季，雨量充沛，气温和湿度都很高。这样的气候条件使得大豆的成熟期相对较长，从而保证了大豆的高蛋白质含量。而对于四川大豆市场主体来讲，市场主体呈现出豆农→经销商→加工厂→消费者这一上下游关系，其中，大豆生产主体——豆农，他们按照每年预定的目标进行大豆种植，当然，他们对于大豆害虫防控也有一定的经验，或者说可以称为这方面的专家了。他们种植大豆，然后卖给经销商或者中储粮厂，或者直接卖给加工厂，换取货币，得到相应的劳动补偿。运销主体——经销商，他们收购豆农手里的大豆后，以铁路运输、公路运输或者海路运输方式，将大豆运输到各个加工厂或者一些大型超市等，他们应用自己所收集到的信息以及得

---

① 史晓露. 两大品种优势助力产量跃升到全国第三，下一步四川大豆还有哪些潜力可挖？[N/OL]. 四川日报，2022-03-21（7）.（2022-03-21）[2025-03-28]. https://epaper.scdaily.cn/scrb/20220321/page_07.jpg.

到的人脉关系，从大豆运输中获取劳动价值，也可以比喻为中间商赚差价的方式。当然了，他们所进行的这项活动也会受到市场的影响，也会影响市场的运行，所以在这方面就需要政府来进行宏观调控，把握市场运行规律。消费主体——大豆加工厂、消费者等。大豆加工厂会把大豆加工成一些附加值更高的产品，比如大豆油、豆粕、豆干、豆腐乳、豆酱等供人们以及畜牧消费的食品。一般来说，大豆加工厂是影响大豆价格上涨的主要因素，因为供求影响价格，需求量多了，大豆的供应量跟不上，价格自然而然就会上涨，更何况，随着经济的发展，如今人们对于豆制品的需求越来越多。豆制品加工厂可以影响四川大豆市场的运行，加工厂需要的原材料越多，大豆就会种植得越多。

而对于四川大豆现在的市场结构来讲，四川省有高蛋白质大豆区域（资阳市、内江市、达州市、遂宁市、南充市、泸州市、广安市、绵阳市、宜宾市、广元市、自贡市）[①]。在这些区域的附近存在着大大小小的豆制品加工厂，而成都的豆制品加工厂最多。成都作为四川的省会城市，存在着更加丰富的物流产业链，与全国的交通更加便利。

9.4.2 四川大豆市场发展中遇到的问题及其解决措施

9.4.2.1 遇到的问题

（1）加工原料成本较高

我国大豆原料主要依赖进口，并且在进口大豆中，很大一部分属于转基因品种，其到岸价格远远低于国内市场价格。但大豆以及大豆油进口资质掌握在少数大型粮油企业手中，而其他企业购买进口原料（主要是大豆油和豆粕）的渠道受限，所以，其购买成本相对于有资质的大型企业会进一步增加。因此，若企业采用国产原料进行加工的话，其成本会很高，从而导致其市场竞争力变弱；而中小企业采用进口原料加工的成本也比有资质的大型企业采用进口原料加工的成本高，同样使得中小企业竞争力进一步被削弱。在四川省，加工豆油的大型企业很少见。作为一个养猪大省，四川对于豆粕类产品的需求更多，而四川知名的豆粕加工厂所用的大豆几乎都是来自国外的转基因大豆。

（2）加工产品缺乏特色

大豆主要可以被加工成大豆油和传统豆制品。而大豆油加工以有进口

---

① 张明荣，吴海英，邓丽，等. 四川省豆类作物生产科研现状与优势区域布局 [J]. 四川农业科技，2008（2）：14-15.

资质的大型企业为主，一般以进口大豆为原料，采用浸出法制油，而剩下的残渣制成豆粕，豆粕残油低、饲用品质好，一般用来喂养家畜，比如猪、牛、羊、鸡等。若以国产大豆原料生产常规大豆油产品，企业将毫无市场竞争力，因此亟须开拓营养健康型、风味型等细分产品市场，创制相关特色产品及专用特色品种。而四川省的传统豆制品加工以中小型企业为主，一般以国产大豆为原料，产品种类繁多，如豆腐、豆干、豆奶（粉）、豆豉、豆酱等，但同类产品特色挖掘不足、同质化现象严重，更缺乏针对不同产品的专用加工品种。

（3）加工企业实力弱小

四川省本土油脂加工企业规模较小、实力较弱，而且几乎没有本土企业生产大豆油，所需大豆油基本只能从有进口资质的大型企业那里购买。四川省豆制品加工企业数量较多，主要以中小型企业为主，其中包括众多作坊式企业，它们的技术与装备缺乏自主创新，且自动化程度较低，产品质量难以保证。同时，四川省也缺乏蛋白质深加工企业，比如说浓缩蛋白质、分离蛋白质、多肽等高附加值产品产能严重不足。

9.4.2.2　解决措施

（1）加强政策引导

政策支持四川省大豆产业发展，政策规划推动大豆产业前进。为促进大豆产业的发展，四川省陆续出台了多项相关的政策和规划来推动大豆产业的发展。比如说在食物与营养发展方面、农业三项补贴方面、农业发展方式方面、农业现代化实施方面以及大豆的品种类型方面的相关政策，从大豆的种植、加工等多个方面推动四川省的大豆产业前进，为四川省的大豆产业发展提供了支持。同时，通过政策引导和政府补贴等方式，鼓励充分利用闲置耕地及复合模式种植大豆，全面完成四川省 2022 年新增大豆+玉米带状复合种植面积 310 万亩的任务，提高大豆产量，以解决国产大豆供给不足、价格较高的问题。鼓励有条件的油脂加工企业采用国产大豆生产食用油，缓解我国食用油供给不足的问题。同时，鼓励生猪等畜牧业加大使用国产豆粕力度，缓解饲料原料依赖进口豆粕的问题。

（2）加强研发投入

突破大豆种植技术。四川农业大学杨文钰教授率领团队，针对传统的间种套作优势和融入现代农业的瓶颈问题，运用多学科理论与方法创新冠军理论、技术和机具，以"高产出、机械化、可持续"为目标，创建了适应现代化农业的玉米+大豆带状复合种植理论和技术体系。这项技术体系使得玉米产量与净作相当，同时每亩可多收大豆 100~150 千克，并且可以减少施纯氮量，减少土壤的流失量和地表径流量。该技术连续 12 年入选国家和四川省主推技术，2019 年被遴选为国家大豆振兴计划重点推广技术，2020 年的中央一号文件指出，"加大对玉米、大豆间作新农艺推广的支持力度"。2022 年的中央一号文件明确指出，"在黄淮海、西北、西南地区推广玉米大豆带状复合种植"。

同样的，鼓励科研院所和企业开展大豆产业关键技术攻关，并保障持续性经费支持。大力开展高含油、高蛋白质、高营养等专用大豆品种选育，为不同大豆加工产品开发提供原料保障。着重开展特色大豆油、生猪饲料等加工技术研发与优化，建立健全大豆加工产品安全、营养与感官品质评价体系，为大豆加工产品多样化、高品质发展提供技术支撑。加大大豆蛋白质深加工技术研发力度，为完善大豆产业链条提供技术储备。

（3）加快产业升级

积极响应大豆振兴计划，在提高四川省大豆产量的同时积极引导各地龙头企业通过制定标准、选好原料、引进和改良先进技术与装备、创新产品等方式，带领四川省大豆加工产业提档升级，从而使四川省大豆产业链更加丰富、更加全面有序。与此同时，也要关注农村地区的一些小微型加工企业的成长，让它们通过改良技术装备以及加强市场监管，可以与龙头企业形成一个有机整体，并使得它们可以将其中一部分利益留在农村，从而带动四川农村的发展，给社会也带来丰硕成果。总之，通过科学合作与分工，可以全面提升四川省大豆加工产业整体水平，形成具有四川特色的区域优势。

9.4.3 四川大豆发展潜力[①]

9.4.3.1 有望"走出去"，改良品种，使其适宜在南方产区之外种植

"'贡秋豆 5 号'耐阴性很强，适合间种套作。"在丁香村开展技术培训时，自贡市农业科学院大豆育种专家杨华伟就向村民推荐了这一大豆品种。2021 年，除了果树和大豆间种套作外，全村还计划实施 3 000 余亩玉

---

① 史晓露. 两大品种优势助力产量跃升到全国第三，下一步四川大豆还有哪些潜力可挖？[N/OL]. 四川日报，2022-03-21（7）.（2022-03-21）[2025-03-28]. https://epaper.scdaily.cn/scrb/20220321/page_07.jpg.

米+大豆带状复合种植、高粱套种大豆等模式，助力大豆增产。

"贡秋豆 5 号"由自贡市农业科学院自主选育，于 2017 年通过国家审定，是四川首个夏大豆国家审定品种，具有高产、高蛋白质、适宜套作、适应性强等特点。

不只"贡秋豆 5 号"。近年来，自贡市农业科学院选育的"贡豆"系列和南充市农业科学院选育的"南豆"系列，为全省大豆扩面增产提供了品种支撑。

2021 年，全省通过良种和良法配套，推广玉米+大豆带状复合种植、高粱+大豆套种等模式，每亩地可增收大豆 100～150 千克，也让全省大豆播种面积从 1999 年之前的不足 200 万亩，提升到 2021 年的 665.1 万亩。

在专家们看来，在新形势下，四川大豆还能为全国多做贡献。"四川大豆仍有增产空间，关键是改良品种。"南充市农业科学院大豆研究所所长吴海英说，当前的间种套作模式对大豆的耐密、耐阴、抗倒性提出了更高要求。

"目前我们的一些品种叶片偏大、分枝较多，密植后就会形成荫蔽，通风透光性不够好。"最近，吴海英正忙着改良大豆株型，要把叶片改小、分枝减少，这样就可以增加种植密度来提高产量。

朝着这个方向，吴海英已经试验了 5 年。"我们从中国农业科学院油料研究所和南京农业大学引进了一批叶片小、分枝少的大豆品种资源，与本土品种杂交后，改良株的叶片已缩小了三分之一。"吴海英说。

本土大豆种质资源仍有挖掘潜力。四川大豆种质资源丰富，编入国家目录的已达 2 000 多份，居全国第二，"其中有不少高产、抗病性强的地方资源，都是品种创新的关键材料"。杨华伟说，四川大豆虽然适宜套作，但一些品种并不适宜在南方产区之外种植。下一步，他们将通过加强种质资源的鉴定、评价与利用，提高大豆的产量、抗倒性和适应性，有望让四川大豆"走出去"，在更大范围推广大豆间种套作，实现扩面增产。

9.4.3.2 减少进口依赖，健全川豆良繁体系，加快优质种子的繁殖与供给，提高自给率

"我们本地大豆口感好，磨豆腐、做豆花嫩滑软糯。"陈钦德已 50 多岁，在他的记忆里，当地人种植大豆以食用为主，手磨豆花的历史已有上百年。

四川人爱食豆制品，富顺豆花、剑门关豆腐、乐山豆腐脑……各种豆类美食遍及大街小巷。在吴海英看来，这些美食的背后，有一位共同的

"功臣"——本土大豆。

"四川大豆的蛋白质含量在全国最高。"吴海英说，"这主要得益于独特的气候条件——四川丘陵山区昼夜温差较大，夏季雨水偏多，气候高温高湿，大豆熟期较长。"

与北方大豆相比，四川大豆在蛋白质含量方面优势明显。"北方大豆重油脂，适合榨油，但蛋白质含量普遍在43%以下。"吴海英说，一般来说，蛋白质含量超过45%，就可称为高蛋白质品种，超过50%就是超高蛋白质品种，四川大豆普遍为高蛋白质品种，"南豆"系列中更有7个超高蛋白质品种。

吴海英介绍，"南豆12号"蛋白质含量达51.79%，是迄今国内蛋白质含量最高的大豆品种，也是国际上蛋白质含量最高的主栽品种，2009—2015年连续7年被确定为农业农村部和四川省主导品种。

作为一种重要的植物蛋白质来源，高蛋白质大豆更适宜食用，比如制成豆腐、豆干、腐竹、酱油等传统豆制品，或加工成大豆蛋白质制品，下脚料还可以生产豆粕作为饲料。

当前，我国大豆超八成依赖进口。"一方面四川可扩大大豆种植，提升产量，从而减少进口。"杨华伟说，另一方面还可发展成为全国高品质大豆来源地，擦亮"优质高蛋白质食用大豆"这张名片，发展豆制品加工业。

不过，在这之前，仍有短板需要补齐。"目前全省大豆良繁体系还不健全，建议设立高蛋白质优质大豆良种繁育资金重大专项，加快优质良种大豆种子的繁殖与供给，从而满足豆制品加工企业和人们对高蛋白质食用大豆的巨大需求。"国家大豆产业技术体系南充综合试验站站长张明荣说。

9.4.3.3 农业全产业链数字化促进产业发展

"十四五"期间，我国的农村信息化发展将以提高农业生产保障能力和效率为核心目标。为了实现这一目标，我们需要大力推动农业全产业链数字化进程，特别是在农业生产经营主体与互联网的整合方面。此外，我们还需要加快农产品各个环节的数字化转型，包括从加工到仓储物流再到电子商务和追踪的整个过程。通过这些努力，我们可以构建一个完整的农业全产业链信息流闭环，从而进一步提高农业生产的效率和质量。提升农产品供给质量和效率，将有利于大豆等产业的发展。

而对于四川省的大豆产业来说，大豆在种植上将会逐年增产增收，除非出现不可避免的自然灾害。四川省大豆实现自给自足的日子将不会太远。一方面，在国家政策的扶持下，大豆加工产业与农户、农村合作社之间的联系更加密切，形成了本地大豆加工厂的原材料尽可能来自本土农户种植的氛围。而随着国内大豆市场价格的上涨，会激发豆农种植大豆的热情，使得国产大豆的产量增加。这样不仅可以减轻农业科学院的压力，还可以维护豆农的利益。另一方面，根据价格受供求关系影响理论，供不应求，价格上涨。大豆加工厂原材料价格上涨，就会在其他成本方面减少支出，比如会优先选择本土种植的原材料来满足自身加工的需求。而且得天独厚的地理环境和气候因素，使得四川省种植的大豆蛋白质含量很高，蛋白质含量高的大豆可以作为饲养家禽和牲畜的原料。作为养猪大省的四川，这无异于近水楼台先得月，因为主营业务为加工销售豆粕的加工企业更倾向于在原材料产地建立加工厂。

9.5　四川大豆市场价格变化

价格是市场经济的重要因素，也是生产者和消费者之间重要的媒介和指标。根据供求关系理论，在市场中，若是产品的价格没有达到均衡价格，那么该产品的供求关系就会进行一定的调整，一直到它们能达到供求平衡为止。但受各种因素的一系列影响，在市场中保持绝对的供求关系平衡，一般来说是不可能的。四川大豆也是如此，作为处在市场经济中的大豆产业，它一定会受到当下市场价格机制的约束。四川大豆的市场价格一直在波动。

9.5.1　四川大豆价格的历史数据分析

根据《全国农产品成本收益资料汇编（2021）》，2015—2020 年，大豆每 50 千克平均出售价格如表 9-1 所示。

表 9-1　2015—2020 年全国大豆平均出售价格　　单位：元/吨

年份	2015	2016	2017	2018	2019	2020
出售价格	3 982.4	3 802.4	3 785.2	3 661.8	3 751.6	4 859.4

数据来源：《全国农产品成本收益资料汇编（2021）》。

总的来说，大豆的出售价格总体在上涨，且涨幅较大，但是在 2018 年，大豆的出售价格有小幅度下降。根据表 9-2，2018 年的中国大豆产量只有 1 597 万吨，比 2017 年只增产了 69 万吨，2018 年的大豆进口量只有 8 803 万吨，比 2017 年减少了 730 万吨，减少幅度为 7.9%，2018 年国内大豆价格较低，而湖北新季早熟大豆的上市使得大豆整体价格进一步走低。究其原因，大豆价格低迷主要受到了季节性因素的影响。而大豆价格在 2020 年暴涨至每吨 4 859.4 元。从 2020 年国内的大豆产区价格来看，很多地方的大豆价格有上涨趋势，内蒙古地区大豆收购价格为每吨 4 880 元，东北地区大豆收购价格为每吨 5 260 元，安徽地区大豆收购价格为每吨 5 300 元，均出现了不同程度的上涨。东北地区的大豆市场价格起初为 4 700 元/吨，一周的时间每吨上涨了 500 元，而且有些地区大豆价格每吨还涨到了 5 800 元。究其原因，主要有三点：①国储收购引导作用减弱。东北大豆上市后，除加工企业节前备货，传统贸易商纷纷入市，市场购销活跃。新豆上市价格为 3 380~3 480 元/吨，明显出现上涨。②销售速度明显加快。近年国家加大了对大豆生产者的补贴力度，农民愿意快速出手，而且随着市场需求的变化，大豆价格还会有上涨空间，黑龙江地区的出售进度已经达到了 70% 左右。③大豆种植收益下降。近些年，种植大豆的成本并没有减少，比如农资的价格和人工费用提高，现在种植补贴已难以激励豆农种植大豆的热情。按照现在的大豆价格，农民种植大豆的利润是很低的。

表 9-2 2015—2020 年全国大豆产量及进口量　　　单位：万吨

年份	2015	2016	2017	2018	2019	2020
大豆产量	1 237	1 360	1 528	1 597	1 810	1 960
大豆进口量	8 169	8 391	9 533	8 803	8 851	10 033

数据来源：《全国农产品成本收益资料汇编（2021）》。

四川大豆的价格走势如同波浪起伏，但是从总体上来说，四川大豆的价格从 2015 年的 3 982.4 元/吨到 2022 年的 4 859.4 元/吨，价格是在上涨的。究其原因，我国居民对蛋白质的摄入量需求在逐年上升，同时，大豆的品质以及蛋白质的含量也在技术的辅助下有所提高。

9.5.2　四川大豆价格的变化特征分析

自 1996 年起,我国从一个主要的大豆出口国家转变为主要的大豆进口国家,这一变化是国内对油脂和植物蛋白质需求的持续增加导致的。这种趋势在近年来变得更加明显,因为我们对进口大豆的依赖程度正在逐年攀升。特别是在 2001 年正式加入世界贸易组织之后,我国的进口大豆数量呈现出显著的上升趋势。直至 2007 年,我国的进口大豆已占据了国内大豆总产量的 2/3 以上。然而,尽管我国是全球最大的大豆消费国,我们在大豆价格制定方面却缺乏足够的发言权,决定我国大豆供应量的是大西洋彼岸的美国等国的大豆期货价格(所谓的大豆期货价格,就是在期货市场上通过公开竞价的方式形成的期货合约标的物的价格,也就是在交易成立后,买卖双方约定在一定日期交割实物的价格)。自 2006 年 10 月以来,美国的大豆期货价格从 5.5 美元 1 蒲式耳(1 蒲式耳 = 27.16 千克)上涨到 2007 年 10 月的 10 美元,然后又涨到 15.5 美元后开始暴跌。所以,对于大豆价格的特征分析显得尤其重要,这样不仅能维护我国国产大豆的价格稳定,也能维护我国进口大豆的价格稳定。下面从两个方面来描述大豆的价格变化特征[①]。

大豆价格变化的基本走势如表 9-1 所示,大豆价格存在着一定的波动。但是在此期间,大豆的价格可以分为两个阶段:第一阶段是 2015—2017 年,大豆的价格是在逐年降低的,一共下降了 300.6 元/吨;第二阶段是 2018—2020 年,大豆的价格又在逐年上涨,一共上涨了 1 197.6 元/吨。自 2015 年以来,国产大豆价格有起有伏,但总体趋势是向上的。

对于大豆价格变化特征的分析,除了对大豆价格的变化基本趋势进行分析外,还可以从四川大豆价格的涨跌幅度特征予以分析。具体而言,大豆价格变化幅度呈现以下特征:

从涨跌年份来看,大豆价格上涨的年份比下跌的年份少。2015—2020 年,价格下跌的年份有 4 年,占比为 66.67%,而价格上涨的年份则有 2 年,占比为 33.33%。

从涨幅来看,6 年间经历了两次上涨,分别出现在 2019 年、2020 年,其涨幅分别为 2.45%、29.52%,波动幅度还是比较大的。

从波动幅度所分布的区间来看,2015—2017 年的大豆价格逐年下降,

每吨价格从 3 982.4 元下降到 3 661.8 元，下降了 4 个年度，每年平均下降 80.15 元。而 2018—2020 年的大豆价格是上升模式，从 3 661.8 元上升到 4 859.4 元，上升了两个年度，每年平均上升 598.8 元。

从阶段性特征来看，2015—2016 年价格较为平稳；2017—2018 年期间，下降最多，下降了 103.4 元，到了 2019 年，大豆的价格才开始回升上涨。到 2020 年，大豆的价格一下子上涨了那么多，主要也是疫情的影响所致。

上面所描述的 2015—2020 年的大豆价格只是大豆历史价格中的一个片段，但是也能代表大豆价格的变化周期形态。总之，从 20 世纪 90 年代以来，特别是在社会主义市场经济体制确立之后，我国农业生产的收益率有了很大幅度的提高，这就使得农民种植大豆的积极性得以提高，然后大豆的产量也得以不断提高，不料却出现了丰产不丰收的局面，种植大豆的收益下降，使得大豆产量下降，进而影响价格，所以大豆价格变化频繁。

因此，我们需要对四川大豆的价格有一个详细的分析，才能对四川大豆的价格走势乃至我国大豆的价格走势有全面的认知。

9.6　本章小结

本章首先介绍了大豆流通的制度与渠道，对于大豆消费市场有个初步认识；其次介绍了四川大豆流通格局，对于四川大豆的流通现状进一步了解；再次介绍了四川大豆物流建设，对于四川大豆的运输业和物流网络的发展加深印象；最后介绍四川大豆市场的发展，对于四川大豆消费市场的成长形成共识。

综上所述，四川大豆消费市场的发展是对四川大豆种植业的继承。过去十几年来，四川大豆的消费市场一直萎靡不振，大多数靠着从外省调入，特别是黑龙江、山东等地。而如今，四川大豆的种植经历层层考验、重重困难，产量居全国第三位，为四川本土加工业提供了成本更低的原材料。随着种植业的发展，在生产—流通—消费关系上，四川大豆产业链也在加速建立健全中。从大豆生产出来，豆农出售给经销商加工后再到消费者这一过程中，每个环节，都有相关政策文件出台保护，保证了四川大豆的流通、消费环境有序进行。但是，全球经济变化莫测，大豆消费市场的发展还有很长一段路要走。

10 全产业链视角下四川大豆产业发展战略

大豆产业链长，涉及种植、加工、销售等多个环节，对我国国民经济的发展发挥着重要作用。近几年来，四川大豆发展势头强劲，种植面积和产量节节攀升，成为我国大豆主产省。但是也要看到，四川大豆生产面临着比较效益低下和进口大豆低成本冲击；四川大豆加工面临着企业多而不强、产能过剩、产品附加值低、技术装备落后等挑战；在销售环节存在运力紧张、运输成本居高不下等问题。本章在全产业链视角下，从品种繁育、栽培种植、豆制品研发加工、消费推广、运输仓储等全产业链的角度，探索分析四川大豆产业发展的突破路径，以期推动四川大豆产业的进一步发展和升级。

10.1 因地制宜做足源头支撑

作为全国大豆生产不可或缺的省份，国家实施"大豆振兴计划"为四川大豆产业的进一步发展带来了难得的机遇。根据四川大豆生产的实际，本章认为，四川应当加快良繁推广体系建设，建立"政府主导、企业主体、农民主动"的上下联动机制，以豆农增收为抓手，加快大豆生产的机械化和规模化进度，提高四川大豆综合生产能力、抗风险能力和市场竞争能力，推进种豆良种化、种植规模化、生产机械化、经营集约化，为我国大豆产业发展做出新的更大贡献。

10.1.1 加大大豆良种"培育—繁殖—推广"力度

针对四川大豆种植存在的间种套作模式，成熟期晚，易遭受根腐病、豆秆黑潜蝇和蚜虫等病虫害的生产实际和四川地区气候、光照、地质、土壤等地理区位因素，应当努力构建抗病、抗旱、抗虫优质大豆新品种选育和良种繁育推广体系。在开展育种实验时，针对四川地形多变及生态区生产的挑战，结合市场对食用和高蛋白质饲料大豆的多样化需求，致力于培育创新的大豆新品种，重点发展耐阴、早熟、高产、高蛋白质、适合机械收割的大豆新品种。

着力构建一个以政府为后盾、科研机构为引擎、育种企业为核心的育种体系，整合生产、学习、研究各方面资源，充分利用政府在品种开发上提供的政策与资金支持，结合科研单位的专业人才和育种企业的实践经验，确保大豆品种开发的资金、科研和实践有效循环，推动专业品种的开发工作顺畅进行。政府持续提供长期稳定的财政支持，加强对大豆育种基础研究和关键项目的投入，致力于推进大豆生物育种重大科技项目的实施，逐步推动生物育种产业化进程。扩大对省内豆种主产大县的奖励政策，加快建设种子生产基地和优良品种的繁育体系。同时，制定针对重大品种研发和推广的补贴政策，加强知识产权保护，协调公益性大豆科研和商业育种的利益平衡，促进种业创新，提高大豆种权的保护和商业化水平。优化大豆种子的售后服务网络，增强农民对高品质大豆种子的信任，扩大优质大豆品种的种植规模和市场份额，确保大豆种业的稳健发展。在省级主管部门指导下，选拔实力雄厚的种子企业，并加大对以大豆育种为主的企业的支持力度，推动种子企业的兼并与重组，整合资源，构建高效的大豆繁种育种体系，培育具备"育种—繁种—推广"综合龙头企业，推动四川大豆产业振兴。

将良种与良法结合。政府应明确农技推广的责任，主动落实人员经费和工作经费，创造农技推广条件，加强农技推广人员素质建设，改善投资结构，将资金投入到农业生产急需的领域。完善配套措施，解决基层农业技术推广体系中遇到的问题，切实加强领导，认真制订方案，精心组织实施，把握好力度和进度，协调好各方面利益，调动好各方面的积极性，确保基层农技推广体系优化完善。构建多元化农业人才资源开发投入机制，以政府公共财政投入为主导角色、用人单位的投入作为重要补充，同时，社会和个人的投入也是不可或缺的辅助力量，不断增强农业科技人才建设资金的支撑能力。

10.1.2 提高大豆种植收益，调动豆农生产积极性

多年来，四川大豆一方面深受进口大豆在种植和运输两个方面的低成本优势压制；另一方面国产大豆的出油率较低，且价格较高，导致国内油脂企业更倾向于采用进口的转基因大豆，这导致对四川大豆的消费需求逐渐减少。同时，国际市场上优质且价格低廉的大豆对国内市场造成了冲击，再加上四川大豆的比较效益较低，这两方面的压力使得四川农户种植大豆的积极性受到了沉重打击。

对此，首先，保护生产者利益，提高农民种豆积极性。贯彻落实种豆农民收益保障机制，加强财税和金融扶持，加大大豆种植财政支持力度。政府应充分行使 WTO 成员权益，通过增加"绿箱"补贴的种类和范围，对大豆科研与区域结构调整提供有效支持，以促进大豆产业的健康发展，比如大豆农机补贴、荒地整治种植大豆、秸秆还田、农田基础设施建设补贴，优化大豆生产结构，提高机械化程度和大豆的品质与产量。我国当前的"黄箱"补贴水平相较于入世谈判时确定的 8.5% 上限而言，尚不足农产品总值的 2%，这意味着我国在农业补贴方面不仅无须承担减让义务，反而拥有广阔的增补空间。根据 WTO 的"微量允许标准"，四川省可以积极创新大豆价格支持机制，如实施最低收购价保护政策、探索基差定价收购模式，并建立起主产区利益补偿机制等。通过这些举措稳定大豆市场价格，保障农民的生产收益，从而激发其生产积极性。在补贴结构上，也要做出相应的调整：过去，补贴往往更多地倾向于流通环节，现在应当将补贴重心更多地转向生产环节和农产品生产者本身。同时，加大对四川种豆金融保险支持力度，创新与大豆生产经营主体相适应的金融产品，健全大豆保险补贴制度等，建立价格、补贴和保险联动的农民种粮收益保障机制，稳步提高大豆生产者收益。

其次，通过创新土地经营制度，提高机械化生产程度。发展大豆种植规模化经营，提高种植的组织化和产业化程度，探索"工厂+基地+农户"的大豆生产模式。内资大豆加工企业是微利企业，进口大豆和国产大豆的价差又大，单靠四川企业自己是不可能承受大豆市场下跌的连锁反应风险的，因此针对四川大豆加工企业实施订单农业的，政府应给予一定的优惠政策和补贴，企业也必须对豆农承担责任和义务，要有中期或长期计划，才能有效降低大豆的生产成本并提升种植效益，激励豆农更积极地参与大

豆种植。

最后，应当立足独特资源优势和实际生产状况，制定与进口大豆错位竞争、互补共赢格局的发展战略，深入挖掘四川非转基因大豆产品优势，积极打造"食用安全、天然健康、高蛋白质"的国际品牌形象，通过开展差异化竞争来拓宽市场份额，进一步提升四川大豆在全球市场的竞争力。

10.1.3　加快大豆机械和种植新技术的研发与推广

四川大豆主要种植区位于丘陵地区，地块破碎且地形复杂，现有大型机械难以适应四川的生产地形和大豆+玉米带状复合种植的实际，而且大型机械设备价格偏贵，不适合四川农户小规模种植使用。

建议政府出台相关政策，加大对适宜四川丘陵山区坡耕地作业的小型大豆播种机（比如大豆+玉米带状复合种植的配套机械）、收获机、播种施肥一体机、大豆烘干机等设备的补贴力度。例如，通过财政补贴、税收优惠等鼓励社会资本投入大豆机械和新技术的研发和推广，建立多元化的融资渠道。

建立大豆标准化生产模式，以国家大豆产业技术体系为依托，加强与科研机构和高校的合作，共同开展大豆机械和新技术的研发。顺应现代农业生产的发展趋势，通过产、学、研紧密合作，成立专门的研发团队，专注于四川小型轻简播种机和收获机的研发。针对四川丘陵山区的独特地形地貌，引进并研制适合该区域玉米+大豆间种套作及净作大豆模式的轻小型播种与收获机，加大大豆全程机械化设备的自主研发力度，确保科研成果能够迅速转化为实际生产力，提升大豆机械的技术性能，以满足现代农业生产对高效、精准、智能装备的需求。

针对四川大豆生产地区的生产人群和技术人员老龄化带来的生产观念和技术落后问题，一方面应当建立健全四川大豆机械和技术服务体系，重视大豆机械和技术领域的人才培养，建立完善的人才引进和培育机制，为大豆机械和新技术推广提供有力的人才保障。同时，要认识到加快大豆机械和新技术的推广需要政府、企业、科研机构、社会各界共同努力，应当由政府、企业、协会、合作社等多方联合提供全方位的技术支持和售后服务。由政府、高校专家团队发挥示范带动作用，根据种植实际适时适宜调整农机农技，加强对基层农技人员、大豆种植农户的培训力度，将大豆生产培训纳入四川新型职业农民培训，定期开展大豆专业技术培训，加强农机农艺融合，提升大豆生产机械化水平。另一方面应当通过建立大豆机械和技术的示范基地展示先进的机械设备和技术成果，组织专业培训和宣传活动，提高人们对大豆机械和新技术的认识和了解等，进行实地考察和经验交流，让豆农了解大豆机械和技术的优势和应用效果，提高其机械化接受度和应用意愿。

只有各方协同努力，共同提升大豆生产经营的规模化程度、机械化水平以及种植效率，才能实现四川大豆产业持续发展，确保大豆产量稳定增长。

10.1.4　培育新型大豆生产经营主体

当前在四川地区大豆生产方面，家庭农场、种销大户和大豆合作社等新型农业经营主体的发展相对滞后，普遍存在分散经营、规模相对较小、组织化和集约化程度明显不足的情况，这与现代农业产业化的发展要求存在显著的差距。四川的豆农作为独立个体在面对市场风险时，其抵御能力相对较弱，因此在整个大豆产业链中，他们处于相对弱势的地位。

应当大力鼓励建设"企业+专业合作社+基地+农户""企业+基地+农户""合作社+农户"等新型农业经营主体，提高规模化管理水平，增强产品的市场竞争力。政府给予新型大豆生产经营主体一定的财政补贴和适当的政策倾斜，具体而言，可以加大对种植大户的补贴扶持力度，对种植规模达到 7 公顷及以上的大户给予专项补贴，补贴标准为每公顷 750 元，旨在提高种植大户的经济收益，进而激发其种植大豆的积极性。针对新型大豆生产经营主体制定税收优惠政策，如减免部分税费、延长税收抵免期限等，降低其生产成本；设立专项资金，支持四川大豆新型经营主体开展技术研发、品牌建设等，提高其市场竞争力；推动金融创新服务，为新型经营主体提供融资支持，通过设立农业担保公司、农业发展基金、供应链金融等途径，为新型经营主体提供贷款、担保等金融服务，解决其融资难、融资贵的问题；优化四川大豆保险政策，特别是大豆价格保险政策，大豆是重要的粮食作物，建议实行完全成本保险政策，具体来说，可以考虑将大豆收割期间因雨水导致的霉烂变质等损失纳入保险覆盖范围，从而为种植者提供更加全面和有效的风险保障；加强四川新型经营主体的技术培训和指导，通过举办培训班、技术交流会、邀请专家学者为新型经营主体传授先进技术和管理经验、组织专业技术人员深入田间地头，为新型经营主体提供实地技术指导和咨询服务等形式，普及大豆种植技术和经营管理知识，提高其技术水平和经营管理能力，促进新型经营主体发展壮大。

引导和支持四川新型经营主体参与大豆产业链建设，推动产、加、销一体化发展。鼓励新型经营主体与加工企业、销售企业合作，形成利益共享、风险共担的利益共同体，鼓励发展订单农业，降低豆农的生产风险。我国当前实施家庭承包经营体制，土地经营呈现出分散化、效率低下的特点，这导致农业生产对市场变化的反应相对迟缓，对提升农业效益和促进农民增收的作用并不显著。为了发展规模农业，实现增产、增收、增效的目标，有必要推动土地的有序流转，将零散的土地集中起来，实行适度规模经营，能够更好地适应市场需求，提升农业的整体效益，进而促进农民持续增收。政府应积极协调土地流转工作，为新型大豆生产经营主体提供稳定的土地资源，规范有序推进农村土地流转，实行相对集中连片开发和适度规模经营，推动四川大豆生产向优势产区、规模基地、专业合作社、家庭农场、种植大户集中。在此过程中，支持龙头加工企业与四川的种植基地建立紧密的命运共同体，通过深化合作实现共赢。对于直接参与土地流转的龙头企业提供补助和有力支持，逐步建立起安全可靠的大豆食品安全追溯体系。可建立和完善产前、产中、产后全方位的农业社会化体系，为农户提供大豆的收购、加工、农业信贷等服务。比如搭建四川大豆信息服务平台，为四川新型经营主体提供及时、准确的市场信息和政策咨询等服务，帮助新型经营主体了解市场动态，依据市场价格动态及趋势调整作物的种植时机、储存策略与销售节奏，增强议价能力以提高收益。建立加工企业与农户之间的直接采购渠道，缩减中间环节，提升供应链效率，并提高生产者在价值链中的利益份额。

鼓励四川新型经营主体之间开展技术交流与合作，加强与黑龙江、内蒙古等大豆主产省份的合作与交流，引进先进的生产技术和经营管理经验，推动四川大豆产业提档升级，提高四川新型经营主体的市场竞争力。

10.2 提质增效做优加工支撑

大豆加工业的发展对于提高大豆附加值、促进农业经济发展具有重要作用。目前在四川大豆加工业中，豆制品加工企业数量较多，但生产规模普遍较小，品牌效应不强，缺乏市场竞争力，技术装备落后，生产加工智能化和自动化程度较低，严重制约了四川豆制品加工业的发展。面对产能过剩、集中度提高、国际价格变化莫测、下游产业转型升级等挑战，四川大豆加工产业发展仍存在一些局限，需要龙头引领，提升科技有效供给，延长产业链条，不断补短板、强弱项，降低系统成本、提升产品溢价能力，才能实现四川大豆加工业的高质量发展。

10.2.1 扶强壮优，支持大豆龙头企业发展

四川大豆加工企业数量众多，但整体规模较小。同时，国内外大型大豆加工企业的进入，也使得市场竞争更加激烈。因此，四川大豆要进一步发展，龙头企业是关键，是主体。

10.2.1.1 大力扶持龙头企业

优先考虑支持领军企业的发展，培养四川地区具有竞争力的大豆企业集群。实施"扶持大型、带动中型、放开小型企业"的方针，通过收购、兼并、股权控制和租赁等手段，促进四川大豆加工业的整合与协作，实现规模经济和合作效益。利用产品、市场、技术和地理等多重优势，逐步打造专注于产品的"专而精"与"泛而全"的加工企业体系，进而优化大豆产业结构。

在遵循国家和四川重点龙头企业政策导向的基础上，强化并完善支持龙头企业的措施，持续改善其发展环境，推动四川大豆龙头企业稳健快速发展。此外，可考虑在贷款利率、税收优惠、国内外资金筹集、审批流程和用地政策等方面为大豆龙头企业提供支持。在安全可操作的前提下，适度限制外资在四川大豆全产业链中的过度扩张，以确保大豆产业安全和防止垄断。值得注意的是，政府应尽量减少对大豆市场和产业的直接干预，让市场机制发挥决定性作用，通过优胜劣汰，逐步淘汰落后产能和低效产能。最终建立一个开放、竞争、充满活力的四川大豆产业，形成良性循环，推动四川大豆产业升级发展，提升其国际竞争力。

10.2.1.2 促进大豆龙头企业与大豆基地高效协同

成立大豆协会，推动大豆的产业化、集约化经营。加工企业应根据产业标准与农户签订合作协议，通过商定大豆的价格和质量标准来规范双方责任，建立基于信任的长期采购与销售合作关系，实现产销一体化。同时，对大豆加工企业进行升级改造，引入创新的管理策略，优化生产和加

工环节的协同效应。

10.2.1.3 发挥龙头企业科技引领作用

重点推进四川省内规模较大、技术含量高、加工实力雄厚的龙头加工企业发展，鼓励其提高科技创新水平。尤其要重视技术革新和技术改造在大豆加工业中的应用，积极吸收和应用新的大豆加工品种、技术、工艺和设备，以满足不同消费者的多样化需求。提高对四川大豆企业应用先进技术设备的财政补贴力度，鼓励龙头企业进行自主研发或与高等院校、科研机构联合进行技术创新，发挥科技在产业发展中的引领作用。通过培训企业内部的核心人才和吸引外部的高层次复合型人才，为企业的发展提供强大的人力资源支持。

10.2.1.4 加强大豆产业园区建设

大豆加工产业具备较长的产业链条，能够生产出各种中间产品，除了日常生活中常见的油脂、蛋白质等食品加工原料以外，还有肽类、磷脂、异黄酮和低聚糖等生理活性成分。这些产品的加工过程构成了上下游原料的利用链，同时也与大豆原材料供应、饲料加工以及各类食品加工行业形成紧密的产业链条。鼓励四川的大豆产业相关企业向工业园区集聚发展，促进加工企业集群的形成，不仅可以降低交易成本，减少外部环境的不确定性，还有利于吸引风险投资向具有最高回报潜力的地区集聚，最终提升四川大豆整个加工产业竞争力和整体经济效益。

10.2.2 加强产业链协同，实现信息共享和资源优化配置

在四川大豆产业升级转型的过程中，产业链上游面临着多重挑战，如生产成本较高而单位面积产量偏低，以及本地大豆价格较从东北地区调入的大豆高。中游的大豆加工企业也面临加工效率低下、产业链相对较短、精深加工领域待拓展，下游则面临运输成本较高等问题。值得注意的是，四川大豆产业至今尚未形成完整的"生产、供应、销售"或"生产、加工、销售"一体化服务模式，即便农民能够种植出优质大豆，也因为流通渠道不畅，销售难题频发，一定程度上挫伤了农民种植优质大豆的积极性，进而制约了大豆产业的进一步发展。因此，当下迫切需要拓宽四川大豆的加工领域，进一步延长大豆产业链，推动大豆产品由初步加工向精深加工转变，最大化提升其附加值。

10.2.2.1 建立利益共享机制

全产业链合作需要各环节的参与者共享利益，共同承担风险。四川大

豆企业应与产业链上下游企业建立紧密的合作关系，最大限度提升附加值。加强产业链各环节之间的协同合作，明确各方的权益和责任，实现利益共享，形成长期稳定的合作关系。

10.2.2.2　加强信息交流与共享

中国大豆产业的基本信息，包括产量、种植规模、存货量和加工情况等，目前面临数据不精确和发布滞后的问题。在决策过程中，国内许多企业常常依赖于美国农业部或国外提供的中国市场及全球市场的数据。与此同时，西方国家利用其发达的网络基础设施，获取了许多中国大豆产量和需求的数据，为某些跨国粮食贸易商在国际市场上操纵大豆价格提供了机会。这种情况不仅影响了我国大豆产业的健康发展，也增加了企业在国际贸易中的风险。四川大豆企业应加强与上下游企业的信息交流，及时了解市场需求、生产情况、库存状况等信息，以便更好地协调各环节的运作，提高整个产业链的效率和效益。

10.2.2.3　推动标准化和规范化管理

全产业链合作需要各环节的企业采用相同的标准和规范进行管理。四川大豆企业应积极参与制定行业标准和规范，强化大豆产业绿色安全发展体系建设。同时，企业自身也应加强规范化管理，确保产品质量和生产过程的可控性。

10.2.2.4　发挥政府和行业协会的作用

政府与机构协会可以促进企业间的沟通与合作，平衡各方利益，从而推动行业整体可持续发展。在世界贸易组织的规则对成员方政府行为施加严格限制的背景下，行业协会和商会成为该领域的主要监管者和组织者，为其成员提供解决贸易问题和处理纠纷的服务。

为提升四川大豆产业的整体竞争力，应加速建立和完善大豆产业协会和商会，构建有效的风险管理系统，增强新型农业经营主体对于国际市场大豆价格波动风险的预防意识。同时，通过改善四川农村地区的网络基础设施，提高市场信息的透明度，帮助农民和企业更好地掌握市场动态。大豆协会和商会应成为农户与企业之间的桥梁，及时发布行业数据，帮助双方做出更为明智的决策。同时，四川大豆协会应当承担起教育农民的责任，提供相关培训以提高大豆的品质和产量，并教会农民利用电子商务平台进行产品销售，充分利用互联网的信息资源优势和便捷性，拓宽四川大豆的销售途径。此外，协会还应该制定统一且严格的种植标准，确保四川大豆的品质和产量。

10.2.3 加强科技有效供给，提高大豆产业质量效益和竞争力

有数据表明，国内不同大豆加工企业的加工成本存在一定差异，领先企业已成功将加工成本控制在每吨 230 元至 240 元的范围内。在市场容量逐步稳定、利润空间收窄、客户议价能力增强的情况下，提升加工环节的精细化管理能力和降低加工成本成为四川大豆加工企业应对激烈市场竞争的必然选择。

从加工成本构成来看，压榨环节约占 50%，精炼环节约占 35%，包装环节约占 15%。为了降低加工成本，需要采取多项措施，不仅应关注现有工艺设备的优化，还需注重引进和应用新工艺、新技术、新设备，特别是人工智能、物联网、数字化等现代科技手段在大豆加工产业中的应用。目前，大数据、云计算、人工智能、物联网、区块链等现代科技手段正逐渐渗透传统领域，无人工厂、无人仓库等现代化制造模式不断兴起，呈现出广阔的应用前景。然而，在大豆加工领域，如何有效利用这些现代科技手段尚缺乏成熟的参考模式，这就要求企业管理者开阔视野，关注无人化、智能化技术在加工制造领域的具体应用，并结合大豆加工的特点，不断进行创新探索，建立信息化管理系统和智能化生产线，以提高生产过程的自动化和智能化水平，降低大豆生产成本，提高生产效率。

以中粮集团旗下某油脂工厂为例，通过引入"一卡通"厂区物流系统，为客户打造了便捷的移动服务平台，并实现了"一卡通"系统、移动服务平台和内部运营系统的全面整合。客户可通过系统实现移动开单、移动支付、移动议价，货运司机也可在线上预约排队、自助制卡、自动过磅，这不仅大幅提升了客户体验和运行效率，还减少了简单重复性劳动，实现了人员精简和成本降低，成果显著。

加强科技创新和人才培养是推动大豆加工业技术进步和产业升级的关键。四川拥有强大的大豆及相关领域的人才和科技优势，应建立多学科联合的研究基地，打破门户之见，避免研究过于分散、重复、模仿、跟踪的现状，提高创新能力，产出重大科学成果和创新技术，通过科技创新为大豆产业的持续发展提供有力的支撑。鼓励四川大豆加工企业与科研机构、高校等开展深入的合作交流，引进先进技术和设备，提高自主创新能力，推动大豆产业的繁荣发展。

当前，我国积极推动新型工业化，发展资源节约型和环境友好型经济，节能减排、绿色低碳发展理念在各行各业深入贯彻，也将推动大豆加工工艺的转变。中央提出，我国二氧化碳排放力争在 2030 年前达到峰值，力争在 2060 年前实现碳中和。一方面，对大豆加工企业来说，在绿色发展背景下，传统的高耗能、高排放的技术装备，将会加快迭代升级。从长期来看，以技术演进引领绿色清洁生产变革，也会推动行业生产成本的下降和利润的提升，这对包括大豆行业在内的加工企业来说是痛苦的过程也是蜕变的过程。另一方面，国家推动实施"碳达峰、碳中和"战略，对大豆产业来说可能带来新一轮发展机遇。在生产蛋白质方面，加工同等数量大豆蛋白质的二氧化碳排放量仅为加工同等数量动物蛋白质的二氧化碳排放量的 1/9。从消耗排放的角度来看，一定程度上增加低排放的植物蛋白质替代动物蛋白质供给，将是未来发展的趋势。

10.2.4　做强做优大豆精深加工业，推动产业转型升级

一方面，目前我国大豆加工产能已经处于过剩状态；另一方面，大豆的真正价值来源于其精深加工产品。据不完全统计，全球以大豆为原料的豆制品已超过 12 000 种，而四川大豆加工企业的加工层次普遍偏低，主要集中在初步加工阶段。比如大豆压榨企业的主要产品是豆油和豆粕，而在高附加值产品的开发方面尚处于起步阶段，具体到大豆蛋白质产品，其种类不足百种，相较于美国，仅占其 1/5 的份额。在大豆磷脂和大豆复合磷脂质体的开发技术上，我们仍然面临诸多不成熟之处，这导致企业的盈利能力相对较弱。在行业天花板受限的情况下，传统的简单加工、单一产品已经难以支撑企业的生存与发展，未来四川大豆加工企业要在副产品综合利用和产品深加工方面发力，围绕大豆的食用价值、功能价值、工业价值等方面进行深度开发。

鼓励当地加工企业深化对大豆精深加工制品、技术及装备的研发，进一步完善大豆制品的技术创新体系，致力于开发具有自主知识产权的核心技术和大豆加工产品。鼓励四川大豆加工企业通过与科研机构、高校等建立紧密的合作关系，加速应用生物技术和食品干燥技术等手段，创新传统豆制品工艺，并推出新产品。例如，研发改良的大豆蛋白质、活性蛋白质粉、大豆肽粉以及大豆食用纤维等新兴食品原料及其关键技术，这些都是当前市场需求的焦点。同时，需要加强对大豆功能成分的研究，深入开发

各类以大豆为基础的保健食品和营养强化食品及其关键技术。对大豆副产品的综合利用也应得到重视，促进大豆加工产业链的纵向延伸和横向拓展，实现整体产业的升级，形成多元化的产品结构。这样，"一粒大豆"就能转化为"多种产品"，带来更多的"综合效益"，优化大豆产品结构，提高大豆的附加值，实现从单一产品向多元产品的转变。另外，四川应加强大豆在保健、美容和精细化工等领域的规模化、高值化、梯次化、循环化应用。同时，应当加大研发力度，推进大豆加工设备向信息化、智能化、集成化、大型化和精密化方向发展，将关键和核心精深加工设备的国产化作为发展目标。政府应指导和支持四川地区有实力的加工企业进行技术升级和转型，挖掘利用四川独特的区位优势和优质大豆品质，除了大豆食品以外，还要大力发展蛋白质和生物制药等方面的高附加值大豆加工业，推动大豆新产品的研发和市场拓展。

10.3　厚植优势做强市场支撑

市场就是企业战斗的战场，谁先做好营销拉动，吸引足够的流量，谁就能占据更大的市场份额。大豆市场也不例外。打造四川大豆核心竞争力，以提升四川大豆品牌知名度和美誉度、做好营销拉动、推动线上线下营销融合发展、优化大豆物流网络和运输能力等措施的实施，才能为四川大豆真正实现"产品卖得好、农民赚得多、企业爱加工"，打造"全链条式"发展支撑。

10.3.1　实施差异化发展战略，增强独特竞争优势和整体竞争力

立足四川大豆生产的资源禀赋和实际，形成与进口大豆错位竞争、相互补充的差异化竞争战略。

首先，要增强对差异化产品的研发力度，拓展产品供应线。通过细分产品类别和目标客户群，有针对性地进行研发改进，提升产品性能。例如，在食用大豆制品领域，消费者对健康和营养的需求日益增长，四川大豆企业需要紧跟这一需求变化，推动豆制品向营养保健方向创新。这意味着生产对人体有益、高端、功能性的大豆产品，已成为大豆加工企业的重要发展方向。针对大客户的定制化需求，企业应深入探索包装油、散装油

和粕类产品的差异化、精细化和个性化特点，提高定制化服务能力，进而推动业务模式从单纯销售产品向提供全面服务转变。

其次，为了适应食用油消费的发展趋势，企业需要高质量且有效地触达目标客户群体。随着家庭消费渠道的逐步下沉和数字化趋势的加速，企业应该抓住新零售和社区生鲜等发展机遇，积极推动线上线下融合，建立集销售通路、信息传播、会员服务和运营管理于一体的全渠道销售模式，以实现渠道的小型化和购买的便利性，从而更好地满足消费者多样化的需求。同时，餐饮渠道的中央厨房和采购平台化趋势也为企业提供了快速增长的机会。企业应该在提升产品竞争力的基础上，为大型餐饮集团提供"一站式"厨房用品解决方案，以增强客户忠诚度，并通过与互联网采购平台的战略合作，加强对中小型餐饮企业的覆盖。

最后，随着饲料养殖行业集团化趋势的加强，要推动豆粕销售模式实现转型升级。近年来，饲料养殖行业的规模化和一体化进程持续加速，大型客户在价格谈判方面拥有更强的议价能力，对粕类原料的产品组合、价格结算方式、销售渠道、服务水平等方面提出了更高的要求。因此，大豆加工企业需要转变传统思维，积极寻求变革。一方面，在确保原料供应稳定的前提下，提升直销比例和个性化定制能力；另一方面，企业应主动适应豆粕基差交易的价格结算方式，为客户提供更加灵活的价格选择和风险管理方式。目前，国内豆粕基差交易比例不断增加，这种交易方式以期货价格为定价基准，具有公平公开的显著优势，有助于降低交易成本，使双方能够更灵活地设计和使用多样化的风险对冲策略。

10.3.2　拓展市场渠道，加强品牌建设，提升产业知名度和美誉度

四川大豆缺乏知名品牌，企业规模小，品牌影响力弱，缺乏具有知名度的大豆区域品牌或集体商标，在营销上也是各自为战、各显其能，缺乏整体营销策划和全面品质谋划。

在大豆产品品牌的开发以及管理上，我们应充分挖掘四川大豆产品优势——高蛋白质含量。特殊的生态特点和气候条件，使四川成为生产高蛋白质大豆品种的优势区域，培育出的大豆品种蛋白质含量普遍较高，大多数品种蛋白质含量在 45% 以上甚至达到 50%。利用人们追求安全性的心理，塑造健康安全和维护可持续的农业生态系统的理念突出大豆原料为非转基因、绿色、无污染等特点，积极宣传四川大豆从种到收的全过程，积

极打造"食用安全、天然健康、高蛋白质"的四川大豆绿色国际品牌，加强对整个产业链的推广，包括从改善口感、调整饮食结构、制作美食，到开发专用大豆品种、深加工产品中的大豆含量，以及推出多样化的大豆食品礼盒等方面，提升"原字号"产品的精细度，打响"老字号"品牌的知名度，以及优化"新字号"产品的品质，从而引导消费者的购买理念，促进四川大豆产业快速成长。

加大大豆品牌建设力度。加大对大豆产业文化和企业文化的支持力度，通过讲述四川大豆产业和企业的故事来发展和宣传大豆文化，利用大豆文化来引领科技创新和品牌培育，提高企业、产品和品牌的文化价值及其附加值。鼓励大豆加工企业在种植和加工环节与农耕体验、文化教育、健康养生等领域进行深度融合，提高优质、特色和新产品的比例，增加中高端产品的供应，提高四川大豆在中高端市场中的被认可度。以建立四川大豆协会为抓手，整合全省大豆资源，打造大豆加工品的品牌、商标注册工作，打响四川大豆地区品牌，并进行统一宣传和保护，提升四川大豆食品品牌形象和知名度。打造大豆地域品牌，通过地域品牌推广，强调四川大豆及其深加工产品绿色有机、非转基因和高蛋白质含量的特性。利用媒体和广告等宣传渠道，向消费者传递这些优势点，以增强消费者的忠诚度，提升产品的零售价值。这样做不仅能提高四川大豆在市场中的定价能力，还能建立良好的品牌形象，推动四川大豆在全国市场普及，并使其加工产品成为国内餐桌上的常客，最终转化为具体的经济收益。

加大对大豆品牌宣传的支持力度，扩大推广项目的资金扶持规模。既积极支持行业宣传活动、系列展销会、大豆产品文化节等传统的市场营销活动，同时在广告牌和广告墙等基础宣传平台和文化旅游活动等大型平台上进行宣传，协同帮扶建立线下销售体系；又与时俱进，积极采取电子商务、微信媒体、自媒体等新兴现代营销手段，提升四川大豆品牌的知名度和市场影响力。

加快推动线上线下销售渠道融合发展，建设集销售通路、信息传播、会员服务、运营管理等于一体的全渠道销售模式。既要畅通传统营销渠道，成立大豆营销协会，打造大型大豆产地批发市场，在全国各地设立购销网点，建立直销窗口，举办大豆经贸洽谈会，扩大四川大豆销售半径，又要建设线上营销网络，建立四川大豆价格信息平台、物流配载平台、交易平台和大豆信息网站等信息化设施，开发整合四川大豆市场信息资源。

同时还要适应家庭消费渠道下沉化、数字化趋势，把握好新零售、社区生鲜等发展机遇，借助"互联网+"发展现代大豆产业交易模式，打造从产区到销区、从田间到餐桌的产业互联网服务平台，吸引产业客户和投资者参与网上交易，减少中间环节，用市场和资本的力量促进生产者增收。

在政府和行业协会引导下完善相关种植规程、加工标准，健全标准体系，建立完善的质量监控体系，确保四川大豆加工产品的质量和安全。加强质量检测和追溯体系建设，实现从原料采购到产品销售的全过程质量监控，提高消费者信心和忠诚度。政府职能部门需进一步强化对企业产品质量的监管，确保不达标的产品无法在市场上存在，进而激发企业主动在理念、技术和市场竞争中谋求自我革新和进步。此举不仅有助于保护并提升区域品牌的声誉，更是四川省大豆加工业持续健康发展的重要保障和生命力所在。

10.3.3 完善设施优化链条，提高流通效率

10.3.3.1 加强大豆流通基础设施、大豆批发市场建设

针对当前大豆铁路运力紧张的情况，我们应充分挖掘现有铁路运力的潜力，并加强与其他运输方式的协调配合，比如通过引导公路运输分流部分铁路运量，发挥综合运输网络的整体效能。同时，交通和公安部门在治理超载超限运输时，应规范执法，为公路运输的健康发展创造良好条件。鉴于当前公路通行费用较高，四川可考虑适度减免相关费用，以促进公路运输进一步分流。

总的来看，四川大豆市场存在设施落后、规模较小以及功能缺失等问题，这也导致了四川大豆流通效率较低。为此，可实施以下两个策略：首先，加工企业可以在生产区直接采购大豆，并通过集中运输方式来减少物流成本。小型企业则可以通过合作采购以减少中间环节的支出。其次，国家可以指定收购站点，在大豆主产区域建立多个收购中心，采取统一的定价和分批次购买的方法，简化收购流程，防止低价抢购，确保豆农、企业和政府的权益得到保护。

10.3.3.2 打造物流运输网络体系，壮大商贸物流市场主体

整合四川及邻近地区的商贸物流资源，提升四川地区整体物流服务水平。鼓励四川运输、仓储等传统物流企业通过技术升级和服务创新，向现代物流企业转型。鼓励法人之间相互参股、控股等形式，激励物流企业跨

区域、跨行业、跨所有制进行合并与重组，培育具有强大竞争力的现代物流企业集团，如四川安吉物流集团、中铁八局集团现代物流、四川东方物流集团等，从而推动整个四川区域的商贸物流行业实现质的飞跃。

10.3.3.3 构建现代信息化贮藏模式

打造"互联网+实体店铺+物流+金融"的现代化商贸物流综合服务管理模式。近年来，随着信息化时代的高速发展，"互联网+""电商"等成为热词，农产品也不例外，应在大豆物流商贸中心创建线上终端采购平台，缩短从生产到终端的距离，开启大豆电商模式。推进大豆贮藏信息化，需立足于准确的信息服务，不断稳定和扩大信息采集渠道，开发整合大豆市场信息资源。建议以现有的农业部门网络建设为基础，将网络工作站覆盖到乡镇，以此实现大豆生产和贮藏信息的及时准确。

10.3.3.4 建立大型仓储市场，科学规划运输时间

为了应对大豆运输能力紧张的问题，可以建立大型的仓储市场并通过大数据、云计算进行运输时间和分销的科学规划来予以缓解。仓储市场将为农民提供更便捷的售豆渠道，豆农可以直接将大豆销售到仓储市场，省去中间经纪人环节，从而降低销售成本。同时，减少中间环节也增强了仓储市场与大豆加工企业的议价能力，这有助于提升大豆价格，进而增加豆农的收益。此外，大型仓储市场的建立将提升大豆的储存和保管能力。大型仓储往往采用现代储存科技，设备先进，能够提高大豆储藏的质量，可以有效保证大豆的质量和数量。大型仓储市场具备较大的存储容量，可以起到调节市场供需的"蓄水池"作用，可以根据实际需求合理安排大豆的运输和分销，这不仅提高了运输效率，还有助于稳定市场价格，减少波动。

10.3.3.5 减少中间环节，降低中间成本

优化物流流程，减少运输中间环节，可以通过创建农村经济合作组织和完善经纪人审核管理机制等方式来实现。成立农村经济合作组织对提升农民的组织化程度具有重要意义，能够确保农户在市场中的主体地位。对于种植大豆的农户而言，他们多以小规模家庭经营模式为主，这限制了他们作为独立市场主体的影响力。如果这些农户能够组成合作社，他们将有机会在更广阔的市场范围内、在更高的业务层面参与竞争，实现产品的有效流通，掌握更多的生产经营自主权，真正成为市场中的有力参与者。通过大豆合作社的产、加、销一体化，豆农也能降低生产和交易成本，提高

议价能力，增强抗风险能力，提高种豆收益。

针对当前经纪人审核制度不完善的问题，我们需要建立严格的审核制度，对粮食经纪人的资格进行审批，并对其数量和资质进行合理限制，从而有助于减少多层次的经纪人，减少运输中间环节和降低成本。将经纪人纳入农业合作经济组织，与农户形成紧密的利益共同体，能够增强整体力量，更好地参与市场竞争，实现双赢。

10.4 本章小结

本章立足全产业链视角，从大豆种植端、加工端、市场端三大维度切入，提出"做足源头支撑、做优加工支撑、做强市场支撑"的协同发展战略，通过品种革新、技术升级、主体培育、品牌塑造等系统性举措，推动四川大豆产业向规模化、集约化、高附加值方向转型。

在种植环节，四川大豆面临比较效益低下和进口大豆低成本的双重挑战，导致农户种植意愿减弱。为此，需从源头发力，加大大豆良种"培育—繁殖—推广"力度，培育适合本地种植的优质大豆品种，并构建完善的育种财政支持体系与政策保障机制，为大豆种业的持续发展提供坚实的物质基础与制度保障。同时，通过政策扶持、创新土地经营制度、实施差异化竞争战略等，提高大豆种植收益，调动豆农种植积极性。加快大豆机械和新技术的研发与推广，研发适合于四川丘陵地形的小型农用机械，并加强技术服务体系建设和人才培养。还应培育新型大豆生产经营主体，给予财政补贴、政策倾斜，加强技术培训和指导，推动土地有序流转，提升大豆种植的规模化、组织化和集约化程度。

在加工环节，四川大豆加工面临加工企业多而不强、产能过剩、产品附加值低、技术装备落后等问题。对此，首先需要扶强壮优，支持大豆龙头企业发展，通过政策扶持、产业协同、科技引领和产业园区建设，提升企业竞争力。其次要加强产业链协同，建立利益共享机制，加强信息交流与共享，推动标准化和规范化管理，并发挥政府和行业协会的作用，带动中小企业发展。同时，通过加强科技有效供给，利用现代科技手段降低加工成本。最后要做强做优大豆精深加工业，鼓励企业深化研发，拓展产品种类，提高附加值，推动产业转型升级。

在销售环节，四川大豆产业存在运力紧张、运输成本居高不下、品牌知名度低等问题。对此，应实施差异化发展战略，挖掘四川大豆高蛋白质、非转基因等独特竞争优势，加大品牌宣传力度，推动线上线下销售渠道融合发展，完善质量监控体系。同时，加强大豆流通基础设施和批发市场建设，打造物流运输网络体系，构建现代信息化贮藏模式，建造大型仓储市场，减少中间环节，降低物流成本。

若能切实落实以上各项举措，四川大豆产业有望突破当前困境，实现从种植到加工再到销售的全链条升级，推动四川大豆产业实现高质量发展，提升其在全国乃至全球大豆市场中的竞争力。

11　四川大豆产业发展县域案例

本章通过对四川省内大豆种植大县德阳市中江县，以及拥有"豆干之乡"美誉的大豆加工大县宜宾市南溪区进行专题调研，分别对大豆种植县域案例和大豆加工县域案例进行分析，以期能够为其他县域发展大豆种植产业和大豆加工产业提供经验借鉴。

11.1　大豆种植县域案例

本书选取四川省德阳市中江县进行大豆种植调研，分别调研了中江县2022年扩种油料大豆的案例，以及大豆与玉米带状复合种植的案例。

11.1.1　中江县 2022 年扩种油料大豆案例

中江县深入学习贯彻习近平总书记关于"三农"工作重要论述，传达中央、省、市各级会议精神和重要讲话，深刻领会抓好大豆生产是必须完成的一项重大政治任务。

11.1.1.1　前期工作开展基本情况

（1）多措并举，助力扩面。2022 年，中江县规划大豆播种面积达到29.54 万亩，较 2021 年增加 3 万亩，增幅 11.78%。中江县积极引导农业生产结构调整，支持种植大户、家庭农场、农民专业合作社等新型经营主体，通过示范、参与撂荒地治理扩种大豆和推广大豆+玉米带状复合扩种种植，推进林下间种，利用田边地角扩种大豆等措施完成大豆扩面。

（2）抓好物质基础，保障农资供应。一是做好农资储备。中江县积极对接农资门店和种业公司，摸清大豆种子储备及缺口，提前做好种子、化肥、农药等农资调剂调运，确保价稳质优、供应充足。二是指导农户尽早备种，首选商品种，也可选择优质自留种，多种方式满足播种需求，确保不误农时。截至 2022 年 3 月 21 日，已供应春播大豆种子 73 吨，市场储备夏播大豆种子 1 650 吨。

（3）加强技术培训，打造核心示范区。一是开展技术培训，邀请四川农业大学大豆+玉米带状复合种植技术专家对中江县农技干部和种植大户开展集中培训二次。二是建立"首席专家+省市专家+农技人员"三位一体的专业技术服务团队，大力推广大豆+玉米带状复合种植模式。三是建设集中连片的大豆+玉米带状复合种植全程机械化示范区，带动全县大豆+玉米带状复合种植百亩攻关田、千亩展示片和万亩示范区建设，力争打造大豆+玉米带状复合种植绿色高质量发展样板。

（4）压实责任，确保任务落地。一是制定了《中江县 2022 年大豆+玉米带状复合种植示范推广实施方案》《中江县 2022 年大豆种植实施方案》，并召开中江县 2022 年大豆扩面、大豆+玉米带状复合种植技术示范推广工作培训会，将 3 万亩大豆扩面任务及 8 万亩大豆+玉米带状复合种植示范推广任务层层分解到乡镇，确保完成目标任务。二是中江县委农业农村工作办公室迅速成立中江县大豆扩面暨大豆+玉米带状复合种植工作领导小组，负责统筹项目资金的使用、管理及扩种任务的部署和落实。三是中江县委把大豆扩面完成情况纳入粮食安全党政同责和乡村振兴实绩考核指标，对未完成的乡镇，严格扣减目标任务分值。

11.1.1.2 扩种油料大豆面临的困难

（1）政策引导、鼓励力度不够。中江县大豆+玉米带状复合种植项目资金主要用于示范片建设，普通农户和未纳入示范片建设的新型经营主体基本享受不到政策扶持。

（2）大豆种子不充足。大豆+玉米带状复合种植模式对玉米和大豆品种特性的要求较高，目前市场上适宜大豆+玉米带状复合种植的耐密、耐阴、宜机收的品种较少，市场需求量大，求大于供，大豆种子的价格上涨，增加了生产成本。

11.1.1.3 后期工作意见和建议

（1）加强引导、支持力度。建议实施大豆种植专项补贴。

（2）积极做好农资准备工作。加大与农资门店和种业公司对接的力度，提前做好适宜复合种植模式的夏大豆种子筹备，同时做好化肥、农药等农资调剂调运，确保后期田间管理正常进行，保证产量。

（3）持续开展技术学习和指导。要求各乡镇农技干部要把大豆+玉米复合种植模式技术学好，并能够将其灵活运用于实际生产中，根据各地实际情况，采用合理的配置方式指导生产，保障农户收益。

（4）建立县级农资救灾储备机制。县财政、县农业农村局要研究以种子、肥料为重点的农业生产救灾物资的储备、管理机制预案，财政部门重点研究管理机制建设、资金保障等管理措施，农业农村局重点在物资种类、储备和分配应用等措施，确保灾后能及时、有效恢复生产。

11.1.2　中江县2022年大豆+玉米带状复合种植案例

11.1.2.1　大豆+玉米带状复合种植基本情况

2022年，四川省农业农村厅对中江县下达中央及省拨资金450万元，要求建设大豆+玉米带状复合种植示范片3万亩。中江县整合"以粮为主、粮经统筹"试点县建设项目资金1 060万元，总资金达1 510万元，通过先建后补、物化补助等方式鼓励和支持全县29个乡镇建设大豆+玉米带状复合种植示范片29个，合计面积3.5万亩，其中高产示范片21个，面积1.01万亩，辐射带动全县大豆+玉米带状复合种植面积4.2万亩。中江县大豆+玉米带状复合种植主要采用"2+4"套作模式，每个单元带宽2.5米（玉米和大豆间距0.6米、玉米行距0.4米、大豆行距0.3米），玉米、大豆种植密度分别设置在4 200株/亩和11 000株/亩，玉米品种主要选用"正红6号""吉圣玉1号""蜀玉318号"和"仲玉3号"等品种，大豆主要选用"十月黄"（本地品种）"南豆12号""南夏豆27号"等品种，玉米、大豆平均亩产分别达322.50千克和102.80千克。

11.1.2.2　工作的开展以及取得的成效

（1）狠抓落实，压实责任。一是成立以县农业农村局局长为组长的大豆+玉米带状复合种植工作领导小组，把大豆+玉米带状复合种植高产示范片建设工作作为主要工作统筹研究部署。二是县委县政府统筹谋划项目资金，制定《中江县2022年"以粮为主、粮经统筹"试点县建设项目实施方案》《中江县2022年大豆种植实施方案》《中江县2022年大豆+玉米带状复合种植示范推广实施方案》，通过现金补助、物化补助等多种形式支持大豆+玉米带状复合种植，将示范推广目标任务分解至各乡镇，并与各乡镇签订目标责任书，要求层层落实，到村社、到农户、到地块，建好工作台账，逐级压实大豆扩种责任，确保完成目标任务。三是把大豆+玉米带状复合种植推广任务完成情况纳入粮食安全党政同责和乡村振兴实绩考核指标，对未完成的乡镇，严格扣减目标任务分值。

（2）提前谋划，做好技术储备。以四川农业大学专家组为技术支撑，因地制宜制订大豆+玉米复合种植高产高效技术方案，确定"2+4"栽培模式和大豆、玉米品种、田间配置。二是中江县农业农村局农技干部会同四川农业大学专家、中江县泽峰小型农机制造有限公司专业技术人员，严格按照大豆+玉米高产技术方案中的大豆、玉米田间配置改制了玉米+大豆一体化电控精量播种施肥机6台。三是组织县农技站工作人员深入基层，会同乡镇农技干部做好示范片点位布局。

（3）抓好物资基础，保障农资供应。一是做好农资储备，积极对接农资门店和种业公司，摸清大豆种子储备及缺口，提前做好种子、化肥、农药等农资调剂调运，确保价稳质优、供应充足。二是指导农户尽早备好大豆种子，建议首选商品种，也可选择优质自留种，多种方式满足播种需求，确保不误农时。三是提早谋划，提前完成大豆、玉米种子及化肥等农资的采购，并及时要求各乡镇完成物资发放，确保不误农时。

（4）加强技术指导，确保技术落地。一是邀请四川农业大学大豆+玉米带状复合种植技术专家对全县农技干部和种植大户开展集中培训二次，并下发了大豆+玉米带状复合种植技术明白纸和挂图40 000份。二是组织农技人员奔赴田间地头，在各乡镇开展大豆+玉米带状复合种植生产现场会，现场示范，确保技术落实到地不变形。三是建立"首席专家+省市专家+农技人员"三位一体的专业技术服务团队，对玉米、大豆关键生育期的田间管理开展技术指导服务，专业技术服务团队现场技术指导13次。

（5）整合项目资金，打造核心示范。整合中江县2022年大豆+玉米带状复合种植示范推广项目和中江县2022年"以粮为主、粮经统筹"试点县建设项目资金合计1 510万元，打造大豆+玉米带状复合种植县级示范片3.5万亩，其中高产示范片21个，面积达1.01万亩，位于辑庆镇永远村的225亩高产示范片经测产验收，示范片玉米平均亩产达456.86千克，大豆平均亩产达186.77千克。

11.1.2.3 工作中存在的问题

从2022年的生产情况来看，目前生产中存在的问题主要有以下几点：

（1）生产成本偏高。一是适宜本地生产的大豆+玉米带状复合种植模式的耐密、耐阴、宜机收大豆品种较少，随着市场需求量的增加，更是一种难求。2022年大豆种子价格约24元/千克，较2021年上涨约20%。二是大豆+玉米带状套作模式，需要播种作业两次，增加了播种次数。受中江县作业费用较高的影响，虽然套作能够获得较高产量，但生产成本相对增加。三是适宜本地大豆+玉米带状复合种植收获的机具较少，目前主要采用人工收获方式，人工成本过高。

（2）产量提不上去。一是中江县目前使用的大豆+玉米带状复合种植播种机具标准化程度较低，存在漏播、出苗质量不好、技术变形等问题，进而导致群体密度偏低。二是该模式对田间管理的要求较高，中江县从事农业生产的人员，整体素质偏低，对技术规程的领会和运用不够，管理上较为粗犷。三是2022年遭遇了极端的高温干旱天气，该模式下玉米抵御干旱能力相对较差，玉米的产量相对偏低。

（3）政策引导、鼓励力度不够。目前中江县大豆+玉米带状复合种植项目资金主要用于示范片建设，普通农户和未纳入示范片建设的新型经营主体通过种粮一次性补贴扶持，扶持力度相对较小。

（4）大豆种子价格上涨，生产成本增加。大豆+玉米带状复合种植模式对玉米和大豆品种特性的要求较高，目前市场上适宜大豆+玉米带状复合种植的耐密、耐阴、宜机收的品种较少，市场的需求量大，求大于供，大豆种子价格上涨，增加了生产成本。

11.1.2.4　政策建议

（1）加大政策引导力度。一是建议加大大豆+玉米带状复合种植专项补贴力度，提高种植者积极性。二是目前适宜于大豆+玉米带状复合种植的机具价格普遍较高，建议提高大豆+玉米带状复合种植机具的补贴标准。三是持续开展宜机化改造和高标准农田建设，在适宜机械化作业的田土上鼓励农户进行大豆+玉米带状复合种植。

（2）加强技术指导培训。一是有针对性地培训一批乡镇农业技术骨干和种植大户，让他们会理论、懂实操，个个能够开展技术指导服务，进而以点带面，推动中江县大豆+玉米带状复合种植生产的发展。加强技术培训指导，确保各乡镇农技干部把大豆+玉米复合种植模式技术学好、学懂，并能够将其灵活运用于实际生产中，因地制宜采用合理的配置方式指导生产，保障农户收益。

（3）抢抓农时，做好大豆播种工作。在大豆播种关键时期，县农业农村局落实专人负责县级示范片建设工作，及时发布气象预报，积极与乡镇对接，指导乡镇做好大豆扩面示范片建设。

11.2　大豆加工县域案例：南溪区豆制品加工产业

四川省宜宾市南溪区"南溪豆腐干"是中国国家地理标志产品，南溪豆腐干制作工艺在 2007 年被列为四川省非物质文化遗产。本书对拥有"豆干之乡"美誉的大豆加工大县宜宾市南溪区进行专题调研，对大豆加工县域案例进行分析，以期能够为其他县域发展大豆加工产业提供经验借鉴。

11.2.1　南溪区豆制品产业发展情况

（1）总体情况。2023 年，南溪区豆制品企业 20 户，规模以上企业 5 户（徽记、六月天、郭大良心、孝善坊、玉林食品），2023 年 1—12 月实现产值约 2.94 亿元（2022 年产值 2.76 亿元），1—11 月税收（增值税和税金及附加）共计 1 831.69 万元（2022 年全年 619.7 万元）。从整体上看，南溪豆制品重点企业已经初步度过转型期，徽记食品、孝善坊食品、郭大良心食品一期技术改造完成，豆匠食品实现扭亏为盈，选清食品正在启动报过，六月天食品启动三期技术改造；徽记食品、六月天食品有上市计划，玉林食品也在谋划新的出路。

（2）重点企业情况。

①徽记食品。公司创建于 2003 年 8 月，2011 年完成股份制改造，系四川徽记食品股份有限公司旗下全资子公司。2019 年新希望草根知本收购徽记食品，2020 年公司技术改造投资 1.3 亿元，建设智能生产豆制品产业化项目，新增豆制品年产能 5 万吨。2023 年产值 1.573 7 亿元，1—11 月税收（增值税和税金及附加）932.9 万元。企业目前主要存在生产成本高（希望给予蒸汽能耗补助）的问题。

②六月天食品。2023 年产值 0.989 2 亿元，营业收入突破 1 亿元，税收 900 万元左右。2024 年计划投资 3 500 万元，拟租赁西部创业园三期 A3 标准厂房一、二层，A4 标准厂房一、二层，面积约 118 000 平方米，建设

包浆豆腐（三期）项目，建成投产后预计年产值增加约 2 亿元，同步启动上市辅导计划。企业目前关心的是扩产推进及环保容量问题。

③郭大良心。2019 年开展了扩能技术改造建设项目，2023 年一期项目正式运行投产，1—12 月产值约 0.165 6 亿元。该企业主要面临资金不足，扩能技术改造项目二期延缓问题。

④孝善坊。2023 年公司产值 630 万元，营业收入 300 余万元。企业受市场疲软影响大，对接资本市场和渠道资源难。计划 2024 年继续拓展豆制品衍生品市场。希望政府帮扶南溪豆腐干整体品牌，提升品牌市场影响力。

⑤玉林食品。宜宾市南溪区玉林食品厂是普通合伙型企业，2023 年全年产值 185 万元。企业与雨润等企业有合作意向并计划做大做强，但需要企业转为公司制才同意入股（办理工商登记时"玉林"企业字号与广西玉林市有冲突，只有新办公司，但企业必须放弃已使用多年的字号）。

⑥豆匠食品。豆匠食品于 2023 年 2 月开工建设，6 月 9 日投产运营，2023 年实现产值 1 200 万元，已实现扭亏为盈。公司已获得"美好"品牌授权，正式推出"美好豆匠"产品，同时与"海底捞"等合作拓宽销售渠道，同步谋划旅游产品生产。企业希望能被纳入本地营养餐采购范围。

⑦选清食品。公司成立于 2009 年，2023 年实现产值 0.13 亿元，目前正在推进技术改造，搬迁至西部创业园原鑫宝食品厂区事宜，希望能加快推进。

（3）产业链专班开展情况。2023 年，南溪区委、区政府主要领导及专班全覆盖走访了徽记食品、孝善坊食品、郭大良心、玉林食品、六月天食品等豆制品企业 50 余次，协助企业解决发展中的问题。2024 年，六月天成功申报了省级"专精特新"企业。

（4）产业发展规划情况。2019 年，南溪区出台了《宜宾市南溪区人民政府办公室关于印发宜宾市南溪区豆制品产业发展规划（2018—2025 年）的通知》（南府办函〔2019〕22 号），现仍沿用该规划。

11.2.2 南溪区大豆加工产业存在的问题

（1）产业规模小。南溪区豆制品产业重点企业平均规模小，分散的作坊式企业多，行业呈现出某种程度上的"小、散、弱"。在原材料采购上，全区豆制品企业每年大豆需求量 2 万吨以上，带动年生产豆腐干 3.5 万吨，容易受东北大豆和国际大豆原料市场价格波动的影响，整体抗风险能力弱。除徽记外，大部分企业自身资金实力不足，造成研发技术和线上平台开发不足，导致多数产品研发只能局限于原有产品口味上的小规模创新，产品迭代更新速度缓慢。

（2）品牌影响力提升不足。南溪豆腐干发源地应有的品牌效应和产业基础优势未能充分发挥，南溪豆腐干品牌辨识度不高，投入比例较小，线上销售打不开路子，品牌内在价值衰退。

（3）要素配套保障问题。目前部分企业有提出技术改造扩产计划，但受制于当地九龙园区环境容量不足，在污水处理能力上存在缺口，对企业技术改造扩产产生影响。

11.2.3 政策建议

为实现力争到 2026 年全区豆腐干产业营业收入突破 15 亿元的目标，下一步，建议充分发挥"南溪豆腐干"品牌地方特色产品，招（商）引（资）豆制品加工企业，提高产品多样性和核心产品竞争力，全力做大做强豆腐干产业。

（1）持续招（商）引（资）壮大产业。加强对豆制品市场的科学研判，瞄准豆制品及休闲食品龙头企业，科学选定招（商）引（资）目标，全力引进豆制品龙头企业和产业风险投资机构，采用整体收购、控股等方式，盘活庶人食品、大良心食品、国硅食品等土地、厂房、设备资源，借助豆制品龙头企业资金、渠道、市场、物流、原料、产品研发等优势，带动本土豆制品企业进一步做大做强。

（2）加强对现有企业的帮扶。针对现存豆制品企业存在的实际困难，在已有助企纾困政策的基础上，在技术改造升级要素上给予保障，如选清食品退城入园、六月天扩能等项目，加大扶持力度；引进预制菜，物流、销售、产品研发等项目，为豆匠食品、孝善坊食品等企业加强豆腐干系列、生鲜豆制品、发酵豆制品等产品研发、运输和销售持续赋能，推动企业发展。

（3）推进品牌宣传推广。加快构建"区域品牌+企业品牌+文化品牌"的南溪豆腐品牌发展体系，支持企业用尽用好"南溪豆腐干"地理标志保护产品这一区域品牌的独特优势，力争获得"中华老字号"等称号；支持南溪豆腐干企业完善提升南溪豆腐干团体标准，通过技术革新、工艺革新、产品创新来掌握市场核心竞争力；同时，大力提升豆腐干品牌的延伸性，打造集豆腐干美味基地、衍生豆制品、豆制品娱乐体验、豆腐干文创产品、豆腐文化主题民宿等诸多元素为一体的独具特色的南溪豆腐文化品牌；通过政府主导的丰收节等系列活动，不断加大产品宣传力度，扩大产品和品牌影响力，提升市场竞争力和品牌内在价值。

11.3　大豆加工典型企业案例

我们在前往宜宾市南溪区对大豆加工企业进行调研的过程中，现场走访了当地的徽记食品、六月天食品等企业，重点访谈了六月天食品有限公司副总经理等企业高管，现场参观了厂区。

11.3.1　企业基本情况介绍

四川六月天食品有限公司成立于 2018 年 6 月，位于四川省宜宾市南溪区罗龙工业集中区九龙食品创业园区内，企业注册资本 550 万人民币，实缴资本 550 万人民币。四川六月天食品有限公司共对外投资了 4 家企业，参与招投标项目 5 次；知识产权方面有商标信息 13 条，专利信息 38 条；此外，企业还拥有行政许可 5 个。

四川六月天食品有限公司是一家以生产包浆豆腐为主打产品的豆制品生产企业。公司拥有标准化生产厂房 5 000 多平方米，员工 200 多人，采用国内豆制品最先进技术及机械设备，结合传统工艺，具备日产 30 吨以上，年产量超过 10 000 吨包浆豆腐的生产规模。公司旗下拥有"六月天""土灶头""唐佰腐"等豆制品品牌。六月天是川内首家集生产、研发、销售于一体的包浆豆腐生产企业。该公司的包浆豆腐不含石膏、卤水，外酥里嫩，深受消费者喜爱，终端需求量大，餐厅购买点击率比普通豆腐高 4 倍以上，二次加工后利润高达 90%，产品远销全国各地以及境外 7 个国家（地区）。

11.3.2　企业高管访谈纪要

问题 1：贵公司的大豆原材料来源有哪些？

回答 1：本公司使用的是东北黑龙江的非转基因大豆，这种大豆纤维含量高、水分含量低，这些特点符合公司包浆豆腐制作工艺的要求，因为包浆豆腐工艺需要将豆腐内部化为豆浆。同时，本公司也有一定量的出口订单，非转基因大豆作为原料在国外市场更具有优势。大豆原材料货源的价格波动不大，但近几年有所上涨。

问题2：贵公司在近几年迅速发展的过程中遇到了哪些挑战？

回答2：在疫情严重时，临时的交通管控，会影响公司产品的供货运输，导致企业发展受到一定限制。公司厂房的扩建和新建都是靠自有资金进行的，自有资金有限，扩张只能较为平稳地推进，没有借助外来资金以更快的速度来进行规模和产量的扩张。企业的生产设备设施的自动化程度还较低，生产效率较为低下，无法到武汉、北京、上海等大城市去办厂，没有标准化、自动化的生产流程，分厂的产品质量无法保障。

问题3：贵公司短短几年就取得了较大成绩，主要抓住了哪些机遇和政策？

回答3：第一，与四川大学农学院以及四川轻化工大学合作，着力于开发提升传统包浆豆腐工艺，花了一年多时间以及用了5 000千克的实验大豆才研制实现豆腐内部成浆，也就是现在的产品。南溪区政府大力支持我们公司的建设，政府积极推进本公司二期、三期厂房的建设，指引公司响应市场需求，尽快增加公司的产出和规模。第二，包浆豆腐产品，市场价格较低但市场需求很大，市场利润空间较高。比如饭店、酒店等客户购买我们公司的包浆豆腐原料价格为15元每包，进一步烹饪加工后可以卖到几十元，其利润空间非常可观。同时，包浆豆腐的口感及味道远远胜过传统豆腐，深受消费者喜爱。第三，有很好的合作伙伴。比如成都希望食品有限公司、四川全亿佰农业开发有限公司、四川海底捞餐饮股份有限公司等忠实的大合作伙伴。第四，我们产品的制造过程有一套严格规范的标准，能够保证产品的安全与质量，对于产品的制造过程以及发货、运输、交货都有全程的监督与把控。第五，有大企业四川全亿佰公司的参股进入，对于企业原有的资源进行了整合，使企业的运作更规范，并且将其自有的销售渠道嫁接到我们公司来，让我们公司的产品有了更宽广的销货渠道和更多的客户，订单量也成倍增长。第六，行业中的竞争氛围良好，包浆豆腐制造企业之间的竞争是良性竞争，各个企业之间互帮互助，共同发展进步，一起积极满足包浆豆腐的市场需求。第七，帮助地方居民保障就业，提升企业员工的归属感，包括提高员工的薪酬、包吃包住、购买"五险一金"等一系列的福利措施，让员工认可企业，增加企业内部的凝聚力，进一步提升企业的生产效率和名声。

问题 4：贵公司关于产品创新方面有什么经验分享？

回答 4：本公司的创新集中在产品工艺和生产设备上，在最初传统工艺的基础上，新工艺所需求的机器设备和模具都是自行研发制造出来的。在企业开办初期，研发团队花了一年半的时间以及 5 000 千克豆子来做实验。要分析实验时的气候、空气湿度、温度等众多因素，最终在经历不断地尝试和失败后取得了研制成功。

问题 5：贵公司目前还存在哪些需要提升的方面呢？

回答 5：目前公司规模还不够大，产能不足，三期工厂还在建设中。目前市场对于我们的产品需求远远大于公司的产出，导致产品供不应求。

问题 6：贵公司对于未来的长远规划和企业目标有何打算？

回答 6：包浆豆腐这个产品的市场很大，距离市场饱和还很遥远。未来要让企业规模做得更大，先力争到北京证券交易所上市。计划与北京晶宝建筑装饰公司以及浙江中禾机械有限公司合作，为企业进一步提高机械化、自动化做足准备。

11.4　本章小结

本章聚焦四川省大豆产业发展的县域案例研究，旨在通过对中江县大豆种植和南溪区大豆加工业的深度调研与剖析，为其他县域探索大豆产业发展路径提供具有实践指导意义的经验借鉴与发展思路。

作为四川省内知名的大豆种植大县，中江县在 2022 年的大豆种植工作中取得了显著成效。在扩种油料大豆方面，该县多措并举，助力扩面：通过抓好物资基础，保障农资供应；加强技术培训，打造核心示范区；压实责任，确保任务落地等系列措施，实现了大豆播种面积的增加。然而，该县大豆种植依然面临诸多挑战，如：政策扶持力度不足，导致普通农户和部分新型经营主体难以享受政策扶持；种子短缺、价格上涨，增加生产成本等。针对上述问题，本章提出了加强引导工作，加大支持力度；做好农资准备；持续开展技术指导以及建立县级农资抗灾储备机制等建议。

宜宾市南溪区作为大豆加工大县，凭借"南溪豆腐干"这一国家地理标志产品和省级非物质文化遗产的豆干制作工艺，在大豆加工产业中有着独特优势。目前南溪区拥有豆制品企业 20 户，其中规模以上企业 5 户，发展态势良好。重点企业已初步度过转型期，部分企业已完成技术改造升级，有上市计划，展现出较强的发展潜力。当地大豆产业链工作组积极开展走访调研，主动协助企业解决发展过程中遇到的各类问题，为企业发展创造了良好的营商环境。但也存在产业规模小、企业抗风险能力弱、品牌影响力提升不足、要素配套保障不足等困境。为推动该区大豆加工产业做大做强，建议持续招商引资壮大产业，借助龙头企业优势带动本土企业发展；加强对现有企业帮扶，在技改升级等要素上给予保障；推进品牌宣传推广，构建"区域品牌+企业品牌+文化品牌"的南溪豆腐品牌发展体系，不断加大产品宣传力度。

通过对中江县和南溪区的案例分析我们可以看出，县域大豆产业发展需要立足自身优势，从政策扶持、技术创新、市场拓展等多方面发力，以推动大豆产业全链条的健康、可持续发展，最终实现农业增效、农民增收，为乡村振兴注入强劲动力。

12 结论、建议与展望

粮食安全是国民经济发展和社会稳定的根基，是基础中的基础。党中央历来重视粮食安全，一直牢牢把握粮食主动权，紧抓粮食生产。2013年，习近平总书记在山东考察时强调，"保障粮食安全是一个永恒的课题，任何时候都不能放松"。2017年10月18日，习近平总书记在中国共产党第十九次全国代表大会报告中指出，"确保国家粮食安全，把中国人的饭碗牢牢端在自己手中"。2022年，党的二十大报告进一步指出，"全方位夯实粮食安全根基，牢牢守住十八亿亩耕地红线，确保中国人的饭碗牢牢端在自己手中"。

目前，我国口粮产量基本能够满足需求，口粮自给率达到95%以上，但是我国大豆产量还无法满足老百姓日常需求，长期高度依赖进口。2019年，农业农村部启动了"大豆振兴计划"。2021年，全国农业农村厅局长会议强调，"要将提高大豆和其他油料作物产量作为2022年必须完成的重大政治任务"。最近20年来，四川大豆种植面积和产量持续增加，2021年产量居全国第三，面积居全国第四，但是大豆生产、加工、销售过程中仍然面临良种繁育体系不健全、植保机械化水平不高、环保压力大等一系列问题，亟须站在粮食安全的高度，基于全产业链的视角，系统研究四川大豆全产业链发展战略，更好地发挥四川大豆产业在全国的比较优势。

12.1 研究得到的重要结论

本书立足大食物观，研究在新的阶段我国粮食安全问题，聚焦世界大豆产业、中国大豆产业以及四川省大豆种植、大豆农户生产成本收益、四川大豆加工、四川大豆加工企业、四川大豆市场流通等内容的研究，得出以下主要结论：

（1）我国粮食消费结构发生了历史性转变。改革开放以来，我国口粮消费总量持续下降，饲料粮消费总量持续上升。2015年以来，我国的饲料粮消费总量超过了口粮消费总量，而且这一趋势仍在持续强化。

（2）我国粮食安全保障重点发生了转移。从国际经验来看，总体上人均GDP达到2万美元时，肉禽蛋奶及水产品消耗的饲料粮达到峰值，粮食消费结构相对稳定。2019年我国人均GDP跨过1万美元门槛，2023年达到1.27万美元，我国仍处于粮食消费结构转型升级进程之中。可以预测，随着人均GDP的持续增长、居民膳食结构的升级转型，我国饲料粮消费将在未来很长一段时间保持增长，并将在很大程度上成为粮食安全保障新的重点。

（3）我国饲料粮供给成为新阶段粮食安全保障重点。我国饲料粮进口依赖度高，粮食供给中20%以上需要依赖进口来支撑，进口的粮食主要用作饲料，粮食供给面临着"高产量、高进口、高库存"的局面。其根本原因在于我国粮食生产结构和消费结构不平衡（胡小平，2023）。本书以大豆为例研究发现，2021年我国大豆自给率仅为16.9%，作为主要的蛋白质饲料，大豆自给率较低，进口依赖度高，进口占比长期在80%以上。

（4）四川省大豆产业发展面临的挑战，表现在以下方面：

其一，四川大豆主产县"靠天吃饭"的状况面没有得到根本性改变。高温干旱天气对四川省大豆种植影响明显，尤其是2022年7-8月高温干旱给大豆生产带来了严峻考验，简阳、内江、广元、三台等多地发生干旱死苗情况。原因在于四川大豆主产区的农业基础设施建设比较滞后，当地农业"靠天吃饭的"状况没有根本性改变。大豆高产示范片、大豆+玉米带状复合种植示范片，点多面广，但高标准有重大影响的示范点偏少，难以真正发挥示范片应有的示范作用。

其二，四川大豆生产中有规模有实力的新型农业经营主体还比较少。现有的新型农业经营主体在设备、设施配套上不齐全不完善，加工能力有限，带动能力不强。四川大豆主产区域集中在丘陵山地，但适宜丘陵山地的农机装备较缺乏，当地新型农业经营主体配备的大豆相关农机装备较少。农村劳动力老龄化严重，抢种抢收季节劳动力供需矛盾突出，劳动日工价高。

其三，四川大豆种植环节的优良品种还比较缺乏。农户在大豆种植过程中，使用良种的比例不高，自留种行为比较普遍。在大豆+玉米带状复合种植示范的第一年（2022年），需要大量的大豆种，良种供应普遍不足；在年初种子选择上，数量和质量都难以得到保证；在后期的田间观察中，我们发现品种的真实性存在问题，导致后期高产目标难以实现。

其四，大豆种植技术推广难度比较大。大豆种植，尤其是近年来四川省推广的大豆+玉米带状复合种植模式，技术要求高，人工耗费大，机械化程度低，农户接受新技术比较艰难。农村青壮年大都出门打工去了，种植庄稼的青壮年劳动力极为稀少，四川省农业生产中的劳动力以"386199部队"为主，他们学习能力和接受能力有限，在大豆田间种植的规范性上还存在问题。

其五，四川大豆种植的比较效益低。根据《全国农产品成本收益资料汇编》的数据，从单位面积产值和产量来看，四川省大豆生产水平远低于黑龙江、内蒙古等大豆主产省份，也低于山东、河南等大豆规模小于四川的省份，甚至低于全国大豆种植省份的平均水平。从成本角度来看，四川省人工成本较高。一方面，四川大豆产区大多为丘陵地、山地和坡耕地，地块面积小而且不平坦，不适合使用黑龙江、内蒙古等平原上使用的大型农业机械；另一方面，适合四川省丘陵地区的小型播种机、收获机也比较缺乏，无人机灌溉、施肥、施药发展缓慢，四川省农业生产的机械化程度远远低于其他几个主产省分，大豆种植与收获基本靠人工劳作，劳动强度大，生产效率低。因此，四川省大豆种植的人工成本远高于其他大豆主产省份。

其六，四川大豆加工企业规模比较小。四川大豆加工企业以加工鲜食豆腐的小作坊为主，还有部分加工豆干类休闲食品企业，比如"徽记食品"，规模以上企业数量比较少，具有代表性的有生产鲜食包浆豆腐的四川六月天食品有限公司。在大豆油压榨、大豆蛋白质生产等高技术含量领域占领一席之地的企业还不多见。

纵观四川省的大豆加工业，虽然统计数据显示有200余家，但是大都是小微企业或者个体小作坊，真正的大型专业大豆加工企业还不多见，且没有像北大荒之类的大型企业，最近几年更是因为疫情等原因，经济形势严峻，多家大豆加工企业已停业注销。

其七，缺乏大豆产品区域性公共品牌。四川省内大豆以及大豆加工产品比较知名的品牌有"南溪豆干"等，但近年来，该区域公共品牌投入少，相关的节庆活动少，区域代表性企业发展比较缓慢，难以和南溪当地的白酒产业相比，影响力和辐射面都较小。

12.2 政策建议

习近平总书记来川视察时指出，四川要建设更高水平的"天府粮仓"，在保障国家粮食安全中要担起更多的责任。四川省在建设更高水平"天府粮仓"的过程中，要准确把握我国的粮食消费结构发生历史性转变、我国粮食安全保障重点发生转移以及我国饲料粮供给成为新阶段粮食安全保障重点等新的重大趋势，从而制定出相应的因应之策。为此，本书提出以下建议：

（1）适当调整耕地使用政策。近年来，中央反复强调要制止耕地的非农化和非粮化，对保障粮食生产起到了重要的作用。由于种粮的比较效益较低，农民缺乏种粮的积极性，怎样才能做到既确保粮食安全，又提高农民收入，是一个长期困扰我们的难题。习近平总书记关于"大食物观"的重要论述，为我们找到了解决这个问题的新思路。从"大食物观"的视角出发，肉、禽、蛋、奶、水产品、蔬菜、水果的生产都应当属于新时代粮食安全保障的重要内容。为此，可以适当放宽对农民在稻田中混养鱼、虾、蟹、蛙等水产品的限制。一些地方的实践证明，这样做可以大大提高农民的种田收益，既调动了农民的生产积极性，也保障了多元化食物供给。

（2）利用撂荒地增大饲料粮播种面积。目前我国还有部分土地处于撂荒状态。据农业主管部门抽查调研数据，四川省撂荒地达500万亩以上，占四川耕地面积的7.0%（汤永禄、刘永红、乔善宝，2022）。撂荒土地大部分处于耕作条件较差的地区（如丘陵、山区、干旱地区），通过土地整治、宜机化改造，推进适度规模经营，可以大幅度增加玉米、大豆的播种面积，提高我国能量饲料粮和蛋白质饲料粮的自给率。

（3）及时调整种植结构。我国粮食消费结构已发生重要变化，居民口粮消费逐年下降，饲料粮消费稳步上升，并且禽畜蛋奶已取代口粮消费成为居民重要的食物来源。消费结构的改变也应推动我国粮食生产结构的调整。在建设更高水平"天府粮仓"的过程中，在稻谷、小麦供给充足的条件下，建议适当调减水稻播种面积，增加大豆和玉米的播种面积。2022年，农业农村部在全国16个省份推广玉米+大豆带状复合种植1 500万亩，就是调整种植结构的重要举措。四川省是其中重要的推广省份之一，应坚决贯彻落实好大豆+玉米带状复合种植技术示范推广，引导农户认识到该项技术能够保证"玉米不减产，多收一季豆"，具有在有限的土地面积上，提高投入产出比，增加农民收入等优势，从而激发农户种植积极性。

（4）坚持做好四川省大豆+玉米带状复合种植的示范和推广。相关指导部门要明确品种类型，规范播种时期，保证产量，持续加强技术指导培训，大力推广普及中小型大豆+玉米一体化播栽收机具，打造四川不同区域大豆高产示范样板。正确选用适宜大豆+玉米带状复合种植的耐阴抗倒伏品种。规范用种，严格按照四川省大豆+玉米带状复合种植技术手册上推荐的大豆品种类型使用品种。

（5）从产业链的视角出发，持续提高农民大豆种植的成本收益比。虽然四川省大豆种植总成本高于其他主产省份，是全国平均水平的1.14倍，但是四川省大豆的出售价格较高，是全国平均水平的1.15倍，因此，四川省大豆种植的净利润与全国平均水平能够大致持平，甚至高于大豆主产省份如黑龙江省，这可能与四川大豆的蛋白质含量高密切相关。为此，建议充分发挥四川大豆的比较优势，通过种子、种植、流通等多环节协同，降低四川大豆的种植成本，提升四川大豆的种植收益，提升农户的种植积极性。从大豆良种的繁育到大豆产品的销售环环相扣，密不可分，大豆产业发展战略的研究不能局限于单个生产环节或者某个领域，应该着眼于全产业链，在大豆的精深加工、流通仓储等环节积极扶持龙头企业，坚持以"建圈强链"的思路发展四川省具有比较优势的大豆产业，确保四川豆农"产得出、卖得掉、能挣钱"。

（6）加快发展四川大豆加工产业。四川大豆种植面积居全国第四，产量居全国第三，但是相应的产业战略研究和食品加工等领域还存在短板，这与四川省大豆产业体量以及未来发展前景不匹配，不利于推动四川大豆行业可持续发展。尽管四川大豆产业发展迅速并取得了突出的成绩，但从全国大豆产业总体情况来看，四川大豆仍与大豆主产国和国内大豆主产省份存在很大的差距，如何推动四川大豆全产业可持续发展，仍然是目前亟待研究的重要难题。建议探索建立四川省省级或者国家级大豆加工重点实验室，加强大豆制品精深加工理论研究和应用研究，促进科研成果转化，赋能大豆企业科技创新。

12.3　未来展望

随着近年大豆种植面积和单位面积产量的不断提升，以及进口大豆低价格倾销带来的冲击，如何推进四川大豆全产业链高质量发展，提升大豆从种到收全过程的价值，让大豆产业实现稳产增效和种豆农民增收？

首先，要提高单位面积产量和自给率。育种是这个过程中的重中之重。我国大豆种植区域跨度广，不同区域拥有不同的自然条件，也孕育出了具有不同特点的大豆。比如东北地区种植的大豆脂肪含量高、蛋白质含量低，而黄淮海地区、南方地区种植的大豆蛋白质含量高、脂肪含量低。这就对种子如何适应不同区域的自然环境提出了要求。当前，国产大豆蛋白质含量高，主要用于直接食用、加工豆制品和大豆蛋白质。提高国产大豆育种水平，满足国内高蛋白质食用大豆供给，是提升国产大豆竞争力的重要法宝。培育高蛋白质含量、高单位面积产量、高油脂含量的大豆新品种，对于提高大豆品质和产量，激发农户种植积极性，促进广大农民增产增收具有重要意义。

其次，要提升大豆的加工效能。强化精深加工能力、增加产业附加值是必由之路。中国国产大豆的消耗主要围绕食品原料生产，对大豆的利用还远远不够，除了技术水平的制约外，消费者对于新兴大豆产品的消费习惯尚未完全培养起来，距离"吃干榨净"还有很大提升空间。事实上，大豆不仅仅涉及油料的供给，更涉及饲料的供给，我国每年进口大量大豆就主要用于满足畜牧行业的需求。要想在实现国产大豆振兴、降低对进口大豆的依赖的同时，又不影响我国居民蛋白质摄入需求，就要进一步壮大传统豆制品产业，同步发展以植物肉为主的多种形式的新型大豆蛋白质制品，形成两大产业齐头并进的发展格局。但是在加工领域，大豆产业的发展还面临三个条件制约：

一是加工专用原料不足。加工企业难以获得专用大豆加工原料，且市场混种混收导致加工企业收益下降，无法生产高品质产品，产品质量不稳定。

二是高附加值产品开发不足。大豆加工企业新产品开发和推广不足，产品同质化现象严重，产业附加值不高。在功能性食品和高端饮料等高附加值领域，产品种类和品质难以满足市场需求。

三是整体自动化加工技术装备供应不足，以休闲食品为代表的豆制品行业仍以中小企业、家庭手工作坊为主，企业技术和设备简单，规模化生产程度低，加工能耗高、效率低，不利于产业高质量发展。

最后，大豆扩种后要保收促销。大豆扩种后如何保收购促销售，是这几年从国家到地方都在密切关注的问题，这涉及豆农的切身利益，需要各方联动，共同承担大豆扩种后的收购与销售责任。本书建议：在储备环节，合理增加国产大豆储备，为大豆重点企业提供一些储备补贴，进一步增强大豆调控能力，通过政府储备大豆吞吐调节，引导大豆价格在合理区间运行；在加工环节，希望能够通过税收优惠、加工补贴等方式，引导大豆加工企业积极入市采购国产大豆。这样，我国大豆生产全产业链就能够实现良性运转，促进大豆生产增产增收，提高豆农收益，提高人民生活品质。

参考文献

［1］毛学峰. 中国大豆进口与大豆产业发展研究［M］. 北京：中国农业出版社，2009.

［2］冯晓. 黑龙江省大豆产业发展战略研究［M］. 北京：科学出版社，2011.

［3］马增林. 黑龙江大豆产业发展问题研究［M］. 北京：中国农业出版社，2011.

［4］马涛，张春红. 大豆深加工［M］. 北京：化学工业出版社，2016.

［5］夏友富，田仁礼，朱玉辰. 中国大豆产业发展研究：21 世纪中国大豆产业发展研讨会论文集［C］. 北京：中国商业出版社，2003.

［6］杨树果. 产业链视角下的中国大豆产业经济研究［M］. 北京：中国农业大学出版社，2016.

［7］王连铮. 大豆研究 50 年［M］. 北京：中国农业科学技术出版社，2010.

［8］朱希刚. 中国大豆经济研究［M］. 北京：中国农业出版社，2002.

［9］郭天宝. 中国大豆生产困境与出路研究［M］. 北京：中国社会科学出版社，2017.

［10］余建斌. 中国大豆市场供求及价格研究［M］. 北京：中国农业出版社，2008.

［11］李永孝. 山东大豆［M］. 济南：山东科学技术出版社，1999.

［12］戴伯勋，沈宏达. 现代产业经济学［M］. 北京：经济管理出版社，2001.

［13］郭国庆. 市场营销学［M］. 武汉：武汉大学出版社，2007.

［14］梁小民，等.经济学大辞典［M］.北京：团结出版社，1994.

［15］李悦.产业经济学［M］.北京：中国人民大学出版社，1998.

［16］迈克尔·贝叶，杰弗里·普林斯.管理经济学（原文第8版）［M］.王琴，译.北京：中国人民大学出版社，2017.

［17］刘志迎，赵倩.产业链概念、分类及形成机理研究述评［J］.工业技术经济，2009，28（10）：51-55.

［18］彭福扬，刘红玉.关于产业概念及其分类的思考［J］.湖南大学学报（社会科学版），2008（5）：64-67.

［19］孙伟，黄鲁成.产业群的相关概念与分类［J］.科研管理，2003（2）：116-121.

［20］张书冬，吴晓玲，王亚南，等.四川省现代粮食物流发展战略研究［J］.粮食问题研究，2013（6）：7-15.

［21］张树青.基于产业特性的产业分类标准创新尝试［J］.商业时代，2009（3）：94-95，72.

［22］赵帅，李亚城，李文立，等.平台型企业的商业模式创新及其内在机理：以斗南花卉产业集团为例［J］.管理案例研究与评论，2019，12（2）：192-209.

［23］王海鹏，王绍辉.原材料采购在农产品加工企业中战略地位研究［J］.安徽农业科学，2013，41（21）：9074-9077，9113.

［24］ROBERT MONCZKA, ROBERT TRENT, ROBERT HANDFIED. Purchasing and Supply Chain Management［M］. 3rd ed. Beijing：Tsinghua University Press，2007.

［25］PHILIP KOTLER. Marketing Management［M］. 11th ed. New Jersey：Pearson Education Inc.，2003.